寻味博雅语文

— 尹超 著 —

图书在版编目(CIP)数据

寻味博雅语文/尹超著.—北京：北京大学出版社，2017.10
ISBN 978-7-301-28358-5

Ⅰ.①寻… Ⅱ.①尹… Ⅲ.①小学语文课—教学研究 Ⅳ.①G623.202

中国版本图书馆CIP数据核字（2017）第094140号

书　　　名	寻味博雅语文 XUNWEI BOYA YUWEN
著作责任者	尹　超　著
责任编辑	周　伟
标准书号	ISBN 978-7-301-28358-5
出版发行	北京大学出版社
地　　　址	北京市海淀区成府路205号　100871
网　　　址	http://www.pup.cn　　新浪微博：@北京大学出版社
电子信箱	zyjy@pup.cn
电　　　话	邮购部62752015　发行部62750672　编辑部62754934
印　刷　者	北京大学印刷厂
经　销　者	新华书店
	787毫米×1092毫米　16开本　14.75印张　259千字 2017年10月第1版　2017年10月第1次印刷
定　　　价	39.00元

未经许可，不得以任何方式复制或抄袭本书之部分或全部内容。
版权所有，侵权必究
举报电话：010-62752024　电子信箱：fd@pup.pku.edu.cn
图书如有印装质量问题，请与出版部联系，电话：010-62756370

自 序

描绘博雅语文的理想图景

最近几天，我的心里一直被一件事感动着。

前不久，我们邀请特级教师张立军来到学校，给五年级2班的孩子们上了一节精彩的作文课。在作文课上，孩子们在张老师幽默风趣又不失睿智的引导下，渐渐地打开了心扉，文思如汩汩清泉自然涌流，说实话、说真话、说心里话，自然对话，精彩问答，整个课堂温馨舒畅、生机盎然，孩子们沉醉其中，如沐春风。

下了课，孩子们意犹未尽，对这名"男神"教师有些依恋。这样的"名师后遗症"是常有的事。我也曾听有的老师抱怨，名师来班里上过课后，孩子们的心都被带走了，自己的课不好上了。

面对这种现象，五年级2班语文教师徐征是怎么做的呢？他很理解孩子们的这份心情，因势利导地布置了一篇课后作文《假如徐老师换成了张老师》。

第二天，徐老师的朋友圈就被刷爆了。他晒出了孩子们的作文，可谓是童言无忌，个性十足。有的不怕徐老师"伤心"，直言说想换成特级教师上课；有的觉得两名老师都不错，很难取舍；有的力挺徐老师，说他也有优点。还有的孩子，考虑更"深远"：

"如果换成张老师，我有点担心。因为张老师好像非常、非常喜欢写作文！这让我想到了最'恐怖'的一个事：他会不会让我们天天写作文？"

"如果两名老师都安排在我们班，不要相互替代，我们就是世界上最幸福的学生了！"

孩子们的表达率性而真实，充满了童真、童趣。他们没有逢迎成人，

而是自由言说，这一点让我很赞赏。同时，我也暗自为徐老师叫好！敢于出这个题目，并敢于把孩子们的作文贴在朋友圈里，是需要勇气的。当大家纷纷留言，夸他这个作业布置得好时，他笑称，自己做好了被学生吐槽，甚至自己这个班主任可能被换掉的准备。

但毫无疑问，徐老师也是很有智慧的。他不仅巧妙地抓住了一次作文的契机，而且通过和孩子们"共情"，重新抓住了孩子们的心。

这是北大附小日常教育生活中的一件小事，但从中能隐约看出我们所向往的博雅语文的影子。在博雅语文的课堂里，教师是坦诚、温厚的，教真语文，显真性情；孩子们是自由、活泼的，学真知识，养真道德。

几年前，我们提出了博雅语文的课程构建，我们的语文教学团队一直在努力地为语文教学找寻新路。

博雅语文从哪里来，要到哪里去？

我们希望，"博雅"不仅仅是一个文化标签。当我们把博雅传统寄托于语文教学，实际上饱含着对母语教学无尽的深意和期待。我希望北大附小的语文，不仅是北大博雅精神的承续，更是孩子们"专心地学习，痛快地游玩"的沃土。通过语文教学，在日常生活中渗透"博览""善思""雅言""恭行"，借此来推动人文素养、立德树人的落实。

我们与北大，也绝不仅仅是地缘的接近，而是文化血脉的融通。博，就是"兼容并包"，强调广泛的吸收与接纳；雅，就是"厚积薄发"，突出智慧的内化与呈现。"博雅"是一种文化传承，在北大文化的熏染下，循着名家大师们的足迹，让北大附小的教师也涵养出开放、大气、包容、自由、勇敢、智慧的精神特质，并让"博雅"成为一种无处不在的、流动的气息，于呼吸吐纳间，浸润着校园里的一人一事、一言一行、一花一草、一砖一石。

从这个意义来说，博雅语文孕育着的是一个更具超越性的价值追求，一个从语文课堂到语文教师、从教学到教育、从教师到孩子的理想图景。

得益于博雅语文，这些年，我也在参与语文教学团队的教学实践，记录着、观察着、思考着，不忘初心，幸福同行。

当然，这里仅是我和老师们对博雅语文的初步尝试，不尽如人意之处还有很多，不惮于浅陋，求教于各位专家批评、指正！

尹　超
2017年9月

目　录

第一篇　博雅语文的由来
　　一、我与博雅语文的相遇 …………………………………（2）
　　　（一）成为语文教师 ………………………………………（2）
　　　（二）相遇博雅语文 ………………………………………（5）
　　二、博雅语文的课程建构 …………………………………（7）
　　　（一）传承北大精神 ………………………………………（7）
　　　（二）开创博雅语文特色 …………………………………（8）
　　三、博雅语文课程的模型设计 ……………………………（12）
　　　（一）直抵学生核心素养的课程目标 ……………………（12）
　　　（二）"博""约"相兼的课程关系 ………………………（13）
　　四、博雅语文课程的实施 …………………………………（14）
　　　（一）整合和开放：大语文观下的博雅语文观 …………（14）
　　　（二）弹性分配的课程时间与评价 ………………………（17）
　　　（三）开放渐进的学习方式变革 …………………………（21）
　　　（四）丰富全面的课程资源及其开发 ……………………（27）

第二篇　搭建阅读的阶梯
　　一、"博"吸收、"雅"呈现，构建"博雅阅读"的课程群 …（33）
　　　（一）"读"向博雅：跳一跳摘桃子 ……………………（33）
　　　（二）以文为本，课文无非是个例子 ……………………（35）
　　　（三）博览群书，建立分级博雅书库 ……………………（38）
　　　（四）阶梯课程，推进博雅阅读 …………………………（49）
　　二、创意共读，营造"多样化"的阅读场域 ……………（52）
　　　（一）师生共读：一本书与课堂的四次对接 ……………（52）
　　　（二）亲子共读：我有一位读书给我听的妈妈 …………（61）

（三）主题阅读：一起读，一起成长 …………………………（63）
三、阅读力培养，博雅阅读的四种"玩法" ……………………（65）
（一）玩法一：整书导读策略 ……………………………………（65）
（二）玩法二："穿越"多彩情境 …………………………………（67）
（三）玩法三：绘制思维导图 ……………………………………（69）
（四）玩法四：咬书、漂流瓶与课本剧 …………………………（70）

第三篇　让写作像呼吸一样自然

一、快乐作文，从兴趣入手 ………………………………………（77）
（一）为学生搭一座从说到写的桥 ………………………………（77）
（二）读图时代的快乐写话 ………………………………………（79）
（三）带领学生走进审美世界 ……………………………………（80）
二、打通阅读与写作的"任督二脉" ………………………………（83）
（一）从阅读的"空白"处入手 …………………………………（84）
（二）从文本出发设置不同的写作任务 …………………………（85）
（三）读写结合是极好的"想象力体操" ………………………（86）
三、把多姿多彩的生活写进作文 …………………………………（89）
（一）把写作当作活动经历的升华 ………………………………（90）
（二）社团活动里玩出来的文章 …………………………………（91）
（三）在写作中引领学生关注社会生活 …………………………（93）
四、让写作变成学生交流分享的契机 ……………………………（96）
（一）把创意作文集变成一本"不一样的书" …………………（96）
（二）在循环日记中分享思想 ……………………………………（99）
五、善于创造即兴成文的教育契机 ………………………………（101）
（一）一节心理课引发的习作 ……………………………………（101）
（二）一个标题引发的习作 ………………………………………（104）
六、博雅写作编织学科立体交融的网 ……………………………（108）
（一）每门学科中都蕴藏着丰富的写作训练 ……………………（108）
（二）借助写作改善学科教学质量 ………………………………（109）
（三）博雅写作就是一次综合实践 ………………………………（110）

第四篇　触摸传统文化的"根脉"

一、"北大基因"　传承生命本色 …………………………………（114）
（一）传统文化教育已上升为国家战略 …………………………（114）
（二）语文教育面临文化认同危机 ………………………………（115）

（三）家国情怀是"北大基因"的生命本色 …………………… (116)
　二、"冰心"一片在"博雅" ……………………………………… (118)
　　（一）有"博"方能"雅" ………………………………………… (119)
　　（二）爱玩未丧志 ………………………………………………… (119)
　三、嵌入课程之中的传统文化 …………………………………… (120)
　　（一）特设：传承北大文化 ……………………………………… (121)
　　（二）专设：鹿鸣吟诵 …………………………………………… (124)
　　（三）教材：文本的点滴渗透 …………………………………… (139)
　　（四）活动："工程"与戏剧节 ………………………………… (141)
　　（五）环境：生态花园、精神家园与文化乐园 ………………… (149)

第五篇　寻找语文的理想国
　一、回归语文的本色课堂 ………………………………………… (154)
　　（一）信息时代，语文如何守正出新 …………………………… (155)
　　（二）语文教学的"道"与"术" ……………………………… (156)
　　（三）语文教学的"根"在哪里 ………………………………… (159)
　　（四）文本分析是走近语文的一扇门 …………………………… (161)
　　（五）语文学习给学生留下什么 ………………………………… (164)
　二、教出语文的"隐形价值" …………………………………… (166)
　　（一）课文里站立着鲜活的生命 ………………………………… (166)
　　（二）别忽略了课文的"文外之旨" …………………………… (169)
　　（三）在语文课堂上进行思维训练 ……………………………… (171)
　　（四）珍视语文教学观摩课的独特价值 ………………………… (173)
　　（五）做善于反思的语文教师 …………………………………… (175)
　三、美是语文教学的自觉追求 …………………………………… (177)
　　（一）好的语文教学是有画面感的 ……………………………… (178)
　　（二）语文课堂是什么味 ………………………………………… (180)
　　（三）还原"美"而"雅"的本色课堂 ………………………… (182)
　　（四）在阅读中品味语文之美 …………………………………… (183)
　　（五）自然是最高的教学之美 …………………………………… (185)

第六篇　教与学，生命的对话
　一、"文""言"的对话：短文厚学
　　　　——《杨氏之子》教学实录及其评析 ……………………… (190)
　　（一）古文新读，品味"文"的内涵 …………………………… (190)

　　（二）短文厚学，把握"言"的精妙 …………………………（193）
　　（三）"文""言"结合，体验文化的魅力 …………………（195）
二、诗意的对话：高山流水妙机缘
　　——《伯牙绝弦》教学实录及其评析 ……………………（196）
　　（一）教学步骤梗概 ………………………………………（196）
　　（二）教学亮点设计 ………………………………………（197）
　　（三）小结 …………………………………………………（201）
三、文本的对话：字里行间 "绘" 闰土
　　——《少年闰土》教学实录及其评析 ……………………（201）
　　（一）对话文本，触摸语言 ………………………………（201）
　　（二）声情并茂，以声"度"人 …………………………（203）
四、心灵的对话：生成四溢的语文味
　　——《姥姥的剪纸》教学实录及其评析 …………………（205）
　　（一）以词入境，叩问心灵 ………………………………（205）
　　（二）动情的朗读，深情的对话 …………………………（207）
五、历史的对话：听讲者灵魂的震撼
　　——《圆明园的毁灭》教学实录及其评析 ………………（209）
　　（一）文学性导入，体会语言文字的魅力 ………………（209）
　　（二）阅读式教学，碰撞出情感的火花 …………………（210）
　　（三）深究题目，挖掘深度的文本内涵 …………………（212）
六、文化的对话：感受语文的自由
　　——《此时幸遇先生蔡》教学实录及其评析 ……………（213）
　　（一）形式自由："一站到底" …………………………（213）
　　（二）思想自由："每个人都是蔡先生的小参谋" ……（214）
　　（三）师生关系自由：师生关系转化为日常生活关系 …（215）
七、价值的对话：启悟生命之美
　　——《生命　生命》教学实录及其评析 …………………（217）
　　（一）结构之独特，敞开了文本的崭新视界 ……………（220）
　　（二）设计之精巧，昭示了课堂的丰富情趣 ……………（221）
　　（三）内涵之挖掘，彰显了语文的深度价值 ……………（222）
后记　博雅语文，再出发 ………………………………………（223）
附录一　北大附小校园文化三字经 ……………………………（226）
附录二　吟诵十六讲篇目 ………………………………………（227）

[第一篇]
博雅语文的由来

博雅塔，静静地屹立在北大的未名湖畔，与未名湖南岸的北京大学图书馆遥遥相对。这美丽的"一塔湖图"，是北大校园的标志性建筑，也成为北大的象征。

而在每个北大人的心里，它们是精神的寄托，是永远的怀恋。谢冕先生在《永远的校园》中写道："湖光塔影和青春的憧憬联系在一起，益发充满了诗意的情趣。"即使博雅塔其名与博雅教育并无直接关联，即使它曾经只是一座供燕大师生水源的水塔，但如今，巍峨耸立的博雅塔已然成为一种关乎传统与血脉的、象征性的存在。

北大传统是什么？博雅精神是什么？对于生于兹、长于兹的我来说，一直在思考着、体味着、践行着。

北大附小，坐落于北京大学的燕东园内，与博雅塔隔街相望。作为北大的一部分，北大附小的教育实践与北大文化更是一脉相承。秉承"思想自由，兼容并包"的学术精神，北大附小把培养快乐、进取、儒雅、大气的北大少年作为育人目标之一。北大附小的语文教学团队也是在这样的历史积淀和文化传承下，以内涵丰富而厚重的"博雅"概念为名，构建了润泽心灵的博雅语文。

一、我与博雅语文的相遇

（一）成为语文教师

我相信，所有的相遇，都是冥冥中的注定。

我的童年是在中科院大院里长大的，那时的中关村一带，放眼望去还是一片荒烟蔓草。中学时代，正值改革开放之初，在我年轻的心里充满多彩的梦想，曾向往学外贸，叱咤商海，闯荡世界。可是，中学毕业时，父亲一番语重心长的劝导，改变了我的人生轨迹。他希望我做老师，也觉得这是最适合我的职业。于是，1981年，我考入北京第三师范学校，从此走上了完全不同的另一条人生道路。

1984年7月，从师范毕业的我带着对北大的憧憬，来到了北大附小，做一名语文教师兼班主任。没想到，这一干就是30多年。其间，虽然有过升迁、调动的机会，但我舍不得离开这里，我的青春、热血乃至生命都融汇在这里，就像校园里那些树一样，根系已经扎在了土里，须臾不能离开。

现在想来，我很感谢我的父亲，是他的坚持，让我做了老师，教了语文，从事了至今从未后悔、越来越热爱的事业。

我工作的一大半时间，都是在语文课堂度过的。语文是我事业的"根"，是我教育梦想出发的地方。时至今日，我对语文教师仍然有一种深深的、特殊的情结，甚至仍常把自己看作是一名语文教师。

初到北大附小，我婉言谢绝了领导让我担任大队辅导员的好意，甘心当一名语文教师。我始终认为，我的性情气质可能是和语文学科最贴合的。与其他的学科相比，语文似乎更加博大精深，它美好、浪漫，能抵达人的心灵，更能承载我的教育梦想。于是，从1984年9月起，初上讲台的我就径直担任毕业班的语文老师。1991年7月，我又被提拔为分管语文学科的教学主任。

作为语文教师，我常跟学校的前辈们探讨，语文到底应该教什么？20世纪80年代初，中国基础教育百废待兴，小学语文课堂也远不如今天这么自由和开放。记得当时的教学大纲把语文定位为"学好各门知识和从事各种工作的基本工具"，因此，小学阶段的语文教学基本上关注的是学生的听、说、读、写能力的培养，追求的是学生在考试中的好成绩。

虽然认识上有局限，但我隐隐觉得，这不是我想要的语文课，我希望教给学生更多的东西。刚工作的我有使不完的精力，也有喜欢琢磨的热情，经常一备课就忘了时间。越琢磨我就越喜欢语文课堂，我的学生也越来越喜欢我。语文课堂成为我和学生情感交融的舞台，也建立起我最初的教育热爱和专业自信。

我的语文教学渐渐引起大家的关注，我的公开课多次成为学校同事学习观摩的样本，年轻的我被推荐参加各项教学比赛，取得了不错的成绩。1992年，28岁的我参加海淀区语文学科基本功大赛，获得了全区的基本功双料一等奖。1997年12月，我又被评为首批北京市小学市级中青年骨干教师。

同行的认可和各项荣誉对我来说是一种激励，也促使我进一步反思。在课堂上，看着学生高高举起的小手，看着他们眼睛里渴望的光芒，我总忍不住想，怎样才能让他们更加积极主动地学习，享受更多的快乐呢？我的讲课是不是设计成分太多了？我应该如何更好地处理教师主导与学生主体的关系以及"教"与"学"的关系？

没有反思，就没有成长，也就不会有学习和提升的动力。在反思和学

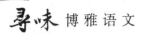

习中,我的视野变得开阔起来。

20世纪90年代,随着教育综合改革的推进,关于语文教学的讨论多了起来。20世纪90年代末,《北京文学》掀起了一场关于语文教学的大讨论。专家、学者们摆事实、讲道理,批评语文教学的"少慢差费",其表现为:学生的学习负担重、语文水平低;语文教学不得法,形式主义严重;忽视文学教育,应试教育影响深广,等等。① 一时间,语文教学遭遇"四面楚歌"。

痛定思痛之下,从改革语文教学出发,出现了很多大胆变革、勇于创新的教学流派,如愉快教育、成功教育、主体教育、和谐教育、创造教育等。②

李吉林老师的情境教学正是这时出现的有影响的教学流派。正如李吉林老师所言,情境教育强调诱发主动性、强化感受性、着眼发展性、渗透教育性、贯穿实践性,以渗透教育目的、充满美感和智慧的情境,通过角色的转换,强化儿童的主体意识,让儿童在活动中获得充分发展。情境教学对传统语文教学的纠偏,使之在全国产生了广泛的影响。

受益于情境教学,我在语文教学中有了新的尝试。1998年,中国教育学会小学语文教学专业委员会举办全国情境教学观摩活动,我有幸作为北京市唯一的推荐选手参加了这场比赛。

还记得,我执教的课文是当时人民教育出版社《语文》第六册中的《荷花》,作者是著名作家叶圣陶。文章按作者看荷花的顺序,描述了公园里的一池美丽的荷花和"我"看荷花的感受。全文不到400字,却把一池荷花写活了,语言生动优美,充满诗情画意。作为教师,如何带领学生入情入境,让荷花之美触碰心扉?我抓住"情境"这个核心词,从体会情境、显示情境、运用情境、进入情境四个环节引导学生感受荷花的长势之美、姿态之美、色彩之美,并通过关键提问——"为什么过了好一会儿,我才记起我不是荷花,我是在看荷花呢",由此让学生感受作者赏荷的"有我之境"和"无我之境"。③

比赛的过程很顺利,我最终获得一等奖。经过层层选拔,最后荣获佳绩,我倍感欣慰、备受鼓舞,似乎找到了一条改革语文教学的有效路径,

---

① 江明. 问题与对策——也谈中国语文教育[M]. 北京:教育科学出版社,2000:14.
② 陈德珍. 在全国情境教学观摩活动闭幕式上的讲话[J]. 小学语文教学,1999(3).
③ 尹超.《荷花》教案[J]. 小学语文教学,1999(3).

也坚定了我继续大胆探索尝试的信心与勇气。

回看走过的足迹，每一份付出都有意义，每一次成长都值得珍惜。透过青春岁月播撒的汗水印痕，我不断地推开一扇扇窗户，看到了一个更新、更广、更具魅力和挑战的语文世界。

（二）相遇博雅语文

1998年9月，我被提拔为北大附小的副校长，主抓全校教学工作。

教学管理头绪繁多，要兼顾的工作更多了，我开始在不同学科之间听课、评课、研讨，但语文学科依然是我最深的牵挂。每次走进语文课堂，我仍有种怦然心动、跃跃欲试的感觉。

世纪之交的第八次基础教育课程改革，给传统语文教学注入了一股新风；国家三级课程体系的日渐明晰，赋予了小学教师在教学内容选择上更大的权力。在改革背后，一个异常鲜明的思想指向就是以人为本、儿童立场。为此，我经常向自己，同时也向语文教学团队抛出问题"今天的学生需要什么""我们要通过语文教学教给他们什么""怎样让语文教学焕发生命活力""我们的语文，从哪里来，要到哪里去"。

这是对语文教学的本质追问，也是北大附小语文教学的价值定位。

现代语文，一直面临"工具性"与"人文性"之争。而我始终认为，两者不可偏废。语文是文化、文明的载体，是人类社会传承知识、实现沟通的基本工具。但是，语文又不能仅仅盯着"工具性""实用性"，语文里蕴含着人类最美好的情感，语文教学必须具有艺术性，用美的教学陶冶学生的思想情操，实现"人文性"的学科价值。好的语文教学一定是"工具性"和"人文性"的有机融合。

多年来，受北大自由、民主、包容的文化氛围熏染，北大附小的语文课堂也充盈着真诚、自由、民主、平等、宽容的教学氛围。语文是人文的，也是开放的，很多问题没有统一的答案，需要学生自己去思考和判断。我们争取让学生最大限度地参与教学，在听、说、读、写等言语活动中保持自由心态。我们鼓励和保护学生的"异议"，变"讲堂"为"学堂"，变"一言堂"为"多言堂"，变"机械训练"为"涵咏体察"。

更重要的是，在北大丰富的人文传统陶养下，北大附小的语文教学有了得天独厚的优势，那就是文化润泽。

百年北大，人文阜盛，北大附小也已走过百年，如何让百年来的传统

文化精神更好地继承和发扬下去?这些年来,我和语文教学团队的老师们一直孜孜以求。

我们以丰富教师的文化素养为前提,不断拓展学生对传统文化的认识宽度。俗话说:"云后者,雨必猛;弓劲者,箭必远。"语文教师的文化视野越开阔,积淀越深厚,教学效果就越好。在北大附小,中华民族的经典著作都是语文教师的必读书。在教授古典作品之前,老师们首先钻研教材,领悟其文化精髓,然后再集中研讨,如何有效引导学生进行学习。由北大附小教师集体编创的校歌《乳燕初飞》《北大附小校园文化三字经》等,无不显现了北大附小语文教师的深厚功底。

我们以领悟经典文本为基础,不断深化学生对传统文化的理解深度。在完成教材选编课文之外,通过增加传统文化学习篇目,开阔学生的知识视野,提高学生的文化素质,从而增强学生对中华民族数千年负载的精神价值认同,培养学生的民族使命感和高尚的人格。我们还为学生精心选择、编写、修订了一套《小学生必读古诗文》(全12册),汇集了我国传统文化经典著作中的精华,适合学生每天吟诵。

在这样的语文创新实践中,我们渐渐对语文教学有了自己的方法体悟、价值理解和教学理想。

作为基础学科,语文教育是否也承担着为其他的学科提供水源的任务?现代化的科技突飞猛进,使得今天的学生从一出生起,就注定要接受来自四面八方的信息轰炸。作为教育者的我们,就必须广开水源,给学生提供广泛性、普遍性、全面性和通识性的知识。因此,我们的语文教学也一定是关涉生活、抵达学生生命的。语文要教知识的"背后",必然需要广而博的知识素材,只有充分地"备学生",才能发现知识的"背后",创新"备文本"的内涵。在语文教学中,我们不能局限于学科本身,而应该跳出语文看语文,应该将更多元的学习技能和更广博的知识基础传递给学生,应该设身处地地思考学生更长远的生命成长。

如何赋予语文更多的育人内涵?在集思广益的探讨过程中,有一个名词很快进入我们的视野——博雅教育。经过一番讨论,语文教学团队一致认同将"博雅"一词合理化使用,用于表达北大附小语文课程建设的想法。

从北大的"一塔湖图"出发,溯源博雅,传承博雅,越发感觉到博雅语文不仅是北大附小学生的发展需要,而且也非常契合北大附小的文化特质。

博雅与北大附小语文,也是一种奇妙的相遇,仿佛早有注定。

二、博雅语文的课程建构

当然,博雅语文并不仅仅指语文内容的宽广,更指一种对历史、文化、教育观的整合与承载。按照这样的理解,我们重构了博雅语文课程。

(一)传承北大精神

"博雅"一词似乎超越其他词汇的表达,涵盖了所有北大的过去与现在,那绵延百年、庄严无畏、勇锐抗争、独立向上、思想自由、兼容并包、科学求真、敢于创新的精神与气节。博雅塔见证并始终伴随着北大社会民主、人类自由境界的卓越追求,"松含秋月,塔醉铭湖。家国故事,热血凭赋"[①],博雅塔给予北大的不仅是风景与诗意,而且还将一种"博雅"精神的印记永远铭刻在北大传统文化的丰碑上。

北大附小是从北大的精神大厦中孕育出来的。一个多世纪以来,北大用自己的文化传统撑起了中华民族的思想旗帜,北大附小脱胎、成长、发展于这样的母体中,其延续百年的学术精神、文化活力在这里经年累积,绽放出迷人的光彩。

"思想自由,兼容并包"是中国近代大教育家、北大校长蔡元培先生留给我们的遗产。当时的北大,既有留学欧美的短头发激进分子,也有留长辫子的保守派教授。正是这样的自由风气,成就了一位又一位的文化大师,催生了中国近代文化史上最璀璨夺目的时代。

小学教育是文化启蒙的开始。今天,在北大附小,我们坚定不移地倡导民主、包容,就是要踏踏实实地遵循学生的自由意愿和自由选择,从课程知识领域给学生尽可能开放的空间。我们遵循的民主、包容,还是情真意切地以赏识法则对待每个人,让大家学会欣赏、学会对话。

北大精神另一个重要的思想遗产就是创造。创造的核心是除旧革新,敢破敢立。在五四运动中,关于新旧文化的扬弃,关于政治制度的重构与尝试,无不反映出创造的内涵。在新旧思潮大战中,北大所充当的角色,

---

① 选自北大朗诵协会会歌。

不是悲观、不是消极,而是以身试法、感怀乐观、踌躇满志。这种创造的活力,泽被了国民命运,让伟大祖国走向了复兴的征程。

(二) 开创博雅语文特色

基于不同维度构建的博雅语文教育,由于维度、目标和方法的不同,其实践形式和目前的大多数语文教学有所区别,也因此形成了我们自己的一些特色。

1. 自由开放的课堂

北大附小一直秉承北大"思想自由,兼容并包"的传统,历来尊重人的个性发展,尊重学生的个别差异,把培养学生的"思想之自由,精神之独立,个性之发展"作为自己的育人目标。北大附小构建的博雅语文课堂是开放的,是自由的。在这里,教师可以发挥自己的特长,对教材内容进行选择和重构;在这里,学生可以根据自己的兴趣,对学习内容进行拓展和延伸;在这里,可以有不同的声音,多元的理解;在这里,可以有深入的探究,激烈的争辩。博雅语文课堂,给教师提供了一个自由的空间,给学生提供了一片自由的沃土。无论是教师还是学生,都会在博雅语文课堂上放飞理想,自由翱翔。博雅语文的自由开放主要体现在以下两个方面。

一是教师的自由——对教学内容的自主选择和重构。

北大附小的语文教师各具特色,各具风格,每一名教师都有自己的特长和优势,北大附小给教师提供一个自由的空间,充分发挥教师各自的特长,构建百花齐放、各具特色的语文课堂正是博雅语文的魅力所在。给教师以自由,放权于教师,北大附小的语文教师对教学内容拥有自主选择的权力。这里的自由不是放任自流,不是随性而为,而是以充分尊重教师、相信教师为前提。尊重教师对教材的把握,对学生的了解,对教育的理解。北大附小的语文教师在博雅语文课程中可以根据自己对教学内容的理解和把握,对教材内容进行选择和重组,把一成不变的教材内容变成为己所用的教学内容,打破了教材的限制,激发了学生的学习兴趣,从而更好地为语文教学服务。我们尝试打破学科的限制,结合语文自身的特点,融合了其他学科的元素,给语文教学带来新的活力,也给语文学习带来新鲜的气息,从而激发了学生学习语文的浓厚兴趣。

二是学生的自由——对学习内容的自主选择和自主探究。

自主探究是指学生在教师的教学指导下，通过能动的、创造性的学习活动，实现自主性发展的教育实践活动。其实质就是尊重学生的主体地位，发挥学生的主体作用，调动学生的主体积极性，从而使学生能够主动、积极、独立地进行学习活动。自主是探究的基础，探究是在自主的前提下进行的深一层的思维活动。两者是一种学习活动的两个侧面，不能独立分开。自主强调的是学生学习的独立性、自觉性，探究强调的是思维活动的深入性、探索性。在博雅语文课堂上，不仅教师有自由的选择权，而且学生也有自由的选择权。学生可以在教师的激发引导下，自主地选择进一步探究的内容。在这里，学生的自由，不是漫无目的，不是听之任之，而是在教师指导下的自主探究，它是以教师对学生的充分尊重和信任为前提。博雅语文课堂给学生提供一个宽松自由的环境，调动学生的兴趣，激发学生的内在潜能，发挥学生的特长，让学生在自主探究中获得成长。

2. 多样分层的博雅阅读

北大附小历来都十分重视学生的阅读，把促进学生的阅读作为学校教育的重要目标之一。在博雅阅读中，我们努力做到以下两个方面。

一是整体规划阅读。

博雅语文课程从制定阅读目标、筹建博雅书库、提出实施建议、倡导多元评价等方面，试图给学生建筑一个系统的阅读工程。我们首先确定阅读目标，明确不同年龄阶段的阅读要求。例如，在小学低年段，我们主要是通过多种途径培养学生的阅读兴趣，要求学生做到能够主动与他人分享阅读的内容，每天课外阅读的时间不少于 15 分钟。在中年段，要求学生广泛阅读，养成做读书笔记的习惯，每天课外阅读的时间不少于 20 分钟，每学期课外阅读量不少于 25 万字，养成看书的习惯。在高年段，要求学生能就书中的内容或语言提出自己的疑问与看法，能独立思考，做出批注，培养学生养成去书店看书、买书，去图书馆借书的习惯，每天课外阅读的时间不少于 30 分钟，每周阅读课外书的时间不少于 5 个小时，每学期课外阅读量不少于 30 万字。

为了方便学生进行课外阅读，我们还建立了博雅书库，收录书目供学生选择。博雅书库选择书目的标准主要是适合北大附小的学生阅读，符合儿童阅读心理的一般规律，贴近生活，文质兼美。而推荐的途径则多元化，专家、教师、家长甚至是学生均可推荐。按照年级不同，我们将博雅书库分为博雅书库（一）、博雅书库（二）、博雅书库（三）三个

级别。每个书库根据不同年龄段学生的阅读特点和阅读心理选择图书，以期达到不同的阅读效果。

在项目逐步推进的过程中，我们为一年级至六年级不同阶段的学生设计了阶梯式的阅读主题：一年级的"绘本之旅"，从兴趣出发，激发学生读书的积极性；二年级的"跨越桥梁"，从习惯养成出发，逐渐培养学生自主阅读的能力；三年级的"文学启程"，注重学生的交流，逐步走向纯文字的整书阅读，初步掌握儿童小说阅读的方法；四年级的"博览之旅"，关注阅读内容的广博，懂得如何选择恰当的读物打开视野，初步学会主题延伸阅读；五年级的"人文之旅"，引导深度阅读体验，学习图书馆信息运用的初步技能；六年级的"典藏启蒙"，注重个体深度阅读，侧重名家名作阅读策略指导，利用"思维导图"策略发展学生的思维深度与广度。

阅读是个性化行为，每个人的阅读感受是不同的，所以，博雅语文课程对于学生的阅读评价也是多元的。每个学生可以根据自己的兴趣选择不同的评价方法，阅读小书虫、阅读手抄报、班级交流感受、阅读思维导图等，都可以作为一种评价方式。在这里，学生可以自由地发挥自己的特长。对学生阅读评价的多元化，不仅是对学生个性的认可，而且也是对学生才能的尊重。多元的评价带给学生的是自信，是快乐，是幸福。

二是开展多样化的阅读。

在博雅语文课堂上，运用多种多样的阅读方式，开展丰富多彩的阅读活动，对激发学生的阅读兴趣、提高学生的阅读能力起到了积极的作用。我们先后设计了"共读一本书""亲子阅读""名家阅读""主题阅读"等活动。"共读一本书"推荐的书目常常是必读书目，这种形式也非常普遍，教师可以在讲完一篇课文后，根据课文内容给学生推荐相关书目，由学生课下进行阅读。"亲子阅读"是指在家中父亲或母亲与孩子一起阅读。亲子阅读的开展可以丰富家庭文化生活，帮助孩子收获知识，形成正确的思维意识、价值观念、行为规范、道德准则。"名家阅读"是指教师先介绍一位著名作家的生平，推荐名家作品，学生根据自己的兴趣阅读名家笔下的作品，阅读完成后在班级进行交流汇报。"主题阅读"是指教师提供一个阅读主题，学生围绕这个主题自己选择不同的书目，阅读完成后全班进行交流汇报。

3. 博学厚德的博雅文化

语文教育在传承文化方面有自己的特点。中国语文的本义内涵，可以理解为中国母语表达的民族文化和民族文化的中国母语式的表达。那么,语文教育的内涵就是使学生通过学习"中国母语的民族文化"掌握"民族文化的中国式的母语表达"。语文教育作为文化教育的特点就在于学习"民族化的母语表达",任何背离这一点的语文教育都不是语文,不是语文教育。《义务教育语文课程标准(2011年版)》将"语文是人类文化的重要组成部分"写入章程是符合语文教育特点的。"语文与文化血肉同构",从一定意义上来说"语文就是文化",语文教育和文化教育本身就是一体的。博雅语文教育和文化教育的结合主要体现在以下三个方面。

一是通过教材渗透文化。语文教材是学生离不开的学习范本,而语文教材中的课文,不仅是文字、文学,而且还有蕴含其中的文化。挖掘教材中的文化内涵,时刻关注教材中文化的点滴渗透,是博雅语文课堂追求的重要目标之一。

二是北大附小文化课程中的传承。北大附小历来重视北大文化的传承,专门设置了"北大文化"校本课程,让学生在北大文化的熏陶中健康成长。博雅语文课程的研究团队,以北大名人、名胜古建、历史传承为线索,梳理出我们心中期待的"北大文化"校本课程的脉络,最终以风骨—风物—风采的课程架构形成了独具北大附小特色的"北大文化"校本课程。"北大文化"校本课程作为北大附小的特色课程,对学生在认识北大、了解北大文化、理解北大精神方面起着重要的教育作用。"北大文化"校本课程针对不同年龄段的学生分别采用了不同的组织形式和活动方式:低年段的学生以走进北大校园、参观北大名胜古建为主,让学生对北大有一个直观的认识;中年段的学生以听取讲座为主,通过北大教师生动形象的讲座,与北大教师近距离接触;高年段的学生以研究课题为主,通过阅读大量与北大相关的书籍,了解北大的故事,认识北大的大师,体会北大的精神。

三是开展多样化的文化活动。活动是最好的教育方式。开展一系列的文化活动,让学生在活动中认识文化、了解文化,是北大附小博雅语文课程一直非常重视的。

早在20世纪90年代初,北大附小的部分年级就开展了中华古典诗文的诵读活动。1998年,中国青少年发展基金会成功推出"中华古诗文经典诵读工程",北大附小率先响应,国学大师季羡林先生听说后,非常高兴地说:"我们中华民族有四五千年的文化历史,我们古代诗文在全世界也是数一数二的,这是非常精美的东西。应该多背,背得越多越好。它对一个人了解过去文化,对提高个人修养,提高人文素质,都有很大的好处。"在中国青少年发展基金会的大力支持下,北大附小在原有的古诗文诵读活动的基础上,不断扩大规模,迅速发展,师生的诵读热情日益高涨,学校的诵读氛围逐渐浓厚,很快形成了学校一大特色。

三、博雅语文课程的模型设计

在多次研讨探究的基础,我和语文教学团队一起,结合北大附小的特点在博雅语文系列课程中设计了三类逐步递进、有机关联、又互为补充的课程模型,即基础类课程、拓展类课程、研究类课程(如图1-1所示)。

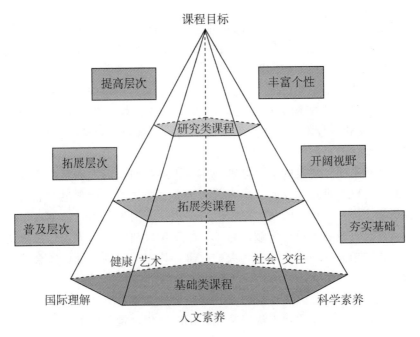

图 1-1 北大附小博雅语文课程构建图

(一)直抵学生核心素养的课程目标

在课程设计的初始,理清各类课程的概念和各自目标是至关重要的一步。在我们的分类课程设计中，目标设计直抵核心素养的各类要求。

基础类课程是学生的必修课程，是为学生素质的发展奠定共同性基础的课程。基础类课程的内容体现国家对公民素质的最基本要求（即共同基础），着眼于促进学生基本素质的发展，期待所有的学生能够达到《义务教育语文课程标准（2011年版）》所要求的基本目标，夯实知识的基础。

拓展类课程是以培育学生的主体意识、完善学生的认知结构、提高学生的自我规划和自主选择能力为宗旨，着眼于培养、激发和发展学生的兴趣爱好，开发学生的潜能，开阔学生的视野，是一种体现不同基础要求、具有一定开放性的课程。在我们的设计中，拓展类课程力求达到以下目标：促进学生全面而有个性的发展；为学生提供丰富多样的课程资源；促进学生自主选择性学习能力的形成；建立促进学生个性发展的课程评价体系。

研究类课程是为了解决目前语文教学中自主构建不足的问题所设立的。在研究类课程中，部分学生在教师的指导下以个人或小组为单位，通过提出问题、材料收集、信息处理、实验比较、解决问题等方式来开展学习活动的一种课程形式。它着眼于学生学会学习，激励学生自主学习、主动探究和实践体验，旨在培养学生探究自然、社会、文化、自我，锤炼学生的创新精神和实践能力，促进学生个性的发展，为学生奠定终身发展的基础。

（二）"博""约"相兼的课程关系

从基础类、拓展类和研究类这三类课程的相互关系上来看，它们并不是各自孤立，而是既有区别又有联系的，试图做到"博""约"相兼：既面向全体学生（"博"），又兼顾部分学生的个性化需求（"约"）。

第一，这三类课程的受众不同。基础类课程和拓展类课程主要面对全体学生，而研究类课程主要面对部分学生。

第二，这三类课程的内容不同。基础类课程主要针对《义务教育语文课程标准（2011年版）》要求的最基础类的知识，包括语文教学中的语言文字知识以及文章中字词句段篇的安排与教授；拓展类课程主要是在基础类课程的基础上，针对学生的知识扩充需求，结合书本知识进行拓展教学；研究类课程主要针对学有余力的学生，针对某方面知识，进行相对专一的课程教学。

第三，这三类课程的教授方法不同。基础类课程主要以教师讲授、师生互动为主，拓展类课程主要以学生查阅资料、师生互动为主，研究类课

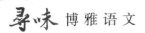

程主要以学生自主学习、教师相机点拨为主。

第四，这三类课程对学生素质培养的功能不同。基础类课程主要面对全体学生，面对学生所学习知识的最基础部分，面对学生学习力的平均值来进行课程教学，目的是让学生有扎实的学习基础，体现国家对公民素质的最基本要求（即共同基础），着眼于促进学生基本素质的发展。拓展类课程主要面对基础类课程的拓展知识部分进行教学，着眼于满足学生不同方向与不同层次的发展需要以及适应社会多样化的需求，体现不同的基础。研究类课程是针对学有余力且有兴趣的学生来教学，着眼于学生学会学习，激励学生自主学习、主动探究和实践体验。

基础类课程、拓展类课程和研究类课程既有区别又有密切联系，基础类课程是拓展类课程和研究类课程的基础，拓展类课程和研究类课程又有很多都是从基础语文课程衍生而来的。这三类课程在博雅语文大的课程目标指引下，为达到我们的教育目标而发挥着各自不同的作用与价值。

四、 博雅语文课程的实施

（一） 整合和开放： 大语文观下的博雅语文观

1. 课程内容的整合

大语文观提倡"生活处处皆语文，语文处处现生活"，这也为我们的博雅语文教学开辟了改革的新天地。在博雅塔旁、未名湖畔成长的北大附小，历史赋予我们新的使命，我们的博雅语文更要秉承北大精神，发扬北大追求自由、敢于探索、求真务实的精神，追求"生活的语文""生态的语文""生命的语文"。

《义务教育语文课程标准（2011年版）》提出"努力构建开放而有活力的语文课程"，提倡各学校打破统一的语文教材，自主选择语文课本，力争寻求"符合学生身心发展特点""体现时代特点和现代意识""文质兼美"的语文课本，才有了现在语文教材百花齐放的局面。但是，我们不得不承认，由于语文教材具有一定的稳定性，且不存在一本完美的教材可以引领我们的语文教学追求动态的生活和具有鲜活时代个性的学生，因此把任何一本语文课本作为唯一的教学素材都是远远不够的。

于是，我们的博雅语文提出了"大语文"——教材整合的观点，决定大胆整合语文课本，改革语文教学，探寻学生喜欢的语文、时代需要的语文。整合的指导思想是"把一些零散的东西通过某种方式彼此衔接，从而实现信息系统的资源共享和协同工作"。语文教学团队为之不懈地钻研探索，甘于奉献，取得了较好的整合成果。

语文课本不等于语文教材。生活处处留语文，生活处处有教材。博雅语文建立了一种新的课程意识，以语文课程标准为目标，适当地整合教材，科学地补充教材，力求准确地加工教材，使语文教材与时俱进。同时，更注重时代元素，更关注人文精神，更强调教材编选内容的丰富性，也非常注重语文学习的开放性。

2. 年段的整合

在教材的开放和整合中，博雅语文关注了年段特点，根据不同年段学生的兴趣和知识能力进展，将不同的活动归类到不同的年段中，并保持活动之间的有机联系，将课程加以整合。比如，低年段学生，走进大自然，拍摄春天，描画秋天，举办画展。在秋游活动中制作音配画手抄报，举办古诗朗诵比赛。中年段学生，写作循环日记，配乐朗读课文，举办朗诵比赛，从甲骨文追寻汉字的源头，格言自创，学习制作手抄报，校园小导游，废物利用，课本剧表演等。高年段学生，走进北大校园，当起了小导游，利用思维导图读书读课文，国旗下讲话，班刊作文，祖国民风民俗介绍，课堂小老师，创作诗集，一周新闻播报，社会热点评论等活动吸引着学生的视线，激发了学生学语文、用语文的兴趣。

3. 单元的整合

一是单元整合的设计。

整合不是删除，整合的目的是优化。在高效的语文教学目标下，整合教材、优化资源势在必行。我们尝试运用整合的方式，立足于母语、儿童、文化，站在更高的位置看语文课本，发现各组课文的线性联系，将二组或三组课文整合优化，拓宽了视野，引发更广泛的思考，从而形成对语文教材的优化。

北大附小选择的人教版语文教材一共有 8 个单元、32 课，如果每一课都细嚼慢咽，还希望延伸、扩大教材资源，课时肯定不够。在保证语文教

学质量的前提下,我们更大胆地进一步整合单元主题,清醒地进行取舍,更灵活地开发语文活动,以此作为语文教学的灵性补充,在语文实践中初见成效。例如,二年级的语文教师在整合优化的思想指导下,把134课时的语文教材整合成94课时讲完,多出的40课时用来进行开放和优化后的语文教材实践活动,使语文教学做到事半功倍。开学初,五年级下学期语文教研的目标是:首先,站在更高的视角上,在8个单元主题中找到各组课文之间的内在联系,使课文避免散落四处,从而进行教材的整合优化;希望学生能感受到万事万物是有联系的,从而有一颗探索的心,不断地发现惊喜。其次,针对每单元的内容给学生推荐课前阅读书籍。最后,设计1～2个与单元主题相关的创意活动。在这样的思考下,我们将第一单元、第六单元、第八单元进行重新整合:对比中外文化风情的不同。将第二单元、第四单元进行重新整合:共读一本书,用讨论式学习方法,深化理解,学写读后感。将第三单元、第五单元、第七单元进行重新整合:感受语言的魅力,编写、表演课本剧。

二是学科之间的整合。

各门学科之间都有着千丝万缕的联系,语文课程之间的联系则更为紧密。博雅语文除了基础类课程以外,还有拓展类课程和研究类课程。拓展类课程和研究类课程有很多都是从基础语文课程衍生而来的。《北大附小校园文化三字经》、"北大文化"校本课程、小脚走天下、文学与电影、博雅阅读、经典诵读、吟诵、戏剧表演、演讲与口才、博雅写作等课程与我们的基础语文课程不是割裂的,而是存在着密切的联系。

有了课程,我们就需要有专门的课时来保证课程的实施。抓住语文课程的内在联系,从而进行整合以节省出大量的语文课时,可以为我们尝试拓展类课程和研究类课程搭起桥梁、提供舞台。

比如,文学与电影这门课程与基础语文课程联系紧密。学生对文本、文学的研读需要借助基础语文的课堂,同时基础语文的课堂又可以使文学与电影这门课程得到升华。

演讲与口才课程更为甚。在《圆明园的毁灭》一课之后,语文园地要求学生展开爱国演讲。基础语文课程有一个单元主题就是语言的魅力。《杨氏之子》的聪慧,《晏子使楚》的口才,《半截蜡烛》的机智,《打电话》的幽默,为学生打开了领略语言魅力的窗口。还有一个单元,语文园地中的活动就是辩论:开卷有益?还是开卷未必有益?通过语文课堂这样饶有兴趣的辩论,激发了更多的学生了解辩论、喜欢辩论,甚至辩论成瘾。说辩论成瘾这句话并不为过，有时候学生会随时随地展开辩论。在数学课上，一个学生的话引来另一个学生的反驳，数学老师觉得立即做出评价会让有的学生觉得不公平，于是就让二人展开了辩论。这段故事被生动地记录在学生的循环日记中，学生觉得能听到辩论真过瘾，能参与辩论更过瘾。

在各个年级的课堂上，学生都有表演课本剧的经历。低年段和中年段的学生可以利用废物来制作服装道具，表演课本剧。《半截蜡烛》一课，向学生展示了什么是剧本，怎样看剧本，怎样演剧本，他们由此对编写剧本产生了浓厚的兴趣。通过大量的课本剧表演，学生不由地思考：课本剧是不是戏剧？戏剧会是什么样的？正是在基础语文课程的课堂上，激发了学生戏剧表演的兴趣，推动了戏剧表演课走向语文学习的又一个高潮。

在整合优化的概念下，走出小小的课本，来到广阔的生活大课堂，紧跟时代的节奏，更坚定有力地支持推动着拓展类课程和研究类课程。我们不得不承认：整合是硬道理。

（二）弹性分配的课程时间与评价

1. 基础类课程的时间分配与评价

在我们的课程体系中，基础类课程的具体课时安排参见表1-1。

表 1-1　基础类课程的具体课时安排

课程名称	开设年级	课时数量	教学时间	
语文（整合）课	一年级至六年级	4 节/周	语文课	
新写字	一年级至二年级	1 节/周	写字课	
书法	三年级至六年级	1 节/周	写字课	
同步阅读	一年级至六年级	1 节/两周	一年级至二年级	阅读课
			三年级至六年级	语文课

如表1-1所示，基础类课程的课时安排如下。

语文（整合）课：在一年级至六年级设置课程，每周4节课，占用国家课程中的语文课时间进行教学。

新写字：在一年级至二年级设置课程，每周1节课，占用国家课程中的写字课时间进行教学。

书法：在三年级至六年级设置课程，每周1节课，占用国家课程中的写字课时间进行教学。

同步阅读：在一年级至六年级设置课程，隔周1节课，一年级至二年级占用国家课程中的阅读课时间进行教学，三年级至六年级占用国家课程中的语文课时间进行教学［由语文（整合）课节省出来的课时，隔周上课］。

针对基础类课程，主要以过程性评价与诊断性评价两种评价方式结合为主。在学生平时的学习中，针对学生基本学习内容的阶段性完成、学习能力的相对提升与学习方法的创新、突破，其他相关突出学习能力的展示予以评价。其评价表格主要由以下三个部分组成。

第一部分为基础内容的阶段性完成情况，比如字词听写部分、课文背诵部分、课堂回答问题部分、单元考试与期末考试部分等综合评定。

第二部分为学习能力的相对提升与学习方法的创新，比如以学生单元字词、单元测验的单元间进步情况作为衡量标准，以学生课堂参与度的提升为衡量标准，以学生找到学习的简便方法或突破原有方法的情况为衡量标准相应加分。

第三部分为学生相关突出学习能力的展示，比如学生在作文方面有独特的能力展示、在背诵方面有独特的能力展示、在演讲方面有独特的能力展示等，以此作为加分的衡量标准。

综上所述，基础类课程的评价方式主要以过程性评价与诊断性评价两种评价方式结合为主。

2. 拓展类课程的时间分配与评价

在我们的课程体系中，拓展类课程的具体课时安排参见表1-2。

表1-2 拓展类课程的具体课时安排

课程名称	开设年级	课时数量	教学时间	
"北大文化"校本课程	一年级至六年级	1节/两周	社会课	
文学与电影	五年级至六年级	1节/两周	社会课	
博雅阅读	一年级至六年级	1节/两周	一年级至二年级	阅读
			三年级至六年级	语文

续表

课程名称	开设年级	课时数量	教学时间
北大附小校园文化三字经	一年级至二年级	1节/两周	1个早读
经典诵读	一年级至六年级	1节/两周	2个早读
小脚走天下	四年级至六年级	不固定	寒暑假

如表1-2所示，拓展类课程的课时安排如下。

"北大文化"校本课程：在一年级至六年级设置课程，每两周1节课，占用国家课程中的社会课时间进行教学。

文学与电影：在五年级至六年级设置课程，每两周1节课，占用国家课程中的社会课时间进行教学。

博雅阅读：在一年级至六年级设置课程，每两周1节课，一年级至二年级占用国家课程中的阅读课时间进行教学，三年级至六年级占用国家课程中的语文课时间进行教学〔由语文（整合）课节省出来的课时，隔周上课〕。

北大附小校园文化三字经：在一年级至二年级设置课程，每两周1节课，占用每周的一个早读时间进行教学。

经典诵读：在一年级至六年级设置课程，每两周1节课（时间分散上课），占用每周的两个早读时间进行教学。

小脚走天下：在四年级至六年级设置课程，课时数不限，占用暑假、寒假、十一等假期时间进行。

拓展类课程的评价方式相对要开放得多，主要采用观察、面谈、课堂问答、写作、练习、问卷、座谈、案例分析、辩论、演讲、表演、展示、考查、考试等多种方式，让学生充分展示自己的才华。另外，将教师的评价，学生的互评、自评，家长的评价等评价维度融合其中，使得评价相对全面。

3. 研究类课程的时间分配与评价

在我们的课程体系中，研究类课程的具体课时安排参见表1-3。

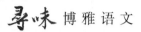

表 1-3　研究类课程的具体课时安排

课程名称	开设年级	课时数量	教学时间
吟诵	三年级至四年级	1 节/周	每周二下午
戏剧表演	五年级至六年级	1 节/周	每周二下午
演讲与口才	五年级至六年级	1 节/周	每周二下午
博雅写作	一年级至六年级	1 节/周	作文课

如表 1-3 所示,研究类课程的课时安排如下。

吟诵:在三年级至四年级设置课程,每周 1 节课,占用每周二下午的时间进行教学,教学形式为"社团式",故时间上不与其他周二下午开设的课程冲突。

戏剧表演:在五年级至六年级设置课程,每周 1 节课,占用每周二下午的时间进行教学,教学形式为"社团式",故时间上不与其他周二下午开设的课程冲突。

演讲与口才:在五年级至六年级设置课程,每周 1 节课,占用每周二下午的时间进行教学,教学形式为"社团式",故时间上不与其他周二下午开设的课程冲突。

博雅写作:在一年级至六年级设置课程,每周 1 节课,占用国家课程中的作文课时间进行教学。

基础类课程、拓展类课程和研究类课程的具体课时分配参见表 1-4,表 1-4 中的数字为周课时数。

表 1-4　三类课程的具体课时分配

年级	基础类课程				拓展类课程					研究类课程			
	语文(整合)课	新写字	书法	同步阅读	「北大文化」校本课程	文字与电影	博雅阅读	北大附小校园文化三字经	经典诵读	小脚走天下	吟诵	戏剧表演	演讲与口才	博雅写作
一	4	1		0.5	0.5		0.5	0.5	1					1
二	4	1		0.5	0.5		0.5	0.5	1					1

续表

年级	基础类课程				拓展类课程						研究类课程			
	语文（整合）课	新写字	书法	同步阅读	「北大文化」校本课程	文字与电影	博雅阅读	北大附小校园文化三字经	经典诵读	小脚走天下	吟诵	戏剧表演	演讲与口才	博雅写作
三	4	1	0.5	0.5		0.5		1		1				1
四	4	1	0.5	0.5		0.5		1	*	1				1
五	4	1	0.5	0.5	0.5	0.5		1	*		1	1		1
六	4	1	0.5	0.5	0.5	0.5		1	*		1	1		1

注：*表示课时数量不确定。

研究类课程的评价方式要相对传统，因为这类课程是属于社团性质的，由于师资、场地、教学资源有限，所以只对感兴趣、肯下功夫的学生进行教学，故其评价方式主要以终结性评价为主，以此选择参与课程的学生。

（三）开放渐进的学习方式变革

在构建博雅语文课程内容的过程中，我们关注到教与学方式的转变对课程内容实施的重要性。"博吸收"的课程特质，使得我们的语文学习领域趋于面向更为广博的历史、社会、自然、文化等。课程内容的"博"，决定了未来我们教与学的方式将发生巨大的变革，小小课堂已难以容纳我们开阔的博雅语文，传统课堂的篇章教学渐趋难以承载如此丰富、多元的信息量，更无法令学生对生活、对文化拥有深度的观察体验与全面发展。

基于以上的认识与分析，博雅语文作了如下教与学方式的转变尝试：从课堂教学出发，进而打开教室之门，带着教室内个体阅读的积淀，学生走进小讲堂聆听专题系列讲座，聚焦问题展开深入研究，最终实地考察故宫、徒步行走中轴线的第一步。正所谓"读万卷书，行万里路"。二年级"中轴线之旅探寻传统文化"的主题课程正是在这样的条件与思考下应运

而生。

体验式学习是一个完全开放的过程，同时，在体验中充分调动阅读、肢体、感官、情感、协作等多方面因素参与，更是一个真正体现"博吸收"的过程。

1. 体验式学习案例之一——"中轴线之旅探寻传统文化"

在"中轴线之旅探寻传统文化"这组主题课程的实施中，我们努力发掘有课程创生价值的各种资源，并通过融合、分享的方式，使课程设计落地生根，使学生有真正的获得体验。

第一阶段：绘本阅读，引入中轴线上的北京城。

首先，我们由课内《北京亮起来了》一文的教学，重点积累了大量描写城市的四字词语；其次，在语文园地口语交际部分的学习中，教师基于课内外阅读结合、阅读与表达结合两个维度，有意识地将"口语交际"与"绘本阅读"结合起来，展开进一步的课堂教学。从复习《北京亮起来了》一课积累的四字词语开始，继而分享绘本阅读《中轴线上的城市——北京》，了解北京城市发展的历史，在阅读交流中体会北京古老的历史文化魅力，以及"里九外七皇城四，九门八点一口钟"这些生动的北京城历史演变和传说。这个过程，我们尝试整合课内外文本的阅读与积累，同时挖掘丰富的传统文化课程内容。

第二阶段：读说结合，聚焦古今北京。

带着对北京文化的初步了解，我们进入以《这里是北京》为主题的课内读说练习活动，希望能够通过阅读与口语交际相互融合的设计，尝试实现课程资源的融合与统整。课前，学生以首都北京为主题，查找各个方面的相关资料。课上，在阅读绘本了解北京中轴线上的文化历史后，教师引导学生介绍自己所了解的北京，同时利用思维导图工具，从不同的方面对资料展开梳理，指导有序的口语表达，从介绍一个内容到介绍一类内容，从介绍北京的一个方面到介绍几个方面。这个过程，我们尝试通过融合与统整的方式，体现博雅语文课程的"博吸收""雅呈现"。

第三阶段：传统文化探寻系列讲座——《大美紫禁城》。

随着课堂中对北京历史文化一步步地深入学习，学生对北京古老的传统文化研究兴趣越发深厚。因此，我们在全年级推广共读一本书的活动。师生在共读《宫城》一书的同时，引入专业的社会文化传播机构"国际郁力讲堂"的"故宫系列讲座"，朋朋哥哥生动的讲座，带学生进入一座

"有故事的皇宫"，从色彩、数字、大门、动物等八个不同的角度，透过文字的讲述去观察、发现和思考，深入认识和了解紫禁城在设计与建造中无处不在的智慧，寻找隐藏在其中的艺术之美。

第四阶段：亲子体验之旅——《走进故宫》《徒步中轴线》。

系列讲座的引入同时也带动了家长对学校传统文化教育的关注，为进一步亲子体验之旅——走进故宫、"中轴线"徒步之旅的实践创造了条件。这个过程，我们通过分享与交流的方式，深入地整合校内外可用资源。以家校共育的方式，鼓励家长与孩子一同携带《故宫亲子学习手册》踏入故宫、踏上中轴线。触摸紫禁城内的一砖一瓦、一门一钉、一草一木，一页页的历史在学生的心中鲜活起来，一幢幢的古建筑在细细寻味中少了书卷、影像产生的距离感，脱下了神秘的权力面纱，顿时亲切了许多。实地徒步的体验，拉近了历史与现实的生活，结合了历史与文化的风范，也历练了学生协同体验学习的能力与分享意识。

这种由课内到课外、由读书到行走的整体渐进式体验学习历程，在学生幼小而懵懂的心灵中种下了对于传统文化怎样的种子，我们不得而知。但是，我们清楚地看到了学生渐入佳境的学习状态与学习热情，也感受到了一次次讲座、实践活动中家长积极参与的激情。更重要的是，在这个过程中语文教学团队不断推陈出新、主动创新，敏锐地发掘有利于学生综合体验的课程内容。

在体验式学习中，学生主动地参与到学习过程中，成为学习过程的主导者，而非单纯的接受者。在广博的学习领域中，学生的眼界不断在开阔，内心理解世界、理解文化的能力在逐步增强。

在体验式学习中，成人（包括教师与家长）的角色转变为观察者、支持者，观察学生在亲身体验中认知理解上的发展细节，支持学生自发地去继续探索，或者从学习情感上予以支持、激发，使其拥有充分的成长体验感和文化认同感。

体验式学习是众多学习方式中的一种，充满开放性与实践性。这样的教与学方式的转变与选择是由课程内容规划的"广博"特性所决定的，是北大附小博雅语文课程实施中必然的变革。

2. 体验式学习案例之二——游学说书：师生的双向选择

进入六年级后，学生的知识积累越来越丰富，学习能力也越来越强。他们不再满足于中规中矩地学习课本知识，不再愿意重复经历"老师讲，

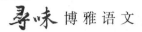

自己听"的学习模式,而是对具有挑战的开放性研究性学习更感兴趣。"开放性"是指让学生在较宽泛的条件和环境中自主完成的非统一性和标准性的学习。"研究性学习"就是通过"研究"来"学习",让学生在问题提出后通过自主收集、分析和处理信息,来实际感受和体验知识的生产过程,丰富学生的生活体验,养成运用知识解决生活中实际问题的习惯。

为了给学生的语文课堂注入开放性研究性学习的"新鲜空气",六年级学生开展了丰富多彩的读书活动。其中,重量级读书活动就是"人物传记答辩会"。这个活动要求每个学生读一本人物传记,人物可以涉及科学、艺术、文学、军事等众多领域,这是其中的开放性特点。之后,学生进行讲述和答辩。讲述和答辩的内容围绕人生经历、突出成就、成功原因、带给自己的启发、延伸阅读五个方面,这又是其中的研究性学习的特点。对于精彩的讲述,教师会推荐学生去年级的其他班级讲学。讲学不分年级限制,分享不分班级。这样又把研究性学习的开放性优势发挥到最大效果。

"人物传记答辩会"有以下七种讲述形式:

(1)思维导图模式。其优势是整体思路一目了然,劣势是平铺的方式干扰视听。

(2)边画思维导图,边播放 PPT 模式。其优势是呈现思考的过程,与 PPT 相互补充;劣势是讲者必须熟练记忆每个切换环节,否则会乱。

(3)边贴思维导图,边讲。其优势是呈现思考的过程,劣势是"贴"会干扰"讲"。

(4)折线图模式。其优势是特别直观地呈现人物经历的起伏,劣势是看不出时间或年龄的变化。

(5)流程图模式。其优势是整体思路清晰、化繁为简,劣势是稍显死板。

(6)索引模式。其优势是思路清晰,整体与部分的关系清晰,劣势是时间顺序不清楚。

(7)时间轴模式。其优势是呈现了时间发展的长线,每个艺术时期刻度清晰;劣势是 S 型绘制,时间的顺序不夺目。

以上七种讲述形式没有什么方式更好,只有哪种方式最能帮助学生自己清晰、准确地进行表达。

学生在讲述中,不重复已经讲的清楚明白的内容,重点加入自己认为精彩、重要的内容。例如，讲述《贝多芬传》的女学生，省略了贝多芬的经历部分，加入了贝多芬创作的几个时期：巴洛克时期、古典时期和浪漫时期，并且对比了贝多芬和莫扎特不同的童年、不同的人生感受，以至于产生不同的作品风格。有的学生还为前面的同学留下的疑问做注解。比如，前面的男同学讲到达·芬奇使用黄金分割比例画《蒙娜丽莎》，在答辩环节有的同学提问：黄金分割的比例是怎么发现的。于是，今天进行讲解的这个男同学就告诉大家，黄金分割最早记录在公元前6世纪，大多数人认为是毕达哥拉斯学派的发现。班中一共7个学生介绍《梵高传》，最后出场的女学生压力非常大。从活动前一周起，她几乎每天都和我讨论思路。从看到别人讲得好的压力，到自己反复修改感到混乱的慌张，再到找到用"波浪"呈现梵高一生的灵感乍现，我在一天天陪同并体会她的成长。讲述《达·芬奇》的男学生另辟蹊径，主要讲了《最后的晚餐》中耶稣门徒和犹大的不同表现和《蒙娜丽莎》中达·芬奇如何给蒙娜丽莎讲故事，令蒙娜丽莎凝神相望的创作故事。他关于渐隐法和焦点透视法的画法介绍颇具专业水准。讲述《巴尔扎克》的女学生，用故事来串联在巴尔扎克文学创作生命中，贝尔尼夫人给予他恋人般和母亲般的爱。她的延伸阅读是《拿破仑传》，因为巴尔扎克在人生低谷期专门买来拿破仑的塑像，并放出豪言："拿破仑没有拿剑完成的事，我要用笔完成。"

一个男学生讲述《曾国藩传》时，在答辩环节出现了一个小高潮。一个女学生问："为什么曾国藩在童年因为不被人看好而自尊心强？"男学生回答："因为他不想被人责备，所以自尊心就强了。"女学生再问："幼年的时候曾国藩被人批评、责备，但他后来成才了。可为什么后来曾国藩在他的用人之法中又说'一味批评、责备，人才会变蠢材'？"听到此处，众人的表现不同：提问的女学生面露喜色；回答的人有些不知所措的慌乱；一些同学仿佛恍然大悟，脸上浮现出欣赏、钦佩之情；一些同学为这个男学生捏一把冷汗。接下来，我马上点评这个答辩环节的精彩："先提出一个问题，然后根据这个人的回答再找到他前后观点相矛盾的地方，再提出问题，使回答问题的人被难住……"这时，底下传来孩子们的声音："反诘法！"我心中一惊，眼前一亮："对，苏格拉底的'反诘法'，太棒了！"当初另外一个男学生在介绍苏格拉底的时候，我们一致认为他对"反诘法"的讲解还不到位，这次竟然当堂在课堂上找到了实例。苏格拉底"反诘法"的精妙之处就在于：提出问题，之后再不断地提出问题使回答问题的人陷入矛盾之中，然后引导这个人自己思考，最后自己得出

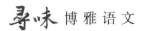

结论。这个课堂生成的火花,突发闪现、点亮我们的双眼。多么开心的学习瞬间!

随着"人物传记答辩会"的结束,很多学生的延伸阅读已经开始了。介绍《达·芬奇》的男学生开始读起了米开朗琪罗和莫奈;介绍《贝多芬传》的女学生读起了《达·芬奇》。王老师经常翻阅的《全球通史》已经摆在了学生的桌头,两个同桌女学生已经一人一本看了起来。讲述《贝多芬传》的女学生正在看《梵高传》,她告诉我回家她就去买了《艺术的故事》,她很感兴趣。另一个女学生的延伸阅读是柏拉图,我告诉她,被誉为"古希腊三贤"的还有亚里士多德,他是柏拉图的学生,是亚历山大的老师。人物传记就像一个交友场所,在与这个人"交谈"时,会有他的朋友不断地参与进来。慢慢地,你认识的人越来越多,你眼中的世界也就越来越开阔。这是我喜欢人物传记的一个原因。前几天我问几个学生,看完这些人物传记,再去比较一下自己曾经读过的小说,有什么感觉?他们说:"以前的书觉得不够味儿了!"由此可以看出学生的读书品位提升了。

在"人物传记答辩会"开始之前,我就提示学生,每个人必须边听边做笔记。为了及时指导学生的笔记记录,我会定期把笔记本收上来进行检查。在检查笔记本的时候,我真心为他们的用心、勤奋感到欣喜。笔记大致有这样几类:一类是记录别人的优点,提示自己要注意什么的;一类是记录自己要在答辩环节向同学提出什么问题的;一类是临场记录,详细地记录了谁在说、思路是什么、同学们问了什么、老师补充介绍了什么。"记笔记",这个活动前一个小小的提示,使活动每个环节的品质都得到提升。记笔记可以训练学生对于"听"的捕捉能力,"思"的辨析能力,落笔的表达能力。当然,激励也是要有的。答辩环节的精彩提问和笔记记录的加分会加到考试成绩中。

根据学生在"人物传记答辩会"上的讲述情况,我会把故事性强的人物传记推荐到低年段和中年段,把思想性、思辨性强的人物传记推荐到高年段。这样每个不同水平、不同层次的学生都可以得到锻炼的机会。活动结束后,我组织学生做了一次调查问卷。所有的学生都喜欢外出讲学这个环节。因为他们觉得这样可以分享自己的读书收获,加深自己对人物的理解,并且锻炼自己的胆量和演讲技巧。这个活动也得到了各班教师和学生的欢迎,他们也开始开展各种形式的阅读活动。这都是分享、交流带来的效果。

（四）丰富全面的课程资源及其开发

1. 跨越学校的课程资源

课程是课程资源开发与利用的目的，同时，课程资源又是课程设计、实施与评价的前提与基础。只有具备可资开发与利用的课程资源，才能开展与课程相关的一系列活动与环节，否则，所谓的课程开发与课程编制就成为无源之水、无木之本。也正因为如此，课程资源的外延要比课程本身的外延广阔得多，换言之，并不是所有的课程资源都能应用到课程之中，只有那些与教育教学活动相关的资源才能被称作课程资源。在实际教学中，我们经常发现同一个资源，在某些学校、某些班级中能够转化为课程资源，但在另一些学校、另一些班级则不能，这就是所谓的课程资源的开发与利用的问题。

课程资源有广义与狭义之分。广义的课程资源指有利于实现课程目标的各种因素，狭义的课程资源仅指形成课程的直接因素来源。[①] 博雅语文的课程资源是从广义这个角度来审视的，即只要是富有语文教育价值的、能够转化为或服务语文课程的所有资源，都被称作课程资源。博雅语文课程资源的构成是指对整个语文课程发生作用、产生影响的那些资源。为了将所有的课程资源更好地组织起来，方便统整与区分，本书先对课程资源的种类进行了划分。

课程资源的划分方式多样，不一而足。比如，根据性质，课程资源可以分为自然课程资源和社会课程资源；根据物理特性和呈现方式，课程资源可以分为文字资源、实物资源、活动资源和信息化资源；根据存在方式，课程资源还可以分为显性课程资源和隐性课程资源等。根据课程资源的来源，我们将其分为校内课程资源和校外课程资源，前者包括地理环境、教师资源和硬件设备三个方面，后者主要指社区资源。

2. 生活处处有语文

承接课程资源的构成，博雅语文试图遵循一定的原则，从校内与校外两个方面进行课程的开发与利用。

[①] 吴刚平. 课程资源的理论构想 [J]. 教育研究，2009（9）：59—71.

一是课程资源开发的原则。

课程资源的开发需要遵循一定的原则，才能让所开发的资源有效地运用于课程中。

（1）开放性原则。

"生活处处有语文"为我们指出了课程资源开发的第一个原则——开放性原则。所谓开放性原则，就是要尽可能地开发与利用与语文教育教学相关的所有可能的课程资源，也即要求我们具备大视野与高眼光审视语文课程资源的开发。校内的、校外的，国内的、国外的，传统的、现代的，城市的、农村的，书面的、电子的资源都可以成为可能的课程资源。

（2）便利性原则。

高效、方便是我们办事的重要原则之一，同样也是课程资源开发的另外一个重要原则。所谓便利性原则，就是尽可能地开发与利用本校所有的、易于得到与利用的课程资源。便利性原则既能够提高课程资源开发的效率，又能够节约成本，同时，所开发的课程资源也更贴近学校师生，更易于被师生接受。

（3）针对性原则。

课程资源的开发不是盲目与随心所欲的，更不是为了开发而开发。相反，每个课程资源的开发都要与学校、学科和课程的发展目标相一致。一般来说，不同的育人目标就会产生不同的课程目标，而不同的课程目标则进一步决定课程资源的选择与开发，也即只有紧跟课程目标的课程资源开发才能有效服务于学校的教育教学。

二是校内外课程资源的开发与利用。

根据北大附小博雅语文的课程目标和课程资源开发的原则，下面我们将对课程开发与利用的具体过程展开介绍。

（1）地理环境的开发与利用。

地理环境是一所学校的先天因素，对于北大附小来说是一种先天优势，从地理环境中择取语文课程资源更是一件信手拈来的幸事。

北大附小坐落于北京大学一角，是北京大学的一部分，学校不仅毗邻清澈的未名湖与幽静的博雅塔，而且更被北大的精神与气息所浸染。校园里既有沧桑古老的清末建筑，又有参与新文化运动的名人故居；既有涵养性情的景观文化，又有启悟人生的精神文化。

凭借这种地理环境优势，语文教学团队因势利导，直接开发出了"北大文化"校本课程，深入系统地向学生传授北大的精神与思想。不仅如此，在具体的每一节语文课中，教师更是随时插入与北大有关的教学内容，比如《此时幸遇先生蔡》《朗润园的灯光——季羡林先生的读书生活》等，这些内容的插入不仅向学生传授了北大的历史与知识，而且贴近学生生活经验使得课程教学更受学生喜欢，也更容易被学生接受和运用。另外，北大"思想自由，兼容并包"的办学理念，也深深地影响了语文课堂教学，在北大附小的语文课堂上，学生与教师也早已形成了民主的教学氛围。学生可以畅所欲言，可以大胆地表达自己的观点；教师的授课方式也不会拘泥于某种形式，而是根据课堂需要灵活变化。

（2）教师资源的开发与利用。

教师是教学中最重要的主体之一，因而也是课程资源开发中的主要对象。我们的语文教师团队整体学历水平和个人素养较高。他们思维活跃、视野开阔、责任心强，具有较敏锐的问题意识、合作意识、创新意识，以及较强的反思能力、沟通能力、创生能力。比如：有的教师古典文学功底比较深厚，于是利用自身特点和学生的需求开发了吟诵课程；有的教师对阅读有比较系统的思考，与大家一起在研究中尝试开发整体分层的阅读课程。

（3）硬件设备的开发与利用。

硬件设备的完善是课程资源的开发与利用中最易解决的问题，基于教学的需要，下列资源为语文课程的开发及实施提供了便利条件。

①图书馆。

图书馆的藏书量丰富，种类多样，有一定的复本配置。同时，根据图书出版的最新信息，藏书会定期更新。

②绘本教室。

绘本教室主要为低年段学生提供绘本阅读服务，藏书量较大，书籍的内容符合低年段学生的阅读兴趣。绘本教室内环境布置温馨舒适，有利于学生在放松的情境中享受阅读。

③小讲堂。

小讲堂的内部空间宽敞、配备一流，为学生的大型活动和教师的各种研修、观摩活动提供了便利。

（4）社区资源的开发与利用。

北大附小的社区资源可谓丰富、雄厚。学校不仅与北京大学、清华大学和中国人民大学等全国顶尖高校相邻，而且还与圆明园、颐和园等远扬中外的历史文化古迹相对。另外，素有中国"硅谷"之称的中关村科技创

新园区集聚了中国目前最先进的科技文化、网络机构和教育理念。这些得天独厚的社区资源成为语文课程资源开发与利用取之不尽用之不竭的源泉。比如，学习完《颐和园》《圆明园的毁灭》两课后，师生一起走进这两座著名的皇家园林，感受文本中所描写的形象与故事，同时，在触摸历史的过程中进一步升华了学生的情思。

[第二篇]
搭建阅读的阶梯

"什么是天堂?"

"天堂就是一座图书馆。"

阿根廷著名作家博尔赫斯的这句话再次验证了阅读之于生命的重要性。

书,是人类宝贵的精神财富,阅读以其独特的价值历来为人们所重视。今天,100多个国家以时代对读书的呼唤做出回答——以色列人把读书放在首位,英国人提出"打造读书人的国度",法国年人均读书11本。而联合国将每年的4月23日设为"世界读书日",倡导更多的人发现阅读的乐趣。

一个人的人生经验往往是由两个部分构成——直接经验和间接经验,而阅读,让人走入不同的人生境界,拓宽了生命的视野,感受到生命的多样性。因而,有人这样说,"阅读是学习之母,阅读是教育之本,阅读是生产之力,阅读是治国之术,强民之法。"① 著名教育人朱永新更是高度重视阅读的作用,他14次在全国两会上提出设立"国家阅读节"的建议,在他看来,"一个人的精神发育史就是他的阅读史;一个民族的精神境界取决于这个民族的阅读水平;一个没有阅读的学校永远不可能有真正的教育;一个书香充盈的城市必定是一个美丽的城市。"

阅读与教育,相辅相成,殊难分离。而在教育中,阅读经典作品尤其重要。

钱理群先生曾说:"学校教育主要任务之一,就是引导学生阅读经典——人类与民族精神文明的精华正凝聚于其中。阅读经典可以使学生从一开始就占据了精神的制高点。这对他们的终身学习与精神发展意义绝对不可低估,而且可能与流行的快餐读物的阅读形成了一种张力。这对学生的健全发展也是绝对必要的。"

童年阅读的经历,会成为成人最美好的童年记忆。儿童文学作家彭懿曾经诗意地概括过童年阅读的意义:"因为有了童年阅读,当我们回道童年的时候,在我们朦胧的记忆中,就有一片明明暗暗的萤火虫,闪烁着诱人的光芒。"

随着智能手机、平板电脑、电子阅读器的流行,读书越来越成为一件奢侈之事。但是,对于正处于起步阶段的小学生来说,阅读的重要性毋庸

---

① 梁春芳. 推进阅读行动加快知识创新——中国阅读学会第九届年会综述[J]. 中国出版, 2006(6).

置疑。从小打下坚实的阅读积淀与培养扎实的阅读能力，将会成为他们未来可持续发展的坚实基础。北大附小历来都十分重视学生的阅读，把促进学生的阅读作为学校教育的重要目标之一，我们期待通过一系列的活动、课程，让北大附小的学生真正地遨游书海、爱阅读、会阅读、善思辨、能分享，从而达到博览善思的理想状态。

一、"博"吸收、"雅"呈现，构建"博雅阅读"的课程群

阅读，读什么，怎么读？关于阅读，可以延伸出许多问题。

比如，课堂上怎样阅读经典作品？教师可以聚焦哪些阅读策略的培养？从热爱到习惯到能力再到素养，这样的梯度是否现实存在？可否在实践中得到印证？学生在中文阅读方面的能力是否存在阶梯发展？如何在实践中借助相应的理据去支撑这样的阶梯？不同类型的图书资源以怎样的方式、如何更好地进入学生的阅读菜单？个体独立阅读与共读之间是怎样的关系？我们以往关于阅读许多零散的经验如何整合起来，使之成为更加系统的体系，并辐射到更多的学生身上。

一个个这样的发问，促使我们不断尝试，不断探讨，不断深入思考，如何在儿童阅读的关键期，从儿童的需要出发，在博览群书（"博"吸收）的同时，也带给他们适合适宜的精神食粮，促进语文能力的综合提高（"雅"呈现）。正是基于此，近年来，循着"课程群"的理念，我们一直在努力构建一个完整的"博雅阅读"体系。

（一）"读"向博雅：跳一跳摘桃子

目标是我们渴望到达的彼岸，是我们想要实现的梦想。目标越明确、越科学，达到的效果、产生的效应就会越好。阅读目标的制定是有依据的，这就要求我们从以下三个方面予以关注。

1. 依据课程标准

语文课程标准是阅读的重要依据。《九年义务教育语文课程标准（2011

年版)》对"阅读教学"的总目标要求是:具有独立阅读的能力,注重情感体验,有较丰富的积累,形成良好的语感;学会运用多种阅读方法,能初步理解、鉴赏文学作品,受到高尚情操与趣味的熏陶,发展个性,丰富自己的精神世界;能借助工具书阅读浅易文言文。

2. 依据教材

明确阅读在教材中的地位和作用,编者对于语文课程标准的理解和落实也透过教材体现出来,比如单元导读、课后习题等,而这些是我们制定目标的主要依据。

3. 依据学情

在阅读教学中,教材必须关注学生阅读的基本情况。法国哲学家萨特说:"阅读是一种被引导的创造。"在阅读中,学生并不是消极地接受,而是积极主动地发现、建构、创造。只有关注学生的学情,重视学生独特的阅读感受和体验,才能真正发挥学生的主体地位,从而提高学生的阅读素养。

更重要的是,阅读目标不能仅仅定位在培养学生的语文能力上,更要渗透对学生培养情感、态度和价值观的诉求。几经讨论,我们在阅读的目标上达成了共识(如图2-1所示)。

图 2-1　博雅阅读课程的总目标

但是,仅有总目标是不够的,在总目标的导向之下,我们按照儿童的年龄段和阅读能力确立了不同的小目标,将小目标进一步细化分解为不同的阅读要求,这样不仅顺应了学生的发展规律,落实了语文课程标准的要求,而且又让学生享受了"跳一跳摘桃子"的感觉,进一步提高了他们学习的积极性和主动性。

正如萨特所言,"跳一跳摘桃子"本身就是"一种被引导的创造",其中既有对阅读时间的要求,有对阅读习惯的培养,又有对阅读方法的建议,都是学生可以看得懂、听得懂的语言,清晰简单,一目了然。这些要求不是对学生的限制和桎梏，而是让他们在成长的关键期养成阅读的习惯，体验到阅读的快乐，在阅读中看到最美好的自己。博雅阅读分级目标参见表 2-1。

表 2-1　博雅阅读的分级目标

年级段	各年级段的不同阅读要求
低年段	1. 通过多种途径培养学生阅读的兴趣 2. 养成爱护书的习惯，对书本做到轻拿轻放，不折角、不撕页 3. 愿意大声朗读，主动与他人分享阅读的内容 4. 每天课外阅读的时间不少于 15 分钟
中年段	1. 广泛阅读，能够挑选自己喜欢的读物，养成借阅、交换读书的习惯，感受阅读带来的乐趣 2. 在阅读的过程中，能够感受作品中优美的语言，关心作品中人物的命运和喜怒哀乐 3. 愿意主动与他人交流自己的读书感受，能提出自己的看法，做出自己的判断 4. 培养做读书笔记的习惯，愿意积累书本中自己印象深刻的语句 5. 每天课外阅读的时间不少于 20 分钟，每学期课外阅读量不少于 25 万字，养成看书的习惯
高年段	1. 通过阅读，增长知识、拓展视野、了解多元文化，感受作品的情感与内涵，并了解作品的大意 2. 有选择地看书，喜欢阅读经典作品，并初步感悟作家的写作风格 3. 能就书中的内容或语言提出自己的疑问与看法，能独立思考，做出批注 4. 主动与他人交流阅读的收获和感悟 5. 养成去书店看书、买书，去图书馆借书的习惯 6. 每天阅读的时间不少于 30 分钟，一周阅读课外书的时间不少于 5 个小时，每学期课外阅读量不少于 30 万字

（二）以文为本，课文无非是个例子

课文是阅读教学中重要的课程资源之一，是知识的一种载体。众所周知，语文课本是由一篇篇经过精挑细选、有序排列的课文组成的，而每篇课文基本上都会以阅读教学的形式在课堂上展开，通过教师的讲授与学生的理解将该篇课文的思想与价值呈现出来，浸润彼此的心田。叶圣陶先生曾说过，"课文无非是个例子"①。意思是指在阅读教学中，课文是积累语文知识、发展语文能力和形成良好道德修养的"例子"，因此学生学习课文的最终目的是积累属于自己的语文知识，发展听、说、读、写的能力。

当然，将课文当作"例子"也绝不是让教师不重视课文，因为我们的语文课本是选文型的，一篇篇的选文"例子"都是由无数的专家挑选出来的，并依据语文课程标准的要求进行了删改，呈现出来的课文文质兼美，是学生学习语文不可多得的"例子"。正如王荣生老师在《阅读教学的基本任务与路径》中提到的："阅读教学所说的课文，即一篇篇选文，它与其他科目中所说的'课文'，有本质的差别。"这么说，一方面在于阅读教学中的课文不仅是学习对象，而且是学习材料；另一方面则是课文中有高于学生现有语文经验的元素。要想发挥出这些选文的最大功效，教师必须从紧抓文本特点开始，发散开去，完成从"授人以鱼"到"授人以渔"的过程，帮助学生正确理解课文，领悟文中的感情，引发学生的进一步思考与感悟，让每篇课文都能够在他们的心中激起一圈圈涟漪。

当然，之所以如此重视文本特点，也是因为在长期的课堂观察中我们发现，一些教师在开展阅读教学时，要么并不重视文体特点，无论什么样的文体文本都用一个模式进行讲授，造成授课形式的千篇一律及阅读教学内容选择的雷同；要么对课文的深层蕴含、整体性缺乏必要的把握，一不小心就走进了关于文本的两个极端——脱离文本的无根分析或对于文本的碎片化解读。所以，阅读教学"教什么"的问题主要集中在教师对于文本的正确理解与对于教学内容的精准把握。

小学阶段处于教育的基础阶段，学生能接触到的文体多为简单的诗歌、散文、寓言故事、记叙文、说明文等。这些文体之间的区分是非常明显的，它们不仅在内容的选择上不同，而且在文章结构、表达技巧的运用等方面都有非常大的差别。面对这些差异明显的文体，如果还是用相同的方式、相近的角度进行解读，其结果可想而知。更需要说明的是，一些特殊文体的特点也在阅读教学中常常被忽视了，比如古诗文，就不能简单等同于对现代文的一般文本的教学。

---

① 叶圣陶. 叶圣陶教育文集：第3卷［M］. 北京：人民教育出版社，1994.

把握文体特点的特殊性进行有针对性的教学，就要求教师在开展阅读教学时，一方面遵循语文课程标准对阅读教学提出的尊重文本的要求，另一方面也尊重语文课程标准提出的培养学生的个性和创造精神的原则，而不是把阅读课变成思想品德课、自然课、历史课。具体来说要做到以下三个方面。

首先，建立起文体意识。叶圣陶先生在《语文教学二十韵》中讲过："作者思有路，遵路识斯真。"读者阅读文章需循着文章思路，才能更好地理解文章的真意。不同文体、不同类别的文章，在组织形式和表达方法上各有不同的特点，应根据课文的文体、类别设计不同的教学思路和教学环节，采用不同的教学方式，获取不同的教学效果。就像寓言与童话，文体不同，教学策略就要有所区别：寓言教学强调的是感知语言、引发思考；而童话教学则注重感受形象，引发想象。根据不同文体课文的特征，寻找不同文体教学的规律，选择不同文体教学的策略，应该成为一种自觉。

其次，找到文本的核心价值。众所周知，现在一些学校为了追求新形势的阅读教学模式，出现了阅读教学的花哨病，看似轰轰烈烈、热热闹闹的课堂，其实阅读效果甚微。如何提高阅读的效率，对教师的阅读素养提出了比较高的要求，尤其是要学会对文本做出细致的解读，从众多的语文内容中找到文本的核心价值，真正发挥出课文这个例子的影响力和文学价值，从而避免"种了别人的田，荒了自己的地""不该教的教了无数，该教的又没有教"这类情形的上演。

最后，鼓励学生再创新。苏霍姆林斯基曾说过："儿童在内心深处都渴望自己是发现者，探索者。这将促使他们更加积极主动的学习新知。"学生的阅读实践行为应该永远放到第一位。阅读教学应引导学生钻研文本，在主动积极的思维和情感活动中，加深理解和体验，有所感悟和思考，受到情感熏陶，获得思想启迪，享受审美乐趣。教师要珍视学生独特的感受、体验和理解。教师应加强对学生阅读的指导、引领和点拨，但不应以教师的分析来代替学生的阅读实践，在阅读教学中，学生要发现美、欣赏美，教师出现于学生寻"幽"的"曲径"中，指引学生在寻找"柳暗花明又一村"的过程中领悟美。

《义务教育语文课程标准（2011年版）》指出，阅读教学是学生、教师、教科书编者、文本之间对话的过程。教师在阅读教学中一定不能切断学生和文本之间的关系，用过多的讲授来达到教学效果。当课堂成为教师的"一言堂"时，学生如一个没有思想、没有感情的器皿一样被动地接受

"满堂灌"时,学生的主体地位便被自然而然地架空了;倘若教师频繁地采用与学生互动的方式,无效地增加学生的课堂参与度,看似将学生与教师、文本、课堂联系到了一起,但实则各个主体之间的关系仍然是相互独立的,反倒由于教师的无所作为,阻碍了学生流畅地进入文本。这些情况在很大程度上是因为教师并未真正领悟"以教师为主导,以学生为主体"这句话的含义。在阅读教学的过程中,语文教师要引导学生进入文本,让学生在反复诵读的基础上深入文本,之后教师的适当讲解才能如锦上添花般为学生的理解更添一层华彩。

语文是有生机的,"以读为本"激发了这种生机,赋予了这支源头活水新的生命。"读"是连接起学生、教师、文本的桥梁,将这三者有机地结合在一起,让学生在读中悟情,在读中品味文本中流露出的小情与大美,从而发现生活中的语文、语文中的快乐。

(三)博览群书, 建立分级博雅书库

仅仅有课内阅读,就足够了吗?

答案显然是否定的。实践告诉我们,阅读能力与阅读素养要依托大量的阅读才能够形成,教材之外的广博阅读是学生真正实践阅读之法、积累更多语言现象的不二门径。

为了方便学生进行课外阅读,我们建立了博雅书库,专门挑选那些适合北大附小学生阅读,符合儿童阅读心理的一般规律,贴近生活,文质兼美的书籍。选择的途径来自专家的推荐、教师的推荐、家长的推荐,或者学生自己的推荐。

更重要的是,博雅书库的书籍是要分级阅读的。众所周知,儿童阅读需要按年龄分级,3岁儿童和5岁儿童不可能读一样的书籍,什么年龄段的孩子读什么书是儿童阅读的基本规律。分级阅读是经实践证明的提高少年儿童阅读能力的有效方法,已成为一种世界性趋势,无论是学校教育、家庭教育还是图书馆阅读推广,都得遵循这一规律。

其实,分级阅读书籍,定义阅读能力,在欧美国家通过几十年的教育实践,在分级阅读方面已经发展得相当成熟,也形成了一套标准——蓝思(Lexile)分级,该体系是美国目前应用最广泛的英文阅读分级体系。大约75%的美国中小学生使用蓝思分级来衡量自己的阅读水平和选择合适的图书。

从国外的实践出发，结合北大附小的实际情况，我们按学生的年龄或年级来安排分级阅读，分为博雅书库（一）、博雅书库（二）、博雅书库（三）三个级别。每个书库根据不同年龄段学生的阅读特点及阅读心理进行分层（参见表2-2）。

表 2-2　博雅阅读内容分级

子书库	针对学生群体	学生阅读特点	图书的特点
博雅书库（一）	主要针对一年级、二年级的学生	识字量较少，文字阅读速度较慢	以绘本、带拼音的儿童文学书为主
博雅书库（二）	主要针对三年级、四年级的学生	识字量增加，阅读兴趣提高	经典儿童故事书、改编的中国古代名著
博雅书库（三）	主要针对五年级、六年级的学生	识字量普遍增大，具有一定的阅读基础，兴趣广泛	世界名著（原著）、历史、科技、地理等各种类别

在这三个级别之下，我们又参考了国内外的儿童文学等各种奖项，如国家图书奖、全国优秀儿童文学奖、纽伯瑞儿童文学奖、国际安徒生奖、林格伦儿童文学奖，综合考虑中国儿童心智发展水平和阅读欣赏习惯及篇幅、难度、主旨等方面的因素，最后整理出一份独具北大特色的北大附小分级阅读书目。

北京大学附属小学分级阅读书目

一、一年级上学期

［绘本］

1.《神奇飞书》

2.《猜猜我有多爱你》

3.《我爸爸》

4.《我妈妈》

5.《妈妈心，妈妈树》

6.《一园青菜成了精》

7.《我的兔子朋友》

8.《自己的颜色》

9.《我有友情要出租》

10.《兔儿爷》

11.《幸运的内德》

12.《一个下雨天》

13.《蚯蚓的日记》

14.《落叶跳舞》

15.《子儿，吐吐》

16.《小蛇散步》

17.《和甘伯伯去游河》

18."11只猫"系列

19.《牙齿大街的新鲜事》

[传统文化]

1.《中国童谣》

2.《中国传统节日故事》

3."中国记忆·传统节日"系列

[注音小说]

1.《小猪唏哩呼噜》（注音版）

2.《一年级小豆包》（注音版）

[听读小说]

《窗边的小豆豆》

二、一年级下学期

[绘本]

1.《大鬼小鬼图书馆》

2.《小黑鱼》

3.《阴天有时下肉丸》

4.《克里克塔》

5.《米莉的帽子变变变》

6.《十兄弟》

7.《泥将军》

8.《天天星期三》

9.《母鸡萝丝去散步》

10.《爷爷一定有办法》

11.《鸭子骑车记》

12.《月亮的味道》

13.《张开嘴巴：牙齿学校在里头》

14.《我身边的大自然》

15.《三只山羊嘎啦嘎啦》

16."要是你给老鼠吃饼干"系列

17.《从前从前天很矮》

［桥梁书］

1."我爱阅读桥梁书"（蓝色系列）

2.《青蛙和蟾蜍》

3.《神奇校车》

［注音小说］

1.《彼得兔的故事》（注音版）

2.《没头脑和不高兴》（注音版）

［听读小说］

《柳林风声》

三、二年级上学期

［绘本］

1.《小恩的秘密花园》

2.《亚历山大和发条老鼠》

3.《团圆》

4.《灶王爷》

5.《石头汤》

6.《逃家小兔》

7."丁丁历险记"系列

8.《雪人》

9.《雅诺什经典绘本》（四分册）

10."小蜗牛自然图画书系"（全四册）

寻味 博雅语文　　　　　　　　XUNWEI BOYA YUWEN

[桥梁书]

1. "我爱阅读桥梁书"（黄色系列）

2. "世界经典桥梁书"系列

3. 《会飞的狗》

[注音小说]

1. 《一年级大个子二年级小个子》（注音版）

2. 《小鹿斑比》（注音美绘本）

[小说、童话、寓言及其他]

1. 《兔子坡》

2. 《安徒生童话》

3. 《了不起的狐狸爸爸》

4. "自然科学童话"系列

5. 《伊索寓言》

6. 《我的野生动物朋友》

[听读小说]

《苹果树上的外婆》

四、二年级下学期

[绘本]

1. "图书馆老鼠绘本"系列

2. 《花婆婆》

3. 《安的种子》

4. 《一粒种子的旅行》

5. 《有个性的羊》

6. 《穿毛衣的小镇》

7. "LOOK"系列

8. 《爱心树》

9. "不一样的卡梅拉"系列

10. 《南瓜汤》

[桥梁书]

1. "我爱阅读桥梁书"（红色系列）

2. "老鼠记者"系列

3. "小淘气尼古拉"系列

4. "疯狂学校"系列

［小说、童话、科普及其他］

1.《科普童话100篇》

2.《踢拖踢拖小红鞋》

3.《狐狸打猎人的故事》

4.《野葡萄》

5.《小熊温尼·菩》

6.《猪八戒新传》

7.《假话国历险记》

8.《亲爱的汉修先生》

9.《小灵通漫游未来》

五、三年级上学期

［绘本］

1.《图书馆狮子》

2.《小房子》

3.《不可思议的蛋》

4.《一片叶子落下来》

5.《穿越时空的街道》

6.《地图（人文版）》

7.《我的第一本古典音乐启蒙书》

8.《北纬36度线》

9.《风到哪里去了》

10.《打瞌睡的房子》

［小说、科普、神话、寓言］

1.《宝葫芦的秘密》

2.《时代广场的蟋蟀》

3.《夏洛的网》

4.《精灵鼠小弟》

5. 《神笔马良》

6. 《绿野仙踪》

7. 《罗尔德·达尔作品典藏——好心眼巨人》

8. 《窗下的树皮小屋》

9. 《小布头奇遇记》

10. 《我们的土壤妈妈》

11. 《公主的月亮》

12. 《亚马孙探险——哈尔罗杰历险记》

13. 《列那狐的故事》

14. 《我和小姐姐克拉拉》

15. "皮皮鲁和鲁西西"系列

16. 《中国成语故事》

六、三年级下学期

[绘本]

1. 《生命的故事》

2. 《100万只猫》

3. 《爱花的牛》

4. 《停电以后》

5. 《老鼠娶新娘》

6. 《颜色的战争》

7. 《木偶的二十五个年轮》

8. 《我变成了一棵圣诞树》

9. 《走在路上》

10. 《凯琪的包裹》

[小说、科普、神话、历史]

1. 《长袜子皮皮》

2. 《稻草人》

3. 《有老鼠牌铅笔吗》

4. 《我的妈妈是精灵》

5. 《小飞侠彼得·潘》

6.《查理和巧克力工厂》

7.《傻狗温迪克》

8.《乌丢丢的奇遇》

9.《淘气包埃米尔》

10."森林报"系列

11.《游戏中的科学》

12.《天方夜谭》

13.《哈尔罗杰历险记——勇探火山口》

14.《皮皮鲁传》

15.《爱丽丝漫游奇境》

16.《上下五千年》

17.《中国寓言故事》

七、四年级上学期

[绘本]

1.《犟龟》

2.《极地特快》

3.《獾的礼物》

4.《多了》

5.《黎明》

[小说、散文、科普、历史]

1.《寄小读者》

2.《下次开船港》

3.《帽子的秘密》

4.《推开窗子看见你》

5.《天使雕像》

6.《去年的树》

7.《草原上的小木屋》

8.《总有一天会长大》

9.《海底两万里》

10.《纳尼亚传奇》

11.《银顶针的夏天》

12.《一百条裙子》

13.《小飞人卡尔松》

14.《哈利·波特与魔法石》

15.《昆虫记》

16.《最美的科普·少年版》（全6册）

17.《随风而来的玛丽阿姨》

18.《五·三班的坏小子》

19.《世界五千年》

20.《大英儿童百科全书》

八、四年级下学期

[绘本]

1.《天空在脚下》

2.《铁丝网上的小花》

[小说、科学、历史]

1.《小英雄雨来》

2.《小兵张嘎》

3.《一只想飞的猫》

4.《孙悟空在我们村里》

5.《手斧男孩》

6.《借东西的小人》

7.《秘密花园》

8.《林汉达中国历史故事集》

9."可怕的科学"系列

10.《我们的母亲叫中国》

11.《青鸟》

12.《汤姆·索亚历险记》

13.《福尔摩斯探案全集》

14.《小学生最爱玩的380个思维游戏》

15.《绿山墙的安妮》

16.《哈利·波特与密室》

17.《哈克贝利·费恩历险记》

18.《妈妈走了》

19.《冰心奖获奖作家精品书系》

九、五年级上学期

[绘本]

1.《活了100万次的猫》

2.《我的爸爸叫焦尼》

3.《荷花镇的早市》

[小说]

1.《微山湖上》

2.《独船》

3.《巫师的沉船》

4.《门缝里的童年》

5.《尼姆的老鼠》

6.《地海巫师》

7.《草房子》

8.《蓝色的海豚岛》

9.《有趣的科学》

10.《哈利·波特与凤凰社》

11.《探索大自然的四季》

12.《金银岛》

13.《快乐王子》

14.《尼尔斯骑鹅旅行记》

15.《林海雪原》

十、五年级下学期

[绘本]

1.《约翰·亨利》

2.《失落的一角》

3.《失落的一角遇见大圆满》
4.《月下看猫头鹰》

[小说]

1.《第三军团》
2.《一百个中国孩子的梦》
3.《大熊猫传奇》
4.《城南旧事》
5.《牧羊少年奇幻之旅》
6.《安徒生童话》
7.《汉娜的手提箱》
8.《男生贾里全传》
9.《写给孩子的哲学启蒙书》
10.《所罗门王的指环：与鸟兽鱼虫的亲密对话》
11.《班羚飞渡》
12.《繁星春水》
13.《铁路边的孩子们》

十一、六年级上学期

[绘本]

1.《最重要的事》
2.《星空》

[小说、历史、诗歌]

1.《飞向人马座》
2.《校园喜剧》
3.《假如给我三天光明》
4.《西游记》
5.《天蓝色的彼岸》
6.《青铜葵花》
7.《风与树的歌》
8.《狼王梦》
9.《安妮日记》

10.《新月集》
11.《万物简史》

十二、六年级下学期
[绘本]
1.《七号梦工厂》
2.《再见了，艾玛奶奶》
[小说、历史、传记、哲学]
1.《小王子》
2.《汤姆叔叔的小屋》
3.《神秘岛》
4.《史记故事》
5.《海蒂》
6.《苏菲的世界》
7.《居里夫人传》
8.《俗世奇人》
9.《飞鸟集》
10.《人类的故事》
11.《童年》
12.《少女的红发卡》

（四）阶梯课程，推进博雅阅读

当越来越多的学生开始拿起书来，阅读的教育引导、课程价值也日渐成为我们关注的焦点。

在一般人来看，阅读课程不是国家课程，且因为学校教育时空的规限，有许多的局限性，在现实生活中经常会面临各种限制，诸如时间不够、课程形态单一、评价不及时等，由此导致本该出彩的阅读课程单调乏味、缺乏趣味。我们也在教学中注意到，有些阅读课程主要还是由教师主导，作为重要的课程资源——学生并没有被充分地动员起来；在一些阅读课上，还是传统的师问生答的模式，作为阅读主体的学生并不能自主选择阅读的内容和方式；在对阅读的评价上，一些学校还是采取选择题、填空题和简答题这几种比较传统的方式。

这样生搬硬套、统一规划的阅读课，不仅没有起到该有的效果，反而对学生的阅读兴趣、阅读能力是极大且持久的伤害。

如何把美好的目标变为落地的行动，根据儿童的心理发展特点，我们设置了适合不同年段的博雅阅读课程（参见表2-3）。

表2-3 博雅阅读课程分级

博雅阅读课程级别	授课对象	授课内容	课程目标	成果呈现方式
博雅阅读课程（一）	一年级至二年级学生	以绘本阅读为主	激发学生的阅读兴趣，了解绘本内容，通过多种方式表达自己的阅读感受	绘本分享＋巧手童心（听、做） 绘本分享＋戏剧时刻（听、思、演） 绘本分享＋文学赏析（听、说、思） 绘本分享＋艺术鉴赏（听、赏、绘） 绘本分享＋图文编创（听、思、写、绘）
博雅阅读课程（二）	三年级至四年级学生	以儿童文学为主	积累词句，能初步写出自己的阅读感受	小书虫——词语积累，好句摘抄，我的感受 手抄报——围绕主题自己设计版面，图文并茂 读书会——围绕主题阅读，全班交流读书心得
博雅阅读课程（三）	五年级至六年级学生	以经典名著为主	能围绕阅读主题收集相关资料，有自己的思考	思维导图——围绕主题，自己收集、整理与之相关的知识 读书报告——围绕主题进行系列阅读、深入阅读，有自己独特的思考，以读书报告的形式呈现，汇报总结

低年段的学生刚学习拼音，阅读较长的故事类的书籍会遇到障碍。而绘本以画为主，文画结合，共同传达故事情节，比一般的纯文本更能激发学生的兴趣，也更符合儿童阅读的心理特征。我们在博雅语文课程中引入

绘本，有效利用其叙事丰富、图文完美结合、充满趣味和富含哲理的特点，让学生体验阅读带来的快乐。教师根据绘本的内容与低年段学生的阅读心理特征设计形式多样的听、说、读、写、问、议、欣赏、想象、表演、创作等活动，让学生带着好奇、兴奋融入绘本的故事情境，并在猜、问、导、说的过程中，借助说话、表演等外部语言，培养学生的语言综合运用能力，逐步发展学生的内部语言——思维。借绘本的文学性与趣味性让低年段的学生从绘本开始真正爱上阅读，完成从"阅读"到"悦读"的转变。

中年段的学生识字量增多，读书的重点由图画转向更多的文字，开始关注文字描写带来的阅读乐趣。此阶段名家写的儿童作品已成为中年段学生的主要阅读材料，对词句的积累和模仿让他们初步感受到语言之美。对作品的初步感受，让中年段的学生开始有了自己的思考。

高年段学生的阅读范围继续扩大，不再局限于儿童文学作品，而是开始关注经典名著的阅读。这个阶段学生的心理进一步成熟，开始有了自己独立的思考。引导学生做阅读的思维导图，有利于培养学生的发散思维和逻辑思维。而让学生做读书报告，更是一次思维之旅。高年段的学生根据自己的独立思考，深入阅读，得出自己独特的读书感受。

由此，在纵向上，从一年级至六年级，我们给学生提供阅读的阶梯式发展。一年级的"绘本之旅"，从兴趣出发，激发学生读书的积极性。二年级的"桥梁之旅"，从习惯养成出发，逐渐培养学生自主阅读的能力。三年级的"成长之旅"，注重学生的交流，逐步走向纯文字的整书阅读，初步掌握儿童小说阅读的方法。四年级的"博览之旅"，关注阅读内容的广博，懂得如何选择恰当的读物打开视野，初步学会主题延伸阅读。五年级的"人文之旅"，引导深度阅读体验，学习图书馆信息运用的初步技能。六年级"典藏启蒙"，重个体深度阅读，侧重名家名作阅读策略指导，利用思维导图策略发展学生的思维深度与广度。在横向上，以丰富多彩的读书活动为纬线，提供一个个鲜活的场景（参见图2-2）。

这就是我们的博雅阅读课程，这种分层次分类别、阶梯式模块化的阅读课程体系，不仅关注学生读什么，而且更关注学生怎么读，以乐趣为导向，以培养思维为重点，让学生在"悦读"中享受一次次阅读之旅带来的快乐，享受阅读中思考带来的满足，为学生个性化发展提供最大的可能。

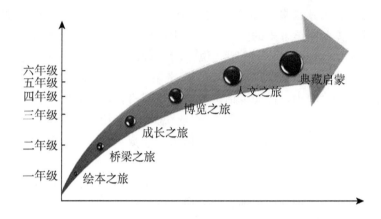

图 2-2　博雅阅读阶梯发展图

二、创意共读，营造"多样化"的阅读场域

《义务教育语文课程标准（2011年版）》指出，阅读是学生的个性化行为，不应以教师的分析来代替学生的阅读实践。[①] 这就要求教师能够给学生提供平台，从儿童自身的理解结构出发，尊重学生的每一种阅读可能性，在教学中进一步释放学生的活力。

而这种开放阅读的核心就要求我们像开设超市一样，从学生的需要出发，提供多样化的阅读学习内容，让学生可选、乐选，从而激发学生的阅读兴趣，让他们不断享受到阅读成功的快乐。

（一）师生共读：一本书与课堂的四次对接

共读一本书指的是教师推荐一本书，全班学生共同阅读，阅读完成后进行汇报交流。

共读一本书推荐的书目常常是必读书目，这种形式也非常普遍，教师可以在讲完一篇课文后，根据课文内容推荐给学生相关书目，学生课下进

[①] 中华人民共和国教育部. 义务教育语文课程标准（2011年版）[M]. 北京：北京师范大学出版社，2012.

行阅读。例如，学习完《冬阳·童年·骆驼队》一课后，教师向学生推荐阅读林海音的《城南旧事》；学习完《祖父的园子》一课后，教师向学生推荐萧红的《呼兰河传》；学习完《刷子李》一课后，教师向学生推荐冯骥才的《俗世奇人》等。共读一本书，学生的阅读内容统一，交流起来方便，会有不同的感受，也会产生共鸣，通过交流能够加深对这本书的认识与理解。

共读一本书，特别强调"共"的引领，即发挥师生、生生互动的功能。在这个过程中，师生间、学生间拥有共同的目标，共同走过一段阅读旅程。教师要充分利用这些共同元素，精心为学生营造一个充满磁性的"阅读场"，并善于寻找话题，引导学生在头脑风暴中提出疑问，在沟通分享中收获提升，让共读成为一个摇曳多姿的心路历程。

共读一本书，特别强调"一本"的概念，即从单篇文章到整本书。选择整本书，师生必然经历一个自我判断的过程，这本身就是一种锻炼和提升。选择整本书，还可以和教科书的内容结合起来。教师在教教材时就要有意识地引导学生去读与选文有关的原著，可以联系课文内容进行延伸阅读，看作者是如何表现人物形象的，从而对课文内容有更深层次的理解。

共读一本书，特别强调"导"的作用。为什么强调师生共读，就是要发挥教师"导"的功能。师生共读，并不是师生间互不干涉，也不是不闻不问、听之任之。教师要做一个阅读先行者，在充分理解文本的基础上发挥自身"导"的功能，做到读前有计划、读中有指导、读后有评价；然后引导学生去研读，要对学生阅读中可能遇到的障碍、困惑点、空白点、兴趣点、兴奋点等方面做好预设，由此才能用激情点燃学生的激情。

在执教《冬阳·童年·骆驼队》一课时，王老师把这一理念贯穿始终。一堂课与整本书阅读四次对接，每次对接都有明确的教学目标，师生共同深耕文本，整本书阅读开始脱离形式主义，真正落到了实处。

《冬阳·童年·骆驼队》课堂实录

一、资料袋与整本书对接

师：好啦，孩子们，课文当中的生字词你们都会读了，相关的

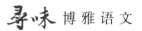

语段读得也很好，那接下来我想问问你们，这篇课文的作者是谁？

生：这篇课文的作者叫林海音，它选自《城南旧事》。

师：你见过林海音吗？

生：没有。

师：你们知道林海音长什么样吗？（屏幕展示照片）

生：知道。

师：知道啊，呦，长什么样啊？你说说。

生：林海音是一个女的，很平常的一个人。

师：她觉得林海音就是一个平常的女人，好吧，咱们一起来看看。谁愿意用一个词语来形容一下你看到林海音的感觉，你说。

生：林海音浑身都散发着文艺的气息，而且她还拿了支笔，感觉就很像写作的样子。

师：嗯，他说散发着一种文艺的气息，那就是古人说的腹有诗书气自华。你想说什么？

生：我觉得我见到林海音的时候，我就感觉她富有哲理。

师：从形象上都觉得林海音富有哲理了，是吗？很深邃的样子，你说呢？

生：我觉得我一看到林海音，就觉得她很慈祥，因为她笑着；而且也很高雅，不失几分幽默感。

师：她说林海音又慈祥，又高雅，她还觉得幽默，如果是我的话，我不用"幽默"这个词，我也用到一个"优"字，谁知道我想说她什么？不是幽默，是什么？你能猜到吗？你说。

生：优雅。

师：对，优雅，好了。那原来我们看一个人有时候真的不需要过多的接触，好像你就一见她，你就可以从她的身上感觉到一些属于她的东西。那你看看资料袋里边是怎么介绍这个人的呢？请你现在自己来读一读。等一会儿我请同学来说，不要背，也不要念，你了解到了什么你就说什么。好，自己读吧。

（生读作者介绍）

师：好，谁来说说，通过这份资料袋的介绍，你对林海音这个人都有了哪些了解？你说。

生：这位作者的原名是林含英，小名是英子，1918年3月在日本大阪出生。

师：那么1918年出生意味着什么呢？如果她到今天还健在的话就有98岁了。好，还了解到什么？你来说。

生：她的这篇课文是《城南旧事》的序言。《城南旧事》是一部自传体小说，在20世纪80年代的时候被拍成了电影。

师：好，他说了3条信息，同学们注意。

（师与生互动解决什么是自传体、序言）

师：好的。来，还了解到什么？还有漏掉的吗？你说。

生：我能了解到这本书写得很有意思，因为它被拍成电影的时候深受观众的喜爱。

师：嗯，很好，书写得好，电影拍得也好，所以受到人们的喜爱，你来说。

生：（读资料）。

师：你是照着念的，下次你要是用自己的话说就更好了，是不是？很好，请坐。孩子们，我们从资料袋里了解到了这么多的内容，那林海音为什么要写《城南旧事》呢？

生：因为她是想怀念一下她童年的往事，之后就把以前在北京《城南旧事》发生的事情都写下来了。

师：好，现在请你们打开课文，你们看看哪儿告诉你们，她想回忆童年的往事，她是因为这样的想法就把它记录下来了。

【点评】资料袋与整本书对接，形成全方位的认知。

在第一个教学片断中，王老师选择把资料袋与整本书进行对接，学生可以通过资料袋对整本书有全方位的认知，资料袋的任务就是让学生全方位地了解作者与作品。资料袋的字数虽少，内容却非常丰富，学生可以分析出作者、作品的写作时间、作品的内容及风格等诸多信息。在这个教学环节中，背景资料不再是"鸡肋"，教师运用资料袋培养学生的观察力、表达能力以及挖掘、提取、概括信息的能力，同时让学生对作者的写作风格、整本书的语言特色形成全方位认知。

这个教学设计为文本赏析与整本书阅读埋下伏笔，充分体现了教

师的教学智慧。

二、文本与整本书的第一次对接

师：好，孩子们，那你们觉得这段话作者写得好吗？

生：好。

师：好啊，我有不同的意见，有什么好的呀？她没用比喻，没用拟人，也没有那么多的四字词语，好吗？你觉得好啊？

生：我觉得那样加多了反而更复杂，加多了反而更不好了。

师：怎么不好呢？

生：因为有时候用很少的词反而能把它表示得更精确一些。

师：噢，这样语言更准确，你说。

生：我就是觉得她写的语言不是加了什么四字词语，写得很纯朴。然后你就仿佛能看出来那个景色，我觉得这才是写作的最高境界。

师：他刚才说这才是写作的最高境界，然后他用了一个词。什么是写作的最高境界？他说"纯朴"，写得纯朴就好了，这是最高境界。那你们看看资料袋当中，人家是怎么评价林海音的，好像也用了词语，他说的是什么？找到了吗？你说。

生：朴实和纯真。

师：是的。就是刚才我们这个男同学给概括的叫什么？纯朴，而资料袋里面用的词语叫什么？朴实、纯真。你看我们的男同学多了不起啊！他能够自己感受到原来林海音是用了这样的一个写法。那么，这样的写法读者读起来心里边会有什么感觉呢？你说。

生：感觉像真的自己经历的一样，她这儿写的感觉你自己都看到那个骆驼，那样丑的脸，那样长的牙。

师：噢，她说感觉像自己经历了一样，那就是真实。还有什么感觉？

生：就是我觉得如果读者读了这本书的话，可能觉得她就是真的是一个小女孩把她写出来的。

师：是的，就是刚才有人所说的，真实。后边举手那个男同学你说吧，对。

生：其实我的感觉就是在读这篇文章的时候，你就会仿佛进入了这个状态，然后你仿佛就在跟作者交流。

师：就像说话一样，是不是？所以刚才他说了特别纯朴，就如唠家常一样，如说话一样，这样的文字就会让人觉得很真实、很自然。我们看在这本书当中，每个章节林海音都是这样写的。来，咱们来读读这一段，这是讲她和自己的小伙伴妞儿在一起玩耍的情境，谁来给大家读？一共有两小段，第一小段你来读，然后你要帮我推荐一个同学读第二段，你现在说推荐谁？好的，来你先读。

生：吃完饭，我到横胡同去接了妞儿来，天气不冷了，我和妞儿到空闲着的西厢房里玩儿。那里堆着拆下来的炉子，烟囱，不用桌椅和床铺。一个破藤箱子里，养了最近买的几只刚孵出来的小油鸡，那柔软的小黄绒毛太好玩儿了，我和妞儿蹲着玩弄箱里的几只小油鸡。看小鸡捉迷吃，总是吃，总是吃，怎么不停啊！

师：挺好的，来下一段。

生：小鸡吃不够，我们可是看够了，盖上藤箱，我们站起来玩别的，拿两个制钱穿在一根细绳子上，手提着，我们玩儿踢制钱，每一踢，两个制钱打在鞋帮上"嗒嗒"的响。妞儿踢时腰一扭一扭的，显得那么娇。这一下午玩得好快乐，如果不是妞儿又到了她吊嗓子的时候，我们不知道要玩多么久。

师：很好，请坐。你们感受到了吧？真的就是自然、朴实的，让我们眼前好像有画面一样。那好，刚才我们一起读的是学骆驼咀嚼这部分。然后我们从这部分里边感受到了林海音写作表达的特点，那还有谁是喜欢问骆驼的去向这部分？你来读给大家听，好，请你来读。问骆驼的去向。

【点评】文本与整本书对接，感悟写作风格。

第二次对接是文本与整本书对接，在学习"学骆驼咀嚼"后，教师出示"我"与妞儿一块玩的片断。教师向学生提问："你们觉得这段话作者写得好吗？"进而赏析淳朴自然的语言风格，为了加深这一理解，教师又向学生展示相关片断。这部分对接的目标是验证作者的写作风格，即朴实、纯真、自然。巧妙的是，这又与资料袋

互为佐证，背景资料不再是空洞的评价，学生能在教师的引导下获得真实的阅读体验。

三、文本与整本书的第二次对接

师：很好。那除了课文里问过这些，在这本书里面英子还问过什么你知道吗？来，咱们一起看看。在书里她还问过什么呢？你来问。

生：妈，我不是你亲生的？你说是不是好了？

师：重读重问，怎么问呢？

生：妈，我是不是你亲生的？

师：什么，你怎么想起问这个问题？

生：你说是不是好了。

师：是呀，怎么会不是呢？要不是亲生的，像你这么闹，早打扁你了。

生：那你怎么生的我呀？

师：怎么生的呀？从这儿掉出来的。再接着看她还问过什么？来。

生：妈，贼偷了东西他放在哪儿呢？

师：把那些卖给专收贼赃的人。

生：收贼赃的人什么样？

师：人都是一个样，谁脑门子上也没刻着哪个是贼，哪个又不是。

生：所以我不明白！

师：你不明白的事多着呢，快上去吧，我的洒丫头！你们笑什么呀？

生：洒丫头。

师：洒丫头你们就笑了，那妈妈为什么说洒丫头啊？你说。

生：因为她妈妈不是北京人，之后她在练北京话，但是她的北京话还是没说好，就把"傻"说成了"洒"。

师：没错，就是这样。那你们看，这英子总是问妈妈各种各样的怪问题，所以妈妈有时候真的都不知道说什么好，所以妈妈说"总是问，总是问，你这孩子！"你觉得妈妈是一种什么心情？你说。

生：我觉得她妈妈肯定想"天呢，你怎么又问啊？"

师：就是特无奈，是吧？你怎么又问啊？你说呢？

生：我觉得她妈妈是"为什么你总是问这个问题，能不能问点别的？"

师：她妈妈什么心情啊？

生：就是很无奈。

师：除了无奈还有别的吗？

生：我觉得她是既无奈，又有快乐，因为一个好奇的孩子可以学到很多很多的东西。

师：太棒了，你看他虽然小，他能体会到妈妈的心情。既无奈，又快乐，好像有点责备，但是责备当中又充满着爱意，是不是？那你知道用哪一个词语可以表示这个意思吗？在责备中又有爱意，你知道是什么词语吗？你说一个。

生：是不是责爱啊？

师：这是你自己创造的，说叫责爱。你知道，你说。

生：或许说你这孩子。

师：你这孩子，就融在这个词语当中了，是不是？那王老师教给你们一个新的词语，一个口加一个真，这个字念"嗔"，嗔怪。嗔怪是什么意思呢？就是带有爱意的责备。妈妈说那句话"总是问，总是问，你这孩子！"就有点嗔怪的味道。好，我们一起来读这部分，夏天来了，预备齐。

【点评】文本与整本书对接，体会情感。

第三次对接是在分析妈妈说"总是问，总是问"这部分，通过师生对读使学生对课文内容有更深层次的理解。通过拓展阅读，让学生对英子的天真、妈妈的嗔怪有更加深入的体会。

四、版本与整本书内容对接

师：林海音的这本书一经问世就受到了读者的欢迎，你们知道吗？据不完全统计，目前大概有160多个版本，我只是罗列出了其中的一小部分。你们都谁读过《城南旧事》啊？都读过啊，手放下。

那这里边有你读过的那本书的封面吗?

生:没有。

师:没有恰恰说明什么?太多了。那你想想为什么人们这么喜欢这本书?出版社也会一而再再而三地出版这本书呢?为什么?你说一个理由。

生:因为它深受读者的喜爱,而且还因为作者很纯朴、很朴实。

师:那你觉得这本书受读者喜爱的原因是什么?

生:主要是因为作者很朴实、很纯真。

师:好的,他说这本书之所以受到人们喜爱的第一个原因就是写得好。作者朴实、纯真,还有别的原因吗?你说。

生:我觉得这本书能帮助大家回忆起童年的往事,比如说如果是一个大人在读的话,他可能就会回忆起童年他很美好的那些时光。

师:是的,我们在人家的作品当中可以找到自己童年的影子。他说因为这本书的内容好,它讲的就是童年的事啊,所以谁读它都会联想到自己的童年,还有第三个原因吗?你说。

生:这本书的描写非常得细致,能让人感觉身临其境,所以大家就非常喜欢。

师:那还是说这本书写得好。你看一个内容好,一个写得好,还有没有第三个原因?你说。

生:也就是我觉得作者写的这个有一种内在的美,就是作者完全是写她小时候的事,让大家都很好奇。然后因为是城南,当时还没有什么手机,就是算老时代的那些事了,所以就是让现在的很多人都感到很好奇,想看看原来的老北京是什么样?

师:她说这本书有一种内在的美。说到城南,你们知道北京城南在哪儿吗?在哪儿你知道吗?在大兴啊,那是现在的北京城南。我告诉你们,那个时候的北京城南指的就是王老师工作的地方,过去的崇文区和宣武区的一部分。但是到了2010年,也就是6年前北京城市改造,你知道发生了什么事吗?

生:那些所有的老建筑全部被拆掉了。

> 师：不光是被拆掉了，而且我告诉你们，你们现在再看看北京地图，已经看不到崇文区，所以我觉得人们总是对逝去的东西才觉得更加珍惜！现在跟你说这些可能你还不大懂。有一天你会长大，等你到了40岁、50岁、60岁，你再看你的身边，你再看看你的家园，你可能更会懂得时光流逝，我们唯有留下回忆的这种伤感和无助。好，今天的课我们就上到这儿，下课。
>
> 【点评】版本与整本书内容对接，激发阅读兴趣。
>
> 最后一次对接由"为什么人们这么喜欢这本书"这个问题引发，教师向学生展示原作的众多版本，通过探讨学生发现这本书内容好、写得好、容易让读者产生强烈共鸣。最后，在教师的引导下，在安静的朗读氛围中，学生自然而然地提到对旧人旧事的怀念，王老师也深深沉浸在文本之中，讲到动情之处几度哽咽。这说明，三条总结不是空穴来风的结论，而是师生通过深耕文本获得的真实阅读体验。在真实的阅读中学生能够与作者、文本达到共情，从而产生浓厚的阅读兴趣。

（二）亲子共读：我有一位读书给我听的妈妈

苏霍姆林斯基指出："所有那些有教养、品行端正、值得信赖的年轻人，他们大多出自对书籍有着热忱的爱心的家庭。"美国著名的阅读研究和推广专家吉姆·崔利斯的《朗读手册》上也有这样一段话："你或许拥有无限的财富，一箱箱珠宝与一柜柜的黄金。但你永远不会比我富有，我有一位读书给我听的妈妈。"美国诗人史斯克兰·吉利兰用诗一样的语言告诉我们亲子共读在学生的课外阅读中所起到的重要作用。家长是孩子的第一任老师，在人的成长过程中，家庭教育是第一重要因素，是其他教育不可替代的。家校结合能促进学生各方面能力的发展，家长配合参与学校的阅读教育活动，能激发学生的兴趣和情感，更有利于促进学生的全面发展。

在儿童时期，促使孩子智力发展最有效的方式便是亲子共读。亲子共读不仅是促进孩子智力发展的一把钥匙，而且更有利于促进亲子关系。因此，我们的中年段阅读教学就多采取这样的方式，让家长向孩子推荐一本书共读交流，然后孩子向家长推荐一本书共读交流。

不仅如此，从阅读活动的内容来看，除了核心的阅读活动以外，亲子共读从选书开始，一直到读后的交流，形成一个"选书—读书—聊书—再选书—再读书……"的循环立体过程。

这种亲子共读活动：能培养学生的阅读习惯和阅读兴趣，增强学生的语言表达能力，发展学生的想象力，提高学生的写作能力与交往能力；能培养学生独立思考的能力，让学生在阅读中边读边吸收、边分析边理解，使阅读成为一种内在的需求，一种愉悦的享受过程；有利于亲子之间的沟通，让父母更多地了解孩子，适时疏导孩子的情绪。

以下是在亲子共读活动中，家长和学生共读之后留下的许多感人的句子。

1. 亲子共读《冬日的蟋蟀》

王凯杰：读了这本书，我懂得了倾听是很重要的，因为倾听可以让你知道别人的想法，也是对正在说话的人的尊重。

家长：孩子的世界是纯净而美好的。孩子的想法有时看起来异想天开，却不无道理。只有我们用心倾听，他们才会真心倾诉。我享受和王凯杰的交流，也盼望着以后他长大了，无论身在何方，仍然愿意向他亲爱的妈妈敞开心扉。

2. 亲子共读《十五少年漂流记》

张羽彤：当我们遇到困难或是受到惊吓时，我们想到的第一件事是向爸爸妈妈发出求救信号。可是在一个孤岛上，爸爸妈妈是没法接收我们的求救信号的，所以，我们该向书中的少年学习，学会自救。

家长：这本书让我认识到，每个人都是不完美的，但是每个人都是与众不同的。这个故事让我开始重新思考自己和孩子之间的关系，我究竟有多了解我的孩子？是不是他也有不被理解的痛苦？在我拿自己的孩子与其他的孩子相比较的时候，我是否忽略了他的与众不同而只是把关注点放在了他的不完美的一面呢？但愿我以后尽量使自己更加合格一些。

有些家长在与孩子的沟通中感触颇深，洋洋洒洒写了许多。例如，刘正阳的家长就写下了这样一篇文章。

读《孩子们的秘密乐园》有感

我并没有读完整本书,只看了"这些大人"和"小孩子永远讲真话"这两章我就有了很多的感触,也就没有继续去读完整本书,因为要读完整本书估计就没有时间去写了。

这两章主要讲的是小孩子们去公园看马戏团的马戏表演,但是在整个表演过程中,从头至尾都没有出现过孩子们期盼的动物表演、空中飞人或者小丑表演。于是,孩子们愤怒了,要求退票。可是,马戏团不同意,说这就是马戏表演。当有记者采访孩子们时,孩子们的父母根本不给孩子们机会,都是直接抢过话筒,然后按照宣传手册说的照本宣科,说这次表演是颠覆性的表演,是高雅的艺术。但是,孩子们通过自己的努力,说服了马戏团团长,终于见到了他们最喜爱却不受大人们喜欢的西瓜小丑和绿鹦鹉。

看了这两章,我想到了三个方面的问题:
(1)大人们和孩子们之间对于一些问题存在很大的认知差异;
(2)大人们为什么不说真话,而孩子们却敢于说真话;
(3)孩子们通过自己的努力是可以影响并改变大人们的思想世界的。

说了这么多,轮到自己身上,自己其实也在很多方面还是做得不够的。我自己也应该更多的学习如何成为一位好的家长,尤其是向孩子们学习,成为孩子的好朋友。

父母需要走进孩子的心灵,孩子的心灵需要父母的慰问,亲子共读就是以阅读为纽带,为父母创造与孩子沟通的机会,使孩子的心灵得到更多的关爱。如果每位父母每天都能抽出一定的时间陪孩子读书,相信我们的孩子不仅能享受到读书的乐趣,而且更能享受到浓浓的亲情所带来的欢喜、智慧、希望、勇气、热情和信心。

(三)主题阅读:一起读,一起成长

主题阅读是指教师提供一个阅读主题,学生围绕这个主题自己选择不

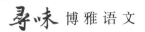

同的书目,可以选择教师推荐的作品,也可以自主选择其他的作品,阅读完成后在全班进行交流汇报。

这种围绕一个主题,多个阅读素材的阅读训练方式,有助于增强学生的阅读综合能力,全面促进学生理解能力的提高。通过这种阅读教学方式,学生既能够更好地掌握阅读规律,丰富知识和阅读素材,又能形成文字阅读的素养。

比如,教师组织学生围绕"老舍先生的作品"这个主题进行阅读,教师可以介绍著名作家老舍先生的一生,并推荐了老舍先生的作品《骆驼祥子》《茶馆》《四世同堂》等,学生一开始就对这些作品产生了兴趣,纷纷找来阅读。但有些学生对教师推荐的这些作品并不感兴趣,而发现了另外一部作品《老张的哲学》。这部作品,教师最初没有推荐给学生,认为不太适合学生阅读。但事实恰恰相反,学生对《老张的哲学》这部作品非常感兴趣,从最初的几个人阅读,到最后全班同学阅读,《老张的哲学》已成为老舍著作中学生最喜爱读的作品。

而有时在确定主题时,教师还可以放手把主题的选择权交给学生,从而激发学生的想象力,创建主题式阅读教学情境。以端午节为例,当时一些学生提议是否可以开展"端午"的主题阅读,教师欣然采纳了这个建议,在端午节到来之前开展"端午"主题阅读,让学生自主选择阅读素材。学生兴趣高昂,热情迸发,通过对端午节追根溯源,了解了端午节的历史知识、关键人物、相关诗词及端午民俗等,加深了对端午节的了解,有的学生甚至连《离骚》这样的经典诗词都能讲得头头是道。

主题阅读锻炼的是学生的全方位能力,学生可以围绕主题,根据自己的喜好选择不同的书目,而在汇报交流、记录活动的过程中,学生的综合能力得到了很大的提高。

有的学生在选书时这样写道:

走到中关村图书大厦,走进那一排排的书架中,看到那些琳琅满目、各式各样的书籍时,我不禁犯了愁。"名人传记,还得是文学家或艺术家,这太有局限性了吧,嗯……写哪个名人好呢?"我自己小声嘀咕着。书架上有《乔布斯传》《贝多芬传》《莫扎特传》等,这些伟人都有着自己别具一格、不同于凡人的一生。而且,他们都会有独特的精神与品质,通过这些精神与品质,我能收获很多不同的启示与启发,所以我都很想去了解了解。哎呀,到底应该选择哪一个名人呢?我揪心死了。我在那两排书架中间的过道上走来走去,就是拿不定主意。"

在班级汇报交流时，有的学生写道：

走上讲台，我是以一段音乐和两个问题引出正题。音乐响起了，气氛还算不错，可此时，我心里像揣了只活脱脱的小兔子，紧张得要死。

而当整个活动结束时，又有学生写下了这样的心得：

人生就是这样，从白手起家，到历经艰辛与困苦，最后收获成长与快乐。这个活动的本身对于人的一生可能连一个小芝麻粒都不算，但它中间的过程与人生没有什么区别。通过读书做笔记，让我收获了读书要细致、深入；通过在班里讲课，让我收获了在语言方面的条理性与组织性；在外班讲课，让我收获了胆识与外交的能力。过上三五年，这个活动你可能早已经忘记了，可留给我们的却是永远的，它让我们长大了许多，让我们收获了成长。这个活动中，真正一步一个脚印走过来，我发现自己比以前长大了许多，回头看看那些成长的足迹，我欣慰地笑了。

这就是主题阅读，从主题的选定到图书的挑选，从资料的准备到成果的呈现，每个学生都参与其中并受益匪浅。

三、阅读力培养，博雅阅读的四种"玩法"

阅读力的形成不是一朝一夕形成，它必定是一个漫长、复杂而综合的过程。就是在构建博雅阅读体系、打造博雅阅读课程、培养阅读力的过程中，教师们创意百出、独具一格，用自己的心血与智慧，凝练形成整书导读、特色活动、创设情境、思维导读等博雅阅读的四种"玩法"或路径，让学生体验阅读乐趣，点燃阅读兴趣，释放阅读活力，从而真正感知阅读之美。

（一）玩法一：整书导读策略

1941年，叶圣陶在《论中学国文课程标准的修订》中对"读整本的书"提到："把整本书作主体，把单篇短章作辅佐。"《义务教育语文课程标准（2011年版）》在教学建议部分，做了这样的表述："培养学生广泛的阅读兴趣，扩大阅读面，增加阅读量，提倡少做题，多读书，好读书，读好书，读整本的书。"由此可见，读整本书的意义重大。但在现实中整本书的阅读没有得到足够的重视，尤其是整本书的阅读指导缺乏实践和地位。

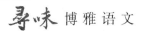

叶圣陶先生曾经指出:"读整本的书,不仅可以练习精读、速读,有利于养成好的读书习惯;还可以进行各种文学知识与文体阅读的训练;学生阅读的心理会更加专一,阅读效果也会更好。它可以收'一石多鸟'之效。"因此,引导学生读整本的书,有利于学生语文整体素养的提高。

我们之所以如此重视整书导读,是基于以下考虑:首先,未来信息时代对个体阅读能力的要求与日俱增。尤其是当前,大数据时代的来临,将会使我们的阅读发生前所未有的变革,如碎片化阅读、快速筛选阅读、信息提取化阅读等。其次,汉语作为我们中国人的母语,其学习过程与西方语言的学习有很大的差异性。汉字的整体图像吸纳与汉语言学习历来重整体感悟的特点,决定了我们的读书要注重整体阅读。最后,我们的母语有千年深厚的文化土壤,因此,语文学习必然要根植于中华文化之中。

正因为有着以上这些分析和判断,我们在进行博雅阅读分层教学研究中,形成了"重策略、重整体、重导读"的"整书导读策略"的原则,期待从另一个角度来体现博雅语文课程"博吸收"理念的科学性。

整本书阅读,关键是整体,它同一篇课文的教学有很多不同。一本书留给学生什么印象,从这本书中学生能感受到什么是很重要的。在读书交流的时候,教师在心中始终要有整体观念,不能因为个别地方的处理而忽视了整体。在强调整体感知的同时,教师应该注意引导学生逐步深入阅读。整本书阅读,既要关注学生的个性体验,又要通过细节的挖掘,牵一发而动全身,促使学生对整本书的理解。这种理念体现在阅读教学的方方面面,不管是从课程目标到教学目标、从教学设计到课堂生成,还是从书籍选择到内容。

以绘本读说课《这里是北京》为例,课堂教学借助《北京——中轴线上的城市》这一绘本,对北京城市发展的历史作了介绍,其中,涉及对中国传统建筑的关注、元明清三朝历史掠影,还有北京城"九门环绕、四城叠加"的城市格局等。

这节课虽然比重不大,但整本书阅读带出来的文化资源非常丰厚,我们利用语文课程资源的内容重构,将语文学习的视野拓展到中华文化的广阔天地间。在导读中着力关注母语文化的同时,也体现了博雅语文的"吸收"之"博"。

在整本书阅读的指导过程中,讨论是阅读指导中的重要环节,这个环节不但能深化学生对书籍的理解,而且还能培养学生持续的阅读兴趣。教师组织学生进行整本书的讨论,应该从情节入手,关注学生的兴趣,关注情感的熏陶。此外，通过交流读书感受可以让学生的阅读成为习惯。讨论要尽量避免阅读的功利性，注重潜移默化、熏陶感染。整本书的阅读超越狭隘的语文课堂教学内容，在相对固定的时间段，让以学生为本位的阅读材料进入语文学习过程，开启文学之窗，滋养学生的心灵，丰富学生的精神生活，提升语文教学的人文性。教师是阅读交流的组织者和指导者，其指导策略的有效性表现在激发学生的阅读积极性和主动性，促使学生之间形成良好的相互作用，提高学生的综合素质，培养学生良好的阅读习惯。通过话题引领，在交流中进行思维的碰撞，提高学生的阅读理解感悟能力。整本书的阅读交流把语文教学与教师的生命体验结合起来，教师和学生一起分享童书，唤醒对于语言的感觉，提升自己的文学素养，和学生共同成长。

（二）玩法二："穿越"多彩情境

德国教育家第斯多惠曾说："教学的艺术在于激励、唤醒、鼓舞。"在阅读教学中，教师对文本理解的透彻程度从一定意义上决定了学生在阅读上的造诣有多高。特别是低年段的学生，自己的阅读方式尚未形成，教师的引导尤其重要。在网络如此发达的今天，如果教师过度地依赖教参和网络，不仅讲不出新意而且还会陷入定式思维。千篇一律的教法，是无法激发学生的思维火花。

低年段的学生在认知发展方面处于形象感知阶段，受制于年龄和认知水平，他们基本能理解课文的大意，但却未必能理解文章的深层意思，关注文章故事本身甚于文章的表达方式，对形象感强的事物拥有浓厚的兴趣，喜欢读朗朗上口的儿歌和生动有趣的短文。

还记得有的教师在上《冬天是个魔术师》一课时，就发现学生对冬天的感知仅仅停留在"美丽""有趣"的层面，并未感受到它带来的种种变化的神奇；在自读课文时，学生更关注故事内容和文中的"冰""雪"等形象，对于文章的语言表达则缺乏感受。

兴趣是最好的老师。低年段的学生的注意力在20分钟左右，要想加强学生的注意力先要从他们的兴趣开始，在课堂中创设多姿多彩的情境，依文设景，在情趣中趣味教学。比如，在阅读教学进行之前，教师首先可以根据文本内容创设一定的教学情境，让学生融入课文描绘的情境中，唤起阅读的欲望，激发学习的兴趣；让教学在一个舒适、轻松的环境中展开，

让学生在潜移默化中受到语言美的熏陶，形成自己对美的独特见解，并养成阅读的好习惯，让阅读生活化。又如，在进行绘本阅读教学时，教师可以根据绘本的内容与低年段学生的阅读心理特征设计形式多样的听、说、读、写、问、议、欣赏、想象、表演、创作等活动，让学生带着好奇、兴奋，融入绘本的故事情境，并在猜、问、导、说的过程中，借助说话、表演等外部语言，培养学生的语言综合运用能力，逐步发展学生的内部语言——思维。这样，借绘本的文学性与趣味性让低年段学生从绘本开始真正爱上阅读，完成从"阅读"到"悦读"的转变。

需要特别强调的是，创设情境对于古诗文阅读教学尤其适用。在当今小学语文教育界，古诗文阅读教学一直是个难点，教学现状不尽如人意。毫无目的的背景介绍，费时无趣的诗句解读，生硬烦琐的读诵默写，这些传统教法屡见不鲜，不但不能使学生入读诗之佳境，而且还磨灭了学生亲近古诗的兴趣。但是，通过反复诵读，创设入心入神的情境课堂，古诗文阅读教学的效果却能事半功倍。

古诗一般不长，且充满韵味，读起来朗朗上口。诵读可以读出理解、读出情感、读出韵味、读出语感、读出兴趣……古诗重在诵读。小学中高学段的古诗文阅读教学要让诵读这种学习方式贯穿课堂的始终，不满足于追求读对、读准，更侧重于学生通过多种形式的诵读，理解诗意，体悟情感，入情入境，在抓住诗的关键词、关键句的基础上，带着形象去读出形象，越来越进入文本的意境和情感世界地读。这一层次的诵读非常关键，也是教师教学设计的重点。怎么让学生在朗读中逐步明确意象，理解诗意，体悟情感呢？教师要提供给学生不同的资源和多种学习路径帮助学生丰富理解和感悟诗句，并设计将理解感悟与诵读有机结合，从而达到入情入境地读这个层次。

例如，在杜甫的《江畔独步寻花》教学中，教师可以通过连接校园或者现实生活中春天的场景拍摄视频，帮助学生进入寻花情境；连接音乐，创设意境，激发学生的情感；连接四川成都的自然环境资料，帮助学生理解"压枝低"；连接思维导图，让隐性思维看得见，帮助学生从抽象的诗面到形象的画面，加强对古诗的整体感知，提升思维；连接其余六首《江畔独步寻花》，帮助学生理解杜甫寻花的总体感受和心情变化。总的来说，教师要尽可能地将多种课程资源整合运用，帮助学生更好地实现理解后的朗读、体验后的朗读，在此过程中实现创生意义的学习。

此时，不再需要教师费尽口舌、字字落实，学生内在的情感已被前面的课堂教学唤醒、点燃，学生通过自己内在的涵诵品味，就很容易投入，达到入心入神这个层次。当然，教师要善于发现和鼓励，把班级中诵读古诗的种子选手挖掘出来，利用同伴效应，充分起到示范、传染的作用。

（三）玩法三：绘制思维导图

小学生处于以形象思维为主逐渐向抽象逻辑思维过渡的认知阶段。要使他们能够在阅读过程中构建文章的脉络和线索，就必须借助形象思维的工具。而思维导图作为一种思维工具，正是用文字、符号、图像来形象地组织和表征知识的。

北大附小在博雅阅读课程的高年段阅读教学中引入了思维导图这种让阅读活动更加有效的思维方式，它不仅不让左脑和右脑起冲突，而且还结合了左脑和右脑的优点，让思考更高效、更便捷。思维导图是一种将放射性思维具体化的方法，它为人类提供了有效思维的图形工具，能够开启人类大脑的无限潜能。

学生在阅读过程中绘制思维导图，通常以一个主题向四周发散，每个分支上使用一个或多个关键词，即上文提到的关键性语言信息，并在这个过程中调动各感觉器官和已有经验，积极思考，将文本内容转化为直观、形象、可视的图画，把自己对文本的理解和文本互动的过程清晰地呈现出来，并在构建语篇意义的过程中不断修正自己的理解。这个过程可以充分调动学生的左脑和右脑，帮助学生提高逻辑思维能力和概括能力。

当学生在课堂中将自己的阅读过程用图外化表达时，教师便可以了解每个学生理解文本的思路，从而指导学生高效地阅读，并在阅读课堂教学中，变传统的讲解和分析文章为师生共同分享、研究、讨论的课堂模式，使学生逐步从自学到合作探究，最终充分学习文章的表现手法，领略文章的思想境界、情感深度，学会品味文学的品质。

而在阅读一本书的过程中，学生可以利用思维导图来理清书中的故事情节和人物线索，并选取一个中心主题来进行放射性探究，最终形成一张思维导图，也就是每个人阅读的个性化体验。而讲述给其他学生听的过程，就是思维碰撞和交流的过程。即使阅读者不亲自讲解，其他的学生单看思维导图就可以领会阅读者的思维过程。

在学生与大家分享读书心得时也可以用思维导图来讲述自己的观点。比如，六年级曾组织过共读《士兵突击》的活动，在小组分享读书收获的环节,这个小组使用了在黑板上画思维导图讲述自己的思考。他们认为"不抛弃、不放弃"是钢七连的精神,这就是中心主题,他们认为最具有这种精神的人是许三多、伍六一、高城等人物,这是第一层关节点;这些人物的精神品质是第二层关节点;最能体现人物精神品质的事例则是第三层关节点。从图2-3这张思维导图中,我们可以清楚地看出学生的阅读观点,以及支撑这些观点的几层关节点内容。

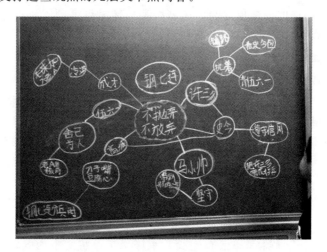

图2-3　思维导图呈现的整本书结构

借助思维导图组织学生阅读,是提高学生的阅读兴趣和阅读能力的一种有效途径。学生通过思维导图,获取了阅读的知识和方法,充分释放出阅读的活力,为写作教学打下了牢牢的基础。

(四)玩法四:咬书、漂流瓶与课本剧

小学生正处于活泼好动的成长阶段,仅仅让他们待在教室里上阅读课,很难调动起他们的阅读兴趣,这就需要教师开展形式多样的读书活动,以活动引领阅读,在活动中关注学生的主观情感体验,不断地通过多种形式的阅读文本和表达感受来强化学生的阅读体验。

1. "毛毛虫咬书"共读活动

为了激励学生多读书、读好书、好读书,年级各班均营造出清新的读

书氛围:学生通过读书结成伙伴共读小组,互相鼓励,一起读书。在好书的吸引下,在伙伴的监督鼓励下,学生的小手纷纷伸向了各班的图书角。二年级的教师精心为学生选择了《咬咬书系列丛书》,多达几十本的丛书占据了图书角大量的地盘,也占据了学生的心灵。各班开展了"毛毛虫咬书"共读活动。这个系列丛书按照学生的识字顺序和识字能力,划分为"轻轻咬""小口咬""大口咬""使劲咬"四级,这也是从一年级绘本阅读开始读书,逐步进入到与儿童文学相衔接的"桥梁书"的阅读。书的文字也逐步增加,从带拼音多插图的"轻轻咬""小口咬"逐步演变成去掉拼音少插图的"大口咬",再到文字增多的"使劲咬"。

在阅读的过程中,学生也在不断地积累自己的识字量,不断地积累知识,不断地开阔自己的眼界,认识不同的人物,了解不同的故事,接触不同的环境。同时,学生躁动的心在阅读的过程中渐渐安静,在早自习、课间、午餐后、午管班,甚至分餐前间隙的两分钟,都有学生捧着书兴致盎然地阅读着。学生养成了良好的读书习惯,他们也如同贪婪汲取书籍营养的"毛毛虫",相信阅读会伴随着学生成长,终有一天他们也会"破茧成蝶"。

二年级"毛毛虫咬书"共读活动策划方案

一、活动主题:"一起读,一起成长"。

二、阅读周期:一个月(4月份:动员准备1周,集中阅读2周,交流呈现1周。)

三、书籍选择:《亲爱的汉修先生》。

四、书籍类型:纯文字整本书。

五、活动方案

(一)启动

年级集会,本学期"毛毛虫咬书"共读活动启动仪式。

第一,介绍4月2日"国际儿童图书日"的来历。

第二,我们在此节日来临之际,开展"毛毛虫咬书"共读活动的主题、意义。

第三,"毛毛虫咬书"共读活动基本的内容、方式。

第四,激励二年级全体同学"一起读,一起成长",共呼主题,期待热情参与到读书活动中,"毛毛虫"们努力在这个春天的读书季中蜕化为美丽的蝴蝶。

(二)实施

1. 各班共读建议。

(1)班内备书(购买、打印、电子书、轮换阅读皆可)。

(2)每天与学生"聊书"(形式自由,长短不限,坚持两周)。

(3)统一阅读周期为两周。

(4)语文老师、阅读老师、班主任共同协作推动。

(5)可利用阅读课,读前进行纯文字整书阅读的读书常识介绍。

2. 各班"班级读书会"或"阅读指导课"的准备建议。

(可根据各班的具体情况做出个性化的策略调整)

(1)年级提供读中指导资料:《亲爱的汉修先生》阅读指导方案。

(2)年级提供读后交流资料:《亲爱的汉修先生》"班级读书会"方案设计。

(3)进一步思考,与中段写作衔接的"读写结合指导课"的研究。

(4)注重各班间的经验交流,及时调整。

3. 多元阅读评价。

(1)过程性评价。

①教师掌握进度,学生做好自我记录,可试用《博雅阅读手册》。

②师生交流中了解阅读兴趣点,为读后的交流活动做话题聚焦准备。

③学生阅读积累,摘抄词句。

(2)互动性评价。

①"班级读书会"中的感受交流。

②读后班内书友之间的交流。

③有与家长交流的经历,给家长讲一讲书中的人物、内容。

(3)开放性评价。

①编辑"毛毛虫咬书报"（手工、电子、PPT）。
②制作阅读思维导图，培养整书整读的意识。
③对日记、书信写作方式的了解，有意愿试一试。
（4）阅读测试。
年级提供整书阅读测试题，有分值，有记录。
4. 教师资源包。
（1）《亲爱的汉修先生》、班级读书会、思维导图。
（2）阅读相关准备资料（读书指导方案、班级读书会方案）。
（3）整书阅读常识PPT、阅读测试题及参考答案。
（4）印制《博雅阅读手册》。
读书中过程性资料收集：照片、感想片断、思维导图、日记、精彩交流……

2. "好书漂流"活动

"毛毛虫"咬书共读活动进行了一段时间，教师观察到基本上每个学生都阅读了几十本的"桥梁书"，于是"好书漂流"活动应运而生——一本本好书就像一个个五彩的漂流瓶，每个学生都是"好书推荐人"，他们把来自于班级图书架的图书、自己收藏的图书，如同一个个漂流瓶投进"书的海洋"，让伙伴们随手"捡"来，慢慢阅读，让自己的好书不再待在书架上，而是与更多的朋友一起分享。小小漂流瓶让阅读真正地走入孩子们的心中，学生之间通过阅读进行交流，一方面促进伙伴朋友间的相互了解，让孩子们互相分享书籍带来的精神愉悦，另一方面教师通过漂流瓶对学生的阅读进行评价。同时，每本书都配有《好书漂流卡》，上面印有推荐的好书书名、这本好书的推荐人以及推荐的理由等栏目，下方还印有这本书的借阅时间、借阅人、一句话感言以及还书时间，旨在引导学生养成良好的借阅习惯，增强学生爱护图书的意识。

"好书漂流"活动得到了学生的广泛喜爱，教师也在活动当中鼓励学生向班级同学推荐一本自己曾经阅读过的好书，教会学生如何填写清楚推荐书的信息和推荐理由。学生可以畅所欲言，可以写下书籍内容的介绍，可以写下书中精彩的片段，还可以写下自己的收获与感想。这样，在其他的同学拿到书的第一时间就能够简单了解书籍的信息，激发阅读兴趣，吸

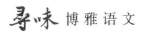

引该同学深入地去阅读书籍的内容,并且在阅读的过程中不断积累自己的感受,在还回图书的同时,写下自己的感受,与更多的朋友进行交流……

就这样,一本本好书,组成一片书的海洋,一个个漂流瓶传递到一个个学生的手里,给他们带来了读书的快乐,一句句热情的肯定与不同的感受,也增进了他们之间的友情。

3. 演活文字的"课本剧表演"活动

一本好书,一篇好的文学作品,当我们再次审视时总会有新的感悟。如何引导学生深入地理解文字,进行深入的阅读,成为二年级组教师面临的又一个新的课题。在分析了二年级学生的特点、阅读习惯后,教师找到了新的"读书"方法——"课本剧表演"这一阅读的综合实践活动。二年级学生乐于表现和表演,通过课本剧和绘本剧的形式,可以使学生深入地理解文字,通过表演对文字进行再加工、再创造,用学生的理解丰满文学作品中留白的部分。更深层的目的在于让学生通过他们喜闻乐见的综合活动更加热爱阅读、热爱表达。这是二年级组教师正在进行的一种尝试和探索。

曾经,二年级组尝试进行过类似活动,但前人的经验告诉我们,有一些事情完全依托学生的能力是无法到达的,二年级的学生仍需要教师的辅导,比如创编剧本、分析角色等。所以,在前人实践的基础上我们进行了完善和提升。我们为学生准备了较为成熟的剧本,在排演的过程中根据学生的理解和感悟再进行修改,就这样形成了新的创编思路。

此外,这个活动得到了家长们的大力支持,我们借由这个活动整合家校资源,借助家长的帮助为学生提供更好的资源,课本剧的排演成为家校和谐合作的成功范例。

作为小学教师,我们不能给予学生成长的全部,但也许我们可以通过学生喜欢的各种各样的活动让他们受益终生。"毛毛虫咬书"共读活动,让学生享受阅读,养成良好的阅读习惯;"好书漂流"活动,学生的阅读感受更加丰富,并增进了彼此的友谊;"课本剧表演"活动,让学生深入地理解文字,培养语文综合实力。与此同时,我们的目光不仅仅止步于语文学习或是阅读能力,我们的最终目的是希望学生能够通过阅读,成为真正的"博雅少年",博而不群,雅而深致。

[第三篇]

让写作像呼吸一样自然

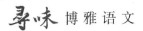

不知从什么时候起，写作文成了一件让许多学生觉得特别头疼的事。

这的确很奇怪！哲学家斯坦纳说过，教育就是教会人正确地呼吸。而写作也本应如此，就像呼吸一样自然。呼吸，谁人不会？

可是，为什么现在学生怕写作文？是什么造成了这种现状？

简单地说，是当下的教育让写作变成了一件不自然的事。人们给写作制定了太多的规矩：不能跑题，只能这么写，不能那么写；只能是这个体裁；要有字数要求；开篇、结尾必须如何如何……写作被附加太多功利的目的，为了考试得高分、为了得奖，必须如何如何。

于是，写作渐渐地失去了本应有的自然、自由、快乐、童趣、生活气息、丰富想象……

为了让学生找回自由而自然的写作乐趣，近年来，北大附小的教师基于博雅语文课程的整体构建，开始了博雅习作的新尝试。我们的一个基本初衷就是，在遵循作文教学规律的同时，引导学生快乐表达、自由表达、有个性地表达，让写作成为他们生活中的一种需要、一种习惯。

这样的作文教学改革，已经初步显现成效。如今，对于北大附小的学生而言，写作让他们感觉很快乐，是他们展现童真、童趣、童言的方式，是他们精彩生活的记录和回放，也是他们个性发展的真实写照。学生笔下流淌的情感是率真的，清纯得像未经过污染的河流，真诚得像透明的水晶石。他们热情地讴歌真善美，鞭挞假恶丑，说真话，抒真情，喜怒哀乐、奇思妙想溢于言表。学生笔下的世界是色彩缤纷的，他们把校内外的生活真实地记叙下来，把个人感受真实地表述出来，把眼中的世界真实地描绘出来，多彩的生活涌出了多彩的习作浪花。学生笔下表现的个性是独具异彩的，每个人都有与众不同的自由表达方式，说自己想说的话，写自己想写的文章。

显然，在学生快乐写作的背后，是教师的大胆创新、积极尝试。北大附小的教师也是快乐的，他们热爱教育、热爱儿童、热爱读书，将工作、生活、读书、写作当成自觉的专业发展方式，这才有了作文教学改革中异彩纷呈、各具个性的教学方式。

我们认为，写作是学生的一种自然表达。为此，博雅习作面向一年级至六年级的学生，依据作文教学规律和儿童成长规律，形成了循序渐进的作文教学理念和策略：充分激发学生的写话兴趣，从自画自写、写诗配画开始"快乐作文"；利用阅读素材，抓住读写结合契机，为学生创设阅读和写作相互促进的空间；依托校园活动，鼓励学生在活动中积蓄丰富的表象与情感体验;重视学生自由地表达真情实感,关注现实生活,实现师生、生生自然交流、分享思想;抓住点滴灵感,捕捉最佳时机,尝试激情写作;有效结合各学科教学内容,把作文变成实现学科间立体整合的途径。

博雅习作还在不断发展着、生长着,这里撷取的只是师生们在生动、有趣的作文教学中的一些美丽剪影。

一、快乐作文,从兴趣入手

写作难吗?可是,为什么学生没有觉得走路难、吃饭难、睡觉难?

说到底,写作应该伴随着学生的生活,成为一种自然的需要。为此,我们从小学一年级开始,当学生开始识字,当他们会用简单的词汇表达自己的喜怒哀乐时,写作就自然地发生了。

而这样的写作又必须符合学生的天性,让他们感觉写作是一件很好玩、很有趣的事,就像他们最喜欢的游戏一样。写作内容应该是学生生活中感兴趣的事物,写作的方式应该是轻松自然的,千万不能让学生过早地对写作产生畏难情绪。

在北大附小,我们是通过这样一些途径来开展低年段作文教学的。

(一)为学生搭一座从说到写的桥

低年段作文教学是引导学生迈入作文大门的关键。走好这一步,就会使学生对作文产生兴趣,激发灵感,这样他们在写作时才会游刃有余、得心应手。初入学的学生有着强烈的说话愿望,教师要爱护、珍视并发展这种愿望和激情。

学生入学一个月后学完拼音,就进入系统的识字学习阶段,这时候,基本的写话训练就可以开始了。一位教师在学完课文《一去二三里》后,设计了这样的情境。她问学生:"读这首诗,你仿佛看到了什么?听到了什么?"

学生踊跃发言,描述了一幅"山村美景图":在不远的地方,有一个烟雾弥漫的小山村,山顶上有几座小亭子,山道的两旁开着各色小花,有几个小孩儿边说、边走、边玩、边欣赏美景。

教师进一步激发学生的想象:"如果你就是这幅画中的孩子,面对美丽的景色,你会对我们说些什么呢?"

学生争先恐后地说道:"你们看,那里有这么美的亭子,我们快到那里捉迷藏去吧!""多美的小山村啊!这就是我的家乡,欢迎大家到这里游玩、观赏!"……

眼见学生兴趣盎然,教师趁势引导:"如果你们把自己的愿望写下来送给爸爸妈妈,我相信他们一定会很高兴的。你们愿意吗?"这个提议得到了学生的热情回应,由此进入生动的写话练习。

儿童生活中有许多的情境都可以变成学生说话、写话的契机。一年级的学生开始换牙了,教师发现后,让他们把掉牙的过程和心情写下来,就变成了一段有趣的小文章:

今天早晨,我觉得右下门牙就快要掉了。这颗牙已经活动好长时间了,我都等得不耐烦了,我就使劲把它摇呀、舔呀,哎呀,掉下来了!我太高兴了!这是我掉的第二颗牙,掉牙说明我又长大了一点。别的小朋友有人都换了好几颗牙了,我真盼着再掉几颗牙!

妈妈说我掉牙的时候笑起来最可爱,我也很高兴!

说话是写话的基础,教师要在学生充分说话的基础上,将他们的热情转向写话,鼓励他们怎样说就怎样写。即便有的学生暂时写不出,教师也不必强求,相信在以后的时间里,他们会受其他学生写话的感染,逐步地学会写话的。

学生写完话后,教师可以和学生相互交流、欣赏,最终共同给予评价,以激励、赏识等正面评价为主,可以让学生知道哪些是该吸收的优点,哪些是该避免的缺点,彼此相互学习、取长补短,使他们的写话能力不断地得到提高。

在学习完《小小的船》后,教师组织学生进行写话,一个小男孩写出了这样的诗歌:

月亮和星星

月亮,月亮,
月亮是妈妈。
星星,星星,
星星是娃娃。
月亮的嘴巴笑一笑,

星星的眼睛眨一眨。

月亮好，好妈妈，

星星好，好娃娃。

当他读完这首充满童趣的诗歌后，其他的学生都为他鼓掌。最有意思的是，还有的学生写道："太阳是爸爸，月亮是妈妈，星星是孩子。这一天他们一起出来逛街。"其他的学生听后说："太阳是白天出来的，月亮和星星是晚上出来的，他们不可能一块儿出来逛街。"写话的学生说："很多童话也是不可能发生的事，是想象出来的，我写的也是我想出来的。"又有学生说道："太阳和月亮可以同时出来，白天的时候也有星星，只不过太阳太亮了，所以看不见星星和月亮了。有一天早晨我出来的特别早，就在天上同时看到太阳和月亮。""我也看见过"另一个学生附和说。看得出，学生在写话、交流的过程中，又迸发出了新的思维火花。

对于学生来说，当众宣读自己的作品是一件特别值得骄傲的事情。和小伙伴一起交流、评价、欣赏，每个人都享受到写话的乐趣。

（二）读图时代的快乐写话

这是一个读图时代，越来越多的人习惯于通过图片来获取信息。对于形象思维发达的儿童来说，更是如此。让低年段学生通过图片与文字的结合，进行配图写话，是一种有益的作文教学实践。

心理学研究表明：儿童是靠形象去认识世界的，儿童在感受形象时，观察的客体和词语之间就会建立相应的联系，从而产生"视觉经验的词语化"，即词和形象沟通起来。同时，语言及思维也随之发展。因此，让学生进行配图写话的训练，自己画、自己写，可以激发他们写话的兴趣，使他们感受写话的快乐，提高他们的写话能力。

教学中，教师可以在学生充分理解文本的基础上，启发他们进行配图写话，将课文中的"话"与自己的"画"结合起来，让他们在"画"的同时，产生强烈的表达欲望，愿意把"画"写得更具体、更生动。

比如，教师可以在学习完《蚕姑娘》后，让学生画画、说说、写写蚕的一生；学习完《小蝌蚪找妈妈》后，让学生画画、写写，完成一份简单的小蝌蚪演变成青蛙的研究报告；在学习《落叶》时，可以让学生看图展开想象，说一说、画一画、写一写，树叶还会落在哪里，谁看见了，怎么做的？在学习《山寨》时，教师可以让学生根据插图展开联想，说一说、画一画,你心中的山路是怎样弯弯曲曲的?写一写,怎样沿着你画的路上山?上山时看到了什么……

学生边画边写,当一幅幅图文并茂的作品展现在大家的面前,再通过他们的分享交流,学生的写话兴趣就会潜移默化地被激发出来。

教师还可以通过配图写话,引导学生认识周围的世界,认识生活、热爱生活,做生活的主人;让学生观察丰富多彩的课内外生活,感受自然和社会,画生活中的画、写生活中的事。

周末到了,一名教师让学生走进大自然,领略大自然的魅力,并用笔记录下来。学生和父母一起去"寻找春天""感受秋天",回来后,他们兴奋地写下一句句充满诗意的话"河里的冰化了""桃花开了""香山的枫叶红了""树上的叶子一片一片地飘落下来",而且每句话都配有一幅漂亮的图画。

一开始,学生可能只会写简单的句子,但随着练习的增多,他们慢慢地能写出两三句了:

下课了,同学们在操场上玩游戏,十分开心。

下雪了,同学们在操场上堆雪人。不一会儿,就堆起了一个大雪人,同学们围着雪人快乐地唱起了歌。

星期六,我和爸爸来到操场上放风筝。风筝飞得高高的,飘上了蔚蓝的天空。

春天来了,河面的冰化了。河岸两边的柳树长出了嫩绿的叶子,小草发芽了,桃树也开出了粉红色的花朵。

周末,我和爸爸去爬山。我们开展了爬山比赛,爬到半山腰,我累极了,但是爸爸却很轻松。我克服了许多的困难,终于爬到了山顶,可是爸爸却早已登上山峰。我输了!但我依然很开心,我感受到爬山的快乐。

从一句话,到几句话,然后到一小段话。学生"画"和"话"的水平在不断提升。学生带着浓厚的兴趣和真切的生活体验,把丰富多彩的内容"画"下来,配以生动的书面语言,制作成一份份图文并茂的手抄报,在教室中进行展览。在此过程中,学生充分动口、动脑、动手,发挥想象,提高语文的综合能力。

(三)带领学生走进审美世界

儿童是天生的诗人!他们丰富的想象力、独特的观察世界的方式和充满童趣的表达方式,都使得儿童天然与诗歌有着内在联系,这也是在低年段通过诗歌写作,培养他们的写作兴趣、审美情趣的基础。

中国是一个诗的国度,诗歌在人们的生活中占有重要地位。许多学生从小就读诗、背诗,甚至写诗。中国古代有许多聪慧儿童出口成诗的故事,比如唐代骆宾王7岁时写出《咏鹅》,明代政治家、诗人于谦12岁时写下《石灰吟》,这些都是传诵至今的诗篇。

如今在一年级和二年级的课本中,儿童诗占据了大量的篇幅,有不少名家之作。比如,任溶溶的《一首唱不完的歌》《大家都快乐》《绒毛小熊》,金波的《雨铃铛》《火红的枫叶》,刘饶民的《小河流过我们前》,李少白的《小鱼的梦》《贺年片》等,这些诗语言质朴、感情真挚、语句优美、音韵和谐。教师如果能够在诗歌教学中通过读诗、学诗让学生感受美、体验美,进而按照诗歌韵律教学生学写儿童诗,进行诗歌创作,不仅能够让学生活用语言、激发创作兴趣,而且可以培养他们的审美能力。

叙事诗《妈妈的爱》是一篇充满人性美的诗:

  有一个很热很热的晚上,
  我从梦中醒来,
  妈妈正给我扇着扇子,
  汗水却湿透了她的衣裳。
  啊,妈妈的爱是清凉的风……

这首诗是从学生日常生活的琐事中采撷了几个平凡的镜头,用朴实的儿童口语叙写出来,通过典型细节把母爱具体化了,字里行间充满真挚情感。学生学习了这首歌颂母爱的诗,教师引导他们也像作者那样,从生活点滴小事中发现父母无私的爱,学生动情地叙说着:妈妈每天早晨天没亮就起床为我做早餐;每天开车接送我去学校;每晚为我辅导功课……诸如此类的细节写下来,就成了一首首情感真挚的小诗,以下是一个二年级的学生写的《妈妈的爱》:

  有一回我竞选班委失败了,
  我伤心地哭了,
  妈妈为我擦干眼泪,
  告诉我男子汉面对挫折要坚强。
  啊,妈妈的爱是自信和力量。

  有一回我遇到了一个难题,

妈妈给我耐心地讲解，

告诉我遇到困难要知难而上。

啊，妈妈的爱是殷切的期望。

像这样，让学生用自己的语言、自己的生活经历和感受进行诗歌创作，其实一点都不难。学生在写作中更深切地理解了母爱，也感受到了人性之美。

写景诗《山寨》是一首构思巧妙、充满意境美的小诗：

看着飘起的炊烟，

好像离山寨不远。

哪知道上山下山，

一走就是半天！

…………

诗歌描写了一个深远清幽的小山寨，整个诗篇的情节开展自然而又波澜起伏，让学生读了心驰神往，意犹未尽中产生无限的遐想：如此深幽的山寨，应该是怎样的美丽景象？这时，教师让学生展开想象，山寨里是什么样子呢？请帮作者续写下去。学生展开想象，一篇篇充满童真、童趣的小诗诞生了：

牵牛花笑红了脸，

蝴蝶在花丛中翩翩，

小鸟在树枝头联欢，

蜜蜂在巢中产卵。

泉水叮咚流得缓缓，

深潭荡起圈圈漪涟。

月儿弯弯似小船，

星星在夜空中眨眼。

小狗已经熟睡，

客人陶醉在山间。

你看，儿童本身对大自然有着天然的感受力，他们把大自然中一切分散、零碎的美都集中起来，用富有诗意的笔触写下来，就是一个童话般的乐园。这样动静结合、交相辉映表现出了人与自然之间的和谐美。

心理学研究表明，儿童的思维活动具有浓厚的自我中心色彩、强烈的主观情感影响，使儿童产生一种感觉变异，被感知的客观事物也随着这种特殊感觉而变形。在教学中，教师抓住儿童认知的这个特点，在学习完想象诗《我有一盒彩笔》后，引导学生进行仿写，一个学生写道：

  我有一盒彩笔，
  画一条红色的直线，
  那是一片美丽的草地，
  小兔和小鸡在草地上尽情地游戏。

  我有一盒彩笔，
  画一个蓝色的长方体，
  那是一只威武的大公鸡，
  它每天早上叫人们早起"喔喔啼"。

  我有一盒彩笔，
  画一个圆圆的球体，
  那是一架没有翅膀的大客机，
  它载着地球的人们游遍宇宙各系。

  在这首诗里，这个学生以自己独特的审美情趣构建人与动物之间、人与人之间，甚至于各个星球之间美妙和谐的关系。诗句表现出孩子纯真的人性美和人情美。

  当我们带领学生畅游在诗的海洋中时就会欣喜地发现，他们有着超乎我们想象的审美能力，他们乐于将自己喜爱的一切用诗一般的语言来表达，这些诗句可能没有严谨的平仄与对仗，可能韵律不够和谐，甚至有许多荒诞的比喻，但这都不要紧，这是他们在自由地享受写作的快乐。

二、打通阅读与写作的"任督二脉"

  阅读当然不仅是为了写作，但却是写作的必要基础，也是积累写作素材与寻找写作灵感的丰富源泉。当阅读积淀到一定程度时，写作的愿望就会油然而生，思绪与情感的闸门瞬时被打开，创作活动就开始了。这就是古人说的"熟读唐诗三百首，不会写诗也会吟"的道理。

  对于小学生来说，更是如此。他们需要通过大量的阅读积累来学习写作，特别是语文课本中有许多文质兼美的好文章，或有严谨的结构，或有优美的语言，或刻画生动鲜明的形象，或抒发真挚美好的情感……这些无一不是学生在作文实践中感受美、表达美、创造美的丰富源泉。一句话，一段文，甚至一个标点，都可以成为引导学生练笔的切入点。

这也要求教师明白，作文教学不是一个孤立的教学模块，而是在语文教学中无处不在。教师一定要抓住可能的契机，在课文学习中找到一个"读写结合的训练点"，使阅读与写作相互促进。同时，教师也要利用好学生的课外阅读，与习作练习巧妙联系起来，为学生创造更多的练笔机会。

（一）从阅读的"空白"处入手

真正优秀的作品都会有"文本空白"，给读者留下想象和再创造的空间。在课堂教学中，教师可以合理地利用这些"空白"，激发学生展开想象的翅膀，引导学生根据自己对文本的理解，挖掘文本中隐含的信息，以自己独特的表达方式呈现出来。

在学习《太阳》一课时，教师先让学生读懂课文，了解课文的内容，再引导学生结合实际观察，发挥想象力，根据课文中的重点句"××地点，太阳是怎么样来的"进行扩写。写出这样的诗句：

果园里，太阳是从大树后面升上来的；

麦地里，太阳是从麦穗里抽出来的；

草原上，太阳是牛羊唱出来的；

高山上，太阳是山脚下爬上来的；

大海上，太阳是从小鱼嘴里吐出来的。

这些奇思妙句便是学生热爱写话的表现。此时此刻，学生已完全陶醉在续写儿歌的优美意境之中。

许多课文的结尾言尽而意无穷，让学生沿着作者的思路续写下去，既巩固了课文所学的知识，又拓展了学生的想象空间。比如《我看见了大海》一课，学完课文，学生都被这神圣而伟大的父爱深深地感动了，对这位继父不禁产生了无比崇敬之情。正当学生的心灵受到强烈震撼时，教师向学生提出："此时此刻，面对继父的遗像，河子还会说些什么？"，让学生把省略号省略的内容补充完整。有个学生动情地写道：

伯伯，我看见了大海，真的，我看见了那人生的海洋，那片深蓝色的变化莫测的大海。苦难的巨浪曾一次次地向我袭来，我这只无助的小船几乎在风浪中失去了方向。是您的出现改变了我。您化身为帆，让我迎风前进；您化身为灯塔，为我照亮了去路；您化身为码头，让我找到了避风的港湾。我真的很感激您，感激那个善意的谎言。如今的我不再羞怯不再自卑，我可以朝着阳光微笑，自信地微笑。是您给了我信心和勇气，教会了我坚强地面对人生的重重难题。

这样的想象写作，无疑是学生此时的情感真实流露，真可谓是"心入于境，因心而得"。又如，学习了《月光曲》一课后，为了培养学生的发散、联想、想象等方面的创造性思维能力，教师问学生："贝多芬走后，穷兄妹俩会说些什么，此时他们的心情怎样？贝多芬回客店后又是怎样把这首曲子记录下来的，当时他会想些什么？"让学生在这两个方面有选择地进行续写。当学生为阅读课文中的情感而心动、跃跃欲试时，就会将在阅读中学到的语言和技能运用到表达美、创造美的写作实践中来。

（二）从文本出发设置不同的写作任务

教材中的课文的体裁不同、内容不同，写作特点也各不相同。在教学中，教师要善于抓住课文的特点，通过巧妙地设计疑问，引出不同的写作任务，让学生的好奇心成为写作的催化剂。

有时候，教师可以引导学生对文本进行改编或改写。比如，在教授《乌鸦喝水》一课时，学生学完课文后，教师组织学生进行讨论：这是一只怎样的乌鸦？你认为还有哪些好办法能让乌鸦喝到瓶子里的水？

这两个问题刚一提出，学生便兴奋起来，有的学生看着插图思考，有的学生一边演一边说。此时，教师抓住契机，顺学而导，让学生改编文章。有的学生在文中写道：

乌鸦看到旁边有一棵大枣树，树上有许多果子，它高兴极了，立刻飞到树枝上，衔下一个个枣子放到水瓶里，瓶子里的水渐渐地升高了。就这样，不一会儿，乌鸦就喝着水了。

有的学生写道：

乌鸦看到垃圾筒旁有一个吸管，它把吸管衔来，放进瓶子里，一点一点地吸着水喝了起来。

还有的学生写道：

乌鸦口渴极了，它扇动着翅膀把瓶子弄倒，嘴挨着瓶口"咕咚咕咚"地喝起水来。

这样的巧设疑问、灵活的改编改写,既发展了学生的求异思维,又提高了学生的习作能力。

有的课文,学生学完后还觉得意犹未尽,沉浸在故事情境中,对故事中的人和事依依不舍。这时候,教师不妨抓住契机,让学生进行续写。比如,在《理想的风筝》一课,作者在结尾说后来他一直都没有见到过刘老师,教师就可以设计让学生续写故事的结局:"如果作者和刘老师见面了,那时会是什么场面?他们会说些什么?"这样的续写,既是学生的一种情感宣泄,又是对学生想象能力的锻炼,能够激发学生表达的愿望。因为想象伴随情感活动,学生在展开想象的同时,情感进一步升华,进入更深层次的思考,他们就会努力要把这种情感表达出来。

有时候,对课文进行仿写也是很好的尝试。心理学家皮亚杰说:对于孩子来说,从他一来到这个世上,他的一举一动无不都是以模仿为基础,正是这种模仿才成为日后形成思维的准备。文无定法,但基本的章法还是有的。在教学中,教师应充分引导学生发现文本的写作特色,从中领悟到一定的写作方法,并运用于自己的习作之中。

在教学中,教师可以先让学生读懂课文,整体感知语言材料,接受富有诗意的语言熏陶,再模仿课文进行自己的再创造。比如,学习完《我的路》一课后,在教师的引导下,学生仿写如下:

我的路不在宽宽的大马路上,我的路不在狭窄的人行道上,我的路在风景优美的农村。那里有绿油油的庄稼,青翠的树木,清澈的小河。河里有数不清的小鱼游来游去。在河上还有一座桥,桥上有"滴滴"鸣的汽车,有"咔咔"叫的拖拉机,还有"叮铃"响的自行车。我的路在山间,那里有青青的山、绿绿的草、美丽的小花,路上还能闻到百花的飘香,听到小鸟在歌唱,看到小蜜蜂采花蜜。请你到我的路来走走,你会有享受不完的浪漫。

(三)读写结合是极好的 "想象力体操"

《义务教育语文课程标准(2011年版)》中指出,要鼓励学生写想象中的事物,激发他们展开想象和幻想,发挥自己的创造性。学生是富于想象的,凭借想象,学生可以上天,可以下海,可以到达小鸟都到达不了的地方。因此,我们要让学生展开想象的翅膀,结合课文内容去畅想生活、畅想未来,写出自己奇特的想法或幻想。

从这个角度来说,设计巧妙的读写结合训练,对学生来说是一种发展语言想象能力的最佳途经。

比如，在《月光曲》一课的开篇就说，这是一个"传说"。学完课文，有的学生就问："《月光曲》的创作过程有没有其他的传说呢？"这时候，教师可以让学生自己去想象，编写有关《月光曲》创作过程的故事，只要合情合理怎么写都可以。学习完《远行靠什么》一课后，教师引导学生根据课文内容，联系生活中对各种交通工具的认识，展开想象设计自己的发明创造：未来交通工具，并把小发明的样子、用途写出来。学生兴奋异常，纷纷动手边写边画。几分钟后，他们跃跃欲试，都要以设计师、发明家的身份给同学们讲述未来交通工具的名称、功用，并写出了《神奇的机器人》《多功能自行车》《未来救护车》等文章。

在教学过程中，学生在主动积极的思维和情感活动中，加深了对课文内容的理解和体验，对文章内容有自己独到的见解与感悟。教师要珍视学生这种感受、体验和理解，抓住契机进行写作训练。

一名教师在讲完《蜀僧》一课后问学生："就这篇课文的内容，你还想知道什么？"有的学生说："穷和尚是怎样靠着一瓶一钵到南海的，一路上他会遇到哪些困难？"有的学生说："穷和尚回来后，会对富者说些什么？"有的学生说："听说穷和尚去了南海，富者会怎么想？他会不会也去一趟南海？"围绕这些问题，教师对学生进行创造性的扩写训练。这样将阅读与作文两者融为一体，达到知识、能力的迁移。

让我印象最深的是，一名教师在《草原》一课的教学中，让学生通过品味词语对草原的美有了初步了解，又通过音乐和图片创设形象生动的情境，使学生产生美的愉悦。这时候，教师问学生："如果你是作者，你会吟诵一首怎样的小诗来赞美草原的美景呢？"学生正沉浸在草原的美的情境之中，内心深处萌发了表达美好事物的愿望，他们调动了全部智慧选取了最美的语言来描述草原这美丽的情景。很快，一首首生动活泼、妙趣横生的小诗就诞生了。

一个学生写道：

　　　　　天空朗如澈水，
　　　　　空气清似甘泉。
　　　　　平地绿如翡翠，
　　　　　羊群白似棉花。
　　　　　草原景色美如画，
　　　　　何不去草原潇洒。

还有的学生写得像打油诗,但也直抒胸臆,妙趣横生,他们这样写道:

　　白云天上飘,
　　绵羊地上跑。
　　青草嫩又绿,
　　令人心神往。

　　我的梦想是去草原,
　　今天终于可实现。
　　草原上面好风景,
　　主人好客君留恋。

最让教师感觉惊喜的是,一个学生居然在这短短的时间里写出了一首篇幅较长的抒情诗,他写道:

　　一进草原,
　　啊!眼前霎时绿了!
　　那湿润而清新的空气,
　　一下子扑面而来,
　　好不舒服!
　　再看那草儿,正肆意地在风中,
　　摇曳舞动着,
　　正在碧朗无边的天空下劲歌!

　　仰望天空,看白云丝般的缠绕在一起,
　　忽似绽放的花,
　　忽又重重叠叠,
　　让人瞧不出样儿。
　　映着无边的草原,
　　它们又轻飘飘地散开,
　　成群结队儿的,
　　宛如牧童赶着的一群群羊羔。

　　此刻,
　　我不由深深地醉倒了,
　　深深地被那轻云,

被那草儿，

被那徐徐的暖风，

吸引了……

多么大胆的想象，多么生动的语言！只要我们给学生自由创作的空间，他们一定会绘制出一道道灿烂的彩虹来。

总之，教材中的每篇优秀范文，或赞美祖国山河，或抒发亲情友情，或阐述是非善恶，内容十分广泛。这些优秀的范文是对学生进行作文训练的很好材料，教师都可以给学生充分的初读感知、精读感悟、背诵积累的时间供他们鉴赏品味、存储摘抄。

正所谓"得法于课内，得益于课外"。除了课文以外，广泛阅读是写好作文的基础。教师还要引导学生从课内阅读走向课外阅读，比如在学习完《江姐》后，带着学生一起读长篇小说《红岩》；学习完《夜莺》后，带着学生一起赏析《米龙老爹》；学习完《再见了，亲人》后，和学生一起阅读《依依惜别的深情》《谁是最可爱的人》《震撼世界一千天》。这样就把课内所学的知识外延扩展到课外，使学生易于并乐于接受这样的方式来学语文，一点没有感觉到是负担。

有的教师还给学生开设了"美文欣赏课"，给学生提供好书、好文章，利用有限的时间开展课外阅读活动，为学生创造无限的精神食粮与丰富的写作素材，也是一举两得的好方法。

同时，古诗文是我国优秀的文化瑰宝，有助于提高学生的文化品位和审美情趣，好处不一而足。教师要创造各种途径，扩充古诗文教学。比如，有的教师通过"每周一诗"的做法，即每天花几分钟，每天背几句，这种"化整为零"的方法就使学生在不知不觉中学习了古诗文。这样的古诗文学习也会潜移默化地提高学生的文字表达能力。

一个人在学生时代读了哪些书，又是怎样读的，注定要影响他的一生。他的心灵空间、文化胸襟、审美情趣等都是在此基础上发展起来的。如同是蜜蜂采蜜、蝴蝶采粉，学生的"彩笔"源于他们成年累月的采集。

三、把多姿多彩的生活写进作文

很多时候，学生抓耳挠腮、绞尽脑汁也写不出作文，根本原因在于缺少生活的积淀和真实体验。这也启示我们，要让学生爱上写作，一定要从他们的生活经验出发，写他们自己的生活和想法。

在北大附小，一年四季多姿多彩的校园生活和教育活动都是学生进行写作的"丰富矿藏"。教师提出了"活动作文"的理念，将校园活动与作文相结合，以活动来激发学生的写作兴趣，促进思维，开拓写作源泉。它重在引导学生主动参与活动，眼看耳听、手脑并用，积蓄丰富的表象与情感体验；重在促使学生在兴趣盎然的活动中，玩中思、做中学，观察事物、乐于表达、轻松写作，挖掘写作的源头活水。

像这样，生活在哪里，写作就在哪里，写作变成了生活的一部分、教育活动的一部分，自然而然地发生。

（一）把写作当作活动经历的升华

每当学生参加了一次活动，经历了一件事，印象最鲜明、情绪体验最强烈的时候，教师可以抓住契机，让学生把活动过程和感受写下来。这样，学生既不会感觉写作是一种额外的负担，又可以通过写作对活动过程进行回顾和反思，达到了提炼生活、总结升华的效果。

在三年级的一节作文课上，教师提前布置了任务，让学生拿来自己的玩具，举办了一个"玩具交易市场"。在这个"玩具交易市场"里，学生自由地推销自己的玩具。在你卖我买交易的过程中，学生互相介绍自己的玩具在外形、质地和功能方面的种种特点，力求介绍全面、精彩，以达到把自己的玩具推销出去的目的。在活动中，孩子们快乐地交流，教师趁热打铁，让他们用文字记录下了过程及感受，就成了一篇篇生动精彩的佳作。

另一名教师在班里举行了一场"美丽春装新闻发布会"。新闻发布会开始了，伴随着节奏明快的音乐，学生穿着自己喜欢的衣服，像模特一样在课堂中走来走去，向大家介绍衣服的来历、样子和喜欢的原因。当时的气氛热烈极了，学生不仅展示了美丽的春装，而且还与大家分享了一个个充满温情的小故事。活动后，学生写下了一篇篇充满真情的作文。

在课堂活动以外，学生可写的活动经历就更多了。假期里，学生游览山水风光，以独特的方式学习地理、历史、天文、文学等知识。学生在游中学、游中练，积蓄丰富的表象与情感体验，激发想象力，下笔时就会有的说、有的写。

比如，学生与家人游览长城，就在城墙上的刻字现象与家人一起进行了讨论，写下《长城上的"雕刻"》。假期去看望在美国的爸爸，用生动的笔触描写了异国风光《迷人的夏威夷风光》《我来到了好莱坞》，还有《游什刹海》《参观泥河湾古人类遗址》《重庆渣滓洞白公馆一游》等游记内容翔实、情景交融。

每年，学校都会组织学生参观北大校史馆，让长在北大的学生重新审视这片土地。参观结束后，一个女学生在作文中写道："北大的名人可真多！"她从梁启超、康有为写到鲁迅、茅盾、徐志摩、朱自清、叶圣陶，又从科学家李四光、华罗庚写到邓稼先，还从革命家李大钊、陈独秀写到毛泽东。参观后，她再次和同学坐在未名湖畔，心境就不一样了，她的眼前仿佛出现了一幅幅画面：

"五四运动"时期，有北大青年奋斗的身影；抗击日军侵略的队伍里，有北大学生宁死不屈的身影；在民主救国的战火中，有北大学生英勇献身的身影。在这片土地上，培养出多少祖国建设的栋梁之材啊！我的爸爸妈妈是北大教师，将来，我也要做北大人！

这样的作文，不仅是练笔，而且也是思想情感的升华。就是这个女学生，后来被评为北京市三好学生，考上了北大附中，正在朝着做北大人一步步努力。

爱因斯坦说过："兴趣是最好的老师。"写作的兴趣是学生积极写作的先决条件，它能使学生变"苦写"为"乐写"，变"要我写"为"我要写"，使学生写得轻松、主动而富有创意，即使遇到困难也会有克服困难的勇气和毅力。久而久之，便会形成一种稳固的写作兴趣。

比如，一名二年级教师鼓励学生写日记。对于学生的每篇日记，教师会不断地给以评价和激励，让班里动笔能力较差的学生也能消除对写日记的惧怕心理，增强写日记的自信心和对写日记活动的兴趣，从而使学生始终保持一种强烈的表现欲，使学生之间形成一种良好的"日记氛围"。班级里每周都有结合日记进行的多种活动，如"优秀日记展贴范读""最感人的一幕""精彩日记交流"等。

（二）社团活动里玩出来的文章

在北大附小，为了让每个学生的兴趣和爱好都能得到发展，学校根据学生的意愿成立了大量的学生社团。教师引导学生根据自己的爱好、特长自愿结社,推选出社长,并拟定了社名、社标、社规和活动安排等。

就这样,"月亮文学社""ZR自然社""星星火炬社"等一个个小小的社团如雨后春笋般地成立起来。在社团活动中,写作成了一种自然、自发的需要。

"月亮文学社"是最活跃的一个社团,他们排练并演出了《威尼斯商人》《上帝的宠儿》《哈姆雷特》等名剧,还自编自演了系列情景短剧《我爱五三》。学生第一次排演《威尼斯商人》的体验点燃了他们对戏剧表演的兴趣和热情,不少学生课间短短的10分钟还热衷于彼此讨论剧情、角色,异常开心。

随即,学生在阅读了《贝多芬传》后,自创自编了话剧《真理交响曲》,在演出开场前,全体演员齐诵:"要尽量做一个正直的人,热爱自由尤其高于一切。即使面对一位君王,也决不出卖真理。"那气势深深打动了在场的每个人。慢慢地,他们的各种写作需要都伴随着社团活动产生了。社团成员们将在现实生活中不能实现的理想编成剧本,通过表演来展现自己的内心世界。一个学生希望长大后能成为一名特种兵,由此编写了《我的迷彩生涯》一剧以抒发自己的心愿。

"月亮文学社"的活动如同火焰,点燃了全班学生心中对文学的热情,他们如饥似渴地阅读各类文学名著,尝试改编、自编剧本,合作写科幻小说,每节语文课的前5分钟,有时演《我爱五三》系列情景短剧,编演的全是班里的真人真事;有时朗诵自己最新的得意之作,从散文、杂文、小小说到诗歌,题材、形式多样。

在社团的活动中,学生"玩"着就走入了神圣的文学殿堂,在"玩"中写出了锦绣文章。这是多么有价值的一种"玩"啊!你看,以下是"月亮文学社"社长创作的诗歌:

雪

　　我被陶醉了,
　　你以宽广的胸怀,
　　把我们围绕。
　　瞧,
　　我们多么渺小。

　　我被征服了,
　　你像纯洁的圣母,

让我的血流奔腾,
犹如一匹骏马飞跑。

我被你感动了,
多么伟大的季节呀!
你内在的美,
把一个神奇的世界,
变得广阔;
你让一个个纯洁的心灵,
光彩照人。
一颗颗肮脏的心,
被你的美丽感化,
成了圣洁的人儿。
你驱散了一切丑恶,
把世界变得更加美好!

在这首诗中,这个学生既写自然界的雪,又生发出对生活、对人生的无限遐想。如果不特别说明,我们很难想象这是一个小学生的作品。看得出,社团活动培养和激发了学生的写作兴趣,也引导他们走上了一条更开阔的文学创作和体验之旅。

(三) 在写作中引领学生关注社会生活

语文原本是一门与生活、社会密切结合的实践学科。"对自己身边的、大家共同关注的问题……组织讨论、专题演讲,学习辨别是非善恶",这是《义务教育语文课程标准(2011年版)》关于"综合性学习"的论述。因此,我们经常组织学生参与社会调查,感受人们关心的热点问题,培养学生的小公民意识,同时也将写作实践变成活动的一部分,把写作变成通过叙事关注社会生活的一种方式。

这不,全国"两会"正在如火如荼地召开,"两会"期间食品安全问题是人大代表们讨论的社会热点。抓住这个契机,教师建议学生也来参与讨论,学生纷纷去进行调查。有的学生在家中发动全家老少三代进行讨论,每人都写出看到的问题、分析及提议。

随即,在"学写提案"的活动作文课上,有的学生在提案中给商贩提

建议,请他们在种植、养殖、采买、加工、包装、运输、销售、储存等环节把住食品安全关。有的学生给消费者提建议,介绍鉴别安全食品的"QS"检验标志和挑选食品的方法。有的学生给政府管理部门提建议,要求尽早修订相应的食品安全法规内容,并严格执法、秉公办事,惩办违法行为。

"学写提案"教学实录(节选)

师:你们这些小代表真称职,把发现的问题反映出来了!在社会中,美好的事物众多,但丑恶的事物也未绝迹。现在,我们让假的、丑的、恶的东西暴露在光天化日之下,就会让它们如老鼠过街一样人人喊打。不过,作为小代表,除了揭露以外还得动动脑子,想一想怎么解决这些不安全的食品问题?先请你们想一想,食品来到我们的餐桌上要经过哪些环节?

生:粮食类的要种植,肉类的要养殖。

师:说得好!原材料有了,怎么变成餐桌上的食品呢?

生:还要有人买来、加工、卖给我们。

师:食品是怎样到超市的?是像妈妈蒸包子一样,蒸好就盛到盘子里的吗?(众人笑)

生:不是,是包装好,用汽车运到超市,我们再买回家的。

师:对呀!从大家说的来看,是不是要经过这样几个环节?

(出示课件):

种植、养殖—采买食品—加工食品—包装食品—运输食品—销售食品。

师:请你们多角度地讨论一下,假冒伪劣食品是怎样产生的?商贩、消费者、执法部门和政府各有什么责任?你们可以围绕一两个环节给有关部门提建议,找办法解决。

(合作小组展开激烈的讨论)

师:哪个小组先来汇报一下呀?

生:我们小组觉得,消费者应该保护自己,不在小摊上买东西,小摊上的食品无质量保证;不购买"三无"产品,也就是无厂址、无生产日期、无保质期的食品。

生：我补充一点，买蔬菜、水果、鱼、肉，要看看、闻闻是不是新鲜，不新鲜的不买。

生：请大家看，我手里的这几个标志（展示图片），从左到右分别是食品质量安全标志、无公害农产品标志、绿色食品标志、有机食品标志。这些都是健康食品的标志，应该大力宣传，让人人都知道。

师：你们这些小消费者挺有生活经验的嘛，负责给超市采买的人得向你们取取经了。

生：我给商贩提个建议，要是商贩坚决不采买那些放农药的蔬菜、不采买给饲料里放瘦肉精的肉类，黑心人的东西就卖不出去了，市场上也不会有这些东西。

生：我们小组说，运输食品的车辆应有冷藏设备，密封的，不能裸露着，要是苍蝇叮了，道路上的灰尘落在食品上，就不卫生了。

生：我建议政府尽快修订现行食品安全法规相关内容，做成小册子，发给老百姓。

师：这主意不错！要是人人都知道法规，坏事就无处可藏了。

生：我这儿有一张我们家人的调查，记录了16种不安全的食品，还有解决的办法。

师：那太好了！快说说解决办法。

生：我奶奶说，执法部门应该强行监督检查食品，严厉打击不法商贩，对造假售假者罚他个倾家荡产；我爸爸说，发现不安全的食品要立即追查厂家，要求索赔；我妈妈说，应该大力宣传健康饮食，推广绿色食品。

师：你做事真有责任心，不愧是个社会小公民！

（学生发言此起彼伏，还有从包装袋的卫生、农民使用农药、养殖户养殖、媒体报道等方面提建议的）

> 师：你们这么多小代表分析得头头是道，真是有勇有谋呀！要是温总理现在到我们学校来，一定会夸奖你们这些小公民，关心国计民生大事，替政府分忧的精神。
>
> 师：现在，你们能不能就食品安全问题写一个提案呢？写给商贩、消费者、执法部门和政府都可以。咱们可以用刚才的思路——调查问题、分析原因、提出建议，学着写。
>
> （学生自由写作）

这次社会实践活动，学生人人写提案，共写出了几百条建议。他们体验了人大代表们为老百姓办实事的过程，提升了自己是小公民的社会责任感。学生自豪地说："我也当了一回小代表，会写提案了。"

四、让写作变成学生交流分享的契机

写作，本质上是一种交流分享活动。学生把自己的经历、想法和情感写出来，也会希望有更多的人阅读，有人形成共鸣，有人理解和欣赏。

因此，作为教师，要注意创设多种方式，让学生相互交流习作，把写作变成一种文字交往活动。这样既能激发学生写作的积极性，锻炼他们用文字表达自我的能力，又能增进学生之间的了解，懂得相互理解、相互欣赏，培养他们的团队合作精神。在写作实践中，北大附小的教师创造了丰富多彩的写作分享活动，比如独有特色的创意作文集和循环日记。

（一）把创意作文集变成一本"不一样的书"

所谓创意作文集，就是在教师的引导下，让每个学生对自己所写的作文、周记、随笔等进行整理、修改、补充，然后集结成册，从而拥有自己的文集。从整理到编辑，从封面设计到作文集的取名，从撰写序言到目录编写，从作者介绍到插图绘制，每一步都留下学生创新的足迹，凸现了他们的主体地位。学生制作创意作文集的每一步都有不一样的思考，一本本创意作文集就是一本本不一样的书。

创意作文集为学生提供了一个全面展示才情的机会。在现实生活中，要想发表一篇作品对大多数学生来说是可望而不可及的，而每个学生都有表达自我的强烈愿望，如果这种愿望长期被压抑，学生的自信心、兴趣感就会逐渐丧失，个性光芒就会被迫隐藏。一本本装帧并不精美，内容却绝对丰富、充满个性和情趣的"小书"——创意作文集，充满着对生活的渴望和对自我的肯定、对创造的激情。

每个学生都把创意作文集当作一本心爱的"小书"来设计，教师遵照学生的喜好，启发他们进行了个性化作文封面的设计活动。每一页封面都是学生个性的体现，也是学生用心设计的杰作。有的学生提议可以给"小书"起个响亮的名字。于是，一个个或含蓄、或幽默、或时尚的名字出现在创意作文集的封面上：《小雨集》《童年岁月》《成长的阶梯》《心语星光》《朝花夕拾》《心香一瓣》……每本创意作文集都是学生对过去的珍藏、对未来的设计，成为他们写作成长中的鲜明记录，表达了他们的心声。

在创意作文集中，教师引导学生写前言，借此向他人展示自己的写作理念和个人风采。这也是体现学生个性的所在。前言可以做成精彩片断摘抄，可以做成本书的内容简介，可以做成作者小档案，也可以是自己习作经验的介绍，还可以是父母对孩子的殷殷期望。《小荷》的作者在这本创意作文集的序言中写道：

《小荷》像一面多棱镜，照出了我生活学习的方方面面；像一只百宝箱，藏着我许多欢乐与苦恼。"小荷才露尖尖角，早有蜻蜓立上头"，《小荷》作为我的处女作还不够成熟、完善，可能有因为疏漏而造成的错误，希望读者原谅，多加指教！……

《心语星光》的作者写道：

这是我的第一本作文集，也许大家会疑惑，为什么起这个作文题呢？这本书中讲述的全都是我心中的语言，曾经的欢乐，曾经的悲伤，一点一滴都记录在上面，大家都知道，天空中的流星，一去不会复返。而六年级的生活不也一样吗？这些琐碎的事，日子久了或许遗忘了，可是，只要一翻这本作文集，一幕幕似乎刚在昨天发生，一步步记载着我成长的脚印……

有的家长在前言中这样写道：

看到女儿要开始写作文了，心生很多感慨：一是孩子长大了，已经开始写作文了；二是深知要写出一篇篇佳作又是何等不易的事情。首先希望我的东东能够多读些好书，在阅读中注意积累，只有做到了心中有物，下笔方才有神。其次要多写、多练、多观察，用你的生花妙笔，描绘出生活中每一个美好的瞬间。我相信我的女儿一定能够做到，一定能成功！"

教师还要求学生为创意作文集设计目录，包括文章名称、所在页码、成绩等。还有的学生把目录装饰成花、云彩的形状，以体现自己的个性特色。有的学生将创意作文集分为"写人篇""记事篇""状物篇""写景篇"，有的学生将创意作文集分为"我的家庭趣事""我的所见所闻""我的成长经历""我的业余爱好""童年仓库"等。同时，教师借鉴课本中为文章配插图的做法，引导学生为每本创意作文集搭配插图装饰。这些插图很多是根据文章内容搭配的，看起来赏心悦目，既增加了读文的趣味性，又可以成为文章内容的诠释，使文章锦上添花。另外，很多的创意作文集都有学生制作的页码，以方便检索文章；有的创意作文集还有学生制作的封底图、防盗条形码和标价。有趣的是，许多学生都标注了"非卖品"和"童心无价"。学生用心做的这本"小书"，麻雀虽小，却五脏俱全。

每本创意作文集都设计有"留言栏"，请同学当"小文学评论家"，互相阅读彼此的文章，在读的过程中标画好词佳句，同时提出可行性建议；还有"说说自己的心里话"，引导学生让家长给自己写回信。教师在评价学生的习作时也要用欣赏的眼光看待学生的文章，尽量捕捉文章的每一个闪光点，调动学生习作的积极性。多元的评价主体引发了学生许多的创新说法：习作的要求被称为"红绿灯"；自己的感受叫"小鬼当家"，自我打补丁修改叫"锦上添花""小小修正带""画龙点睛"；把教师的评价称为"师情话意""园丁栽培"；把同学的评价称为"挑三拣四"，把家长的评价称为"望女成凤""望子成龙"等。学生的作文得到多方面的建议，更多的人拥有发言权，同时也培养了学生对文章的鉴赏能力。最后，学生参考他人的建议修改自己的文章。

每个学生都有展示自己才华的机会，都能品尝到被人欣赏的幸福。此时，学生的作品不再孤独，不再是没人理的"丑小鸭"，而是在传阅的过程中焕发出生命的活力。教师把激发学生在创意作文集上相互留言作为活动过程中的重要环节，惊喜之情、遗憾之情、敬佩之情、鼓励之情用美丽的文字表达出来，让每一位作者都收到无数份珍贵的礼物。创意作文集的活动为师生营造了一个温馨的交流空间。

每本创意作文集就是一本流动的书。在你、我、他的手中流动，在学校、家庭、社会流动。在流动中,作文被赋予了新的活力、新的内涵;学生萌发了创作的灵感,提高了写作兴趣;师与生、生与生的感情更深更浓,学校、家庭、社会的关系更亲密、更和谐。在这样友好氛围里成长的学生,已经基本具备了与人和谐相处的能力、正确看待生活的能力和机智处理问题的能力。同时,许多学生也把自己的创意作文集珍藏起来,作为童年生活的美好回忆。

(二) 在循环日记中分享思想

作文教学应减少习作中的种种束缚,为学生提供广阔的表达空间;重视学生的自由表达,在表达中培养学生的创新精神,激发学生丰富的想象力,尊重学生自主发展的权利和个性差异。基于这样的理念,北大附小教师创造了一种新奇而有趣的作文形式——循环日记。

循环日记的实践程序,是把全班学生分成若干个小组,明确组长及组员的顺序。每组共用一个日记本,由各组组员精心设计封面。各组组员依次轮流写作,每天一篇,内容、体裁不限。后一个学生要先做读者,然后再做作者,也写一篇日记供交流。小组组员按天值日,一天一循环,每天由若干个组的学生同时创作。一轮回一评比,评出班内最佳小组、最佳作者、最佳读者,评比的重点是感情是否真挚和语言表达是否顺达。每日的优秀日记,由作者本人在班里朗读,好文章编入班级《循环日记欣赏》并向优秀刊物推荐发表。

循环日记为学生提供了一个放飞自己的思绪和灵感的自由空间,让学生毫无拘束地宣泄自己的喜怒哀乐。学生想怎么写就怎么写,有话则长,无话则短,且图文并茂。"嬉笑怒骂,皆成文章",没有了规矩要求,学生可以尽情发挥;没有了顾虑,他们就会重新审视身边的人和事,审视自己的心灵,他们总有那么多的秘密要倾诉,总有那么多的心曲迸发出来。《为奥运健儿喝彩》《保卫钓鱼岛》《加入WTO后的中国》《战争与和平》《卖火柴的小女孩来到北京》《我们的五(4)班》等一篇篇文章寄情于青山秀水,学生关注世界大事,漫话身边的琐事,并让这一切在笔端自然地流露出来。有了生活,有了真情实感,这也使他们的写作便有了源头活水,积累了习作素材。

学生的习作内容和形式可谓百花齐放:写人、叙事、状物、绘景;小说连载、诗歌、散文、杂感、随笔等。比如,《穷村记》《倒霉的一天》

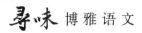

《眼"灾"》《春天的颜色》《掉牙记》《小小的打工生活》《不得安宁的周末》《逛商场我烦》《五(4)趣事连载》《老师的减肥计划》等。读了学生的文章,让人不由得惊讶于他们对事物的敏感以及判断的准确和爱憎的分明。

循环日记是一个小组的合作事业,日记本就像是田径场上的接力棒,学生要想在紧密的合作中完成任务,这就要求每个人都要明确自己在这条流水线上的位置和职责。一个流动着的日记本把学生紧紧连在一起。每当循环日记轮到自己时,学生往往会迫不及待地翻开日记,津津有味地看前几个同学的作品,认真地写下自己的评价和感受。然后,他们往往会竭尽全力,把自己几天来的见闻和感受浓缩在一篇日记里写下来,自豪地传给下一个学生。

每天用一定时间让学生自己读自己的日记,让学生相互传阅日记、评比日记,此时是全班师生最高兴、最幸福的时刻。学生在对他人写出的文章进行评析时,可以从多个角度,或是选材立意,或是布局谋篇,或是遣词造句,可谓全面、细致,结果是既提高了学生的写作能力、鉴赏水平,又对大家的写作热情产生了巨大的推动力。

循环日记就是学生的一扇心灵的窗户,许多学生敞开心扉和同学分享自己的喜怒哀乐。一篇篇日记,其实就是一颗颗心在交流、碰撞,既有志同道合,又有针锋相对;既有自述,又有对话;既有和风细雨,又有暴风骤雨。在这片沃土里,学生交流了思想,教育了自我,获得了心灵的成长。

同时,循环日记还是师生对话的心灵圣地。教师面对每篇学生的作文,写下自己真诚的感受。有一次,一个学生在他的日记中写他过生日时的快乐场面,同时也期盼10年后的生日,教师写道:"时间过得真快,你很快会长大,希望珍惜每分每秒,快乐地成长。"学生会通过日记向教师倾诉心里话,甚至有不够客气的批评,这恰是教师最值得倾听的。学生夸老师和蔼可亲,教师在批语中感谢他的信任。学生说"老师又长胖了",教师夸他"观察细致"。有一个学生晚交循环日记,教师的批语是"你已迈出可喜的一步,相信你能坚持下去。"一个学生写"跳皮筋",教师的批语是"你让我回到了童年"。面对学生的循环日记,教师是一位欣赏者,是一位朋友,更是一位知己。

循环日记记录了学生的习作提高的轨迹,更是每个生命在不断成长的足迹,从中我们聆听到了花开的声音。因为这种写作体裁注重兴趣的培养,突出了主体的体验——让学生乐于写作，真正做到"真情书写人生，信笔彰显个性"，"风景"这边独好。它如一股清新的风，在学生的心上吹起了波澜，更吹出了写作教学的一片生机，越来越多的学生把写作当成一种需要，观察生活、感悟生活、表现生活成了一种自觉意识。循环日记实现了由"要我写"向"我要写"的转化。强烈的写作欲望和浓厚的写作兴趣洋溢在每个学生的心间。

五、善于创造即兴成文的教育契机

写好作文其实一点都不难，也并不神秘，关键就是有感而发、不平则鸣。当情感积淀到一定的程度，当学生有了表达自己的强烈需要时，作文就发生了。

为此，教师要善于抓住教育教学活动中一切的机会，把一些看似信手拈来、随机发生的事件，与作文训练联系起来，让学生即兴成文。这样的机会在教育教学活动中俯拾皆是，就看教师是否用心，能否有自觉的意识。

在北大附小，教师把即兴作文当成博雅习作的一个途径，从而让学生意识到，作文其实是一种非常有用的记录生活、思考生活的工具。这样写作，才有真情实感，才不会觉得言之无物或枯燥无味。

（一）一节心理课引发的习作

在北大附小的"小学生心理导向"课程中，有一节课是"开发创造的潜能"，其中有一个环节是这样的：运用两个三角形、两个圆形、两条直线变化出一个有趣的图形（如图3-1和图3-2所示），并为这幅图配上最经典的画外音。

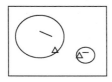

图 3-1 母与子

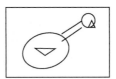

图 3-2 小鸡饿了

这两幅画简单而生动，一看就懂。教师以此为范例，引导学生也进行类似的创意画设计。学生兴致高涨，一幅幅很有创意的画很快便脱颖而出。学生也像教师那样为自己的创意画起了富有童趣的名字（如图3-3、图3-4、图3-5所示）。

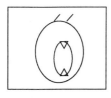
图 3-3　就会吃

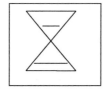
图 3-4　沙漏可以倒置，时间可以吗

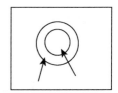
图 3-5　看谁能射中

看到学生高涨的创作热情，教师顺势引导：根据你们的创造，想象一个小故事或者为你的作品写一段评注，使你的创作更有内涵。

这可太有意思了，学生开始了快乐的看图写作，于是便有了以下作品。

就会吃

知道吗？我们现在，都是小公主、小王子。早上，有妈妈给我们穿衣服，有爸爸开车送来上学。放学后，有奶奶帮着背书包。只有我们的嘴在动，吃着零食。所以，在未来，只有嘴最发达。如果，你不想以后照镜子时，看见自己的脸上只剩一张嘴，就让我们从现在开始，自己的事情自己做。

沙漏可以倒置，时间可以吗

沙漏里，两粒圆沙正在落下，似乎落得很慢，但却在不间断地流逝。时间不也是这样吗？它会在你不经意间，就从身边流去。一个小小的沙漏，看似简单，它蕴含并诠释了时间的哲学。

写完以后，学生意犹未尽，又开始了新的创作，利用简单的图形，又拼出了各种各样有趣的创意画，并给每幅创意画都配上了生动的文字，有的富有哲理，有的令人捧腹（如图3-6、图3-7、图3-8所示）。

看日出

人们都想在山顶看日出,因为在山顶看最美。可是,在登山的过程中,又有多少喜爱阳光的人因为受挫而放弃呢?在我们的生活中,不是存在类似的情况吗?不能因为挫折而放弃自己的目标,不能为了惧怕失败而颓丧!相信自己,一切皆有可能!

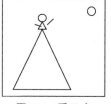

图 3-6　看日出

猫见到狗

从前,有一只小猫,它非常调皮。有一天,它饿了,于是跑到厨房找东西吃。但是,一到厨房,它看见小狗正趴在那里喝水,吓得它赶紧跑出来,这是它第一次见到狗。

猫只好到客厅里发脾气。突然,在它眼前跑来一只小老鼠。猫高兴地叫起来。它急忙去追老鼠,没想到,老鼠却跑到了厨房,猫也跟到了厨房。天哪!猫第二次见到了狗!

图 3-7　猫见到狗

生活的启示

同样是遇到意外,有的人就是左边的表现,惊恐、慌乱;而有的人就可以微笑着面对。既然,都要面对,为什么不轻松地面对?既然都是生活,为什么不开心地生活?

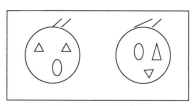

图 3-8　生活的启示

这些作品是在学生有了灵感时创作的,因此,他们不仅没有丝毫的负担感,而且还对给图片附解说词产生了浓厚的兴趣。甚至有一个女生,由于对一幅创意画有了感触,开始了自己的小说创作。我们经常说,要为学生创造写作的情景。其实,凡是刻意创造的东西总会有不真实的嫌疑。在生活中,总会有新奇的事物激发学生思维的火花不断闪现。只要抓住这些闪光点,把它的光折射到每个学生的眼睛里,我们的学生就能创造写作的

奇迹。而我们要做的就是抓住点滴灵感、捕捉最佳时机、尝试激情写作。

（二）一个标题引发的习作

曾有这样一个小故事：在哈佛校园中的隆基音乐学校里，有一个很特别的做法，就是把学习不同乐器的孩子组合成一个乐队，让他们在一起合作演奏。有时候，演奏出来的效果并不一定是最好的，但孩子们很喜欢这样的演奏方式。有人询问他们原因，其中一个孩子很认真地说："我喜欢听其他的乐器不同的声音，有意思，很好玩。"这个小故事颇耐人寻味，说明孩子需要七色阳光，喜欢不同的声音。

孩子有自己的视角，有自己对事物个性化的理解。这些都可以成为他们自由表达的素材，成为最生动的练笔。

在我们的校园里也发生了这样一件事情，学生在出板报时，教师意外地发现他们给作文园地起了个"文天堂"的名称。

起初，教师看到时觉得有些奇怪，以为他们少打印了一个字，当她关切地提出问题时，学生笑了："老师，我们起的就是'文天堂'""啊？这么怪的名字，我还以为是'作文天堂'呢""'作文天堂'多死板呀，'文天堂'名称的创意来自游戏中的'任天堂'，怎么样？"

教师恍然大悟，多么富有想象的创意。于是，她走到教室里，开始欣赏起学生布置的板报、壁报。她边看边问："这块装饰的红板子是什么呀""告诉您吧，这是我们科学课做的'静电板'，放在这里作为装饰，像不像一幅抽象派的油画""像！像！那边的手抄报贴得乱不乱呀""那您就不懂了，虽然不太整齐，但也没什么不好，贴得整整齐齐多压抑呀，您说呢"教师笑了："非常好，这也是一种美，我很欣赏。"

这时，教师灵机一动，就让学生把他们的这些做法写下来，写出他们这样设计板报的理由。第二天早上，教师被学生交上的一篇篇随笔深深地吸引和折服，学生的思考是多么深刻、富有灵性和创意。下面就是其中几篇学生当时写的随笔。

板报的同与不同

今天，我们班的板报工作已经基本完成，那些花花绿绿的板报，你可能会觉得有些乱，不过我却觉得特别赏心悦目。

我上过许多培训课，培训学校里张贴的公告大多是同一种颜色、同一种字体。看上去十分整齐、干净，但它实际的作用又有多少呢？这样横平竖直十分规整的告示并不能吸引我们的注意力，那些平常、雷同的手法也不能让我们好奇。

而我们教室里的板报可就大不相同了。各种颜色的纸张随机排在一起，板报的内容、文字和插图都是各式各样的。虽说贴得歪歪扭扭，却都是经过同学们精心设计的曲线、艺术字。每篇文章都各不相同，都充满了个性，充满了精彩。特别值得一提的还有它的标题，写的是"文天堂"。可能你禁不住会问："是不是打错了？应该是'文学天堂'或'作文天堂'吧！"不是的，你不觉得"文天堂"更加富有想象力吗？"文学天堂"和"作文天堂"都太老土了，何不让题目变得更加生动、更加时尚呢？

现在21世纪的儿童，都是未来世界的主人，人类靠自己的智慧和想象在不断进步，所以想象力是十分重要的。我认为，在未来的世界里，不同将比同更加精彩。

有趣的不同

每个人都有自己的不同之处，如长相、性别、看法、习惯、爱好、特征等。如果世界上没有了"不同"，将会出现一个很可怕的情况：那就是世界上所有的东西都一个样，就连习惯、看法、性别、爱好都一样，那么世界将会很无聊，没有意思。所以，我很同意世界上的所有东西都不一样，花样越多越好，世界才更加有趣。

就像那篇课文《祖父的园子》那样说的："要怎么样，就怎么样，都是自由的。"是呀，世界上的一切都是自由的，想怎么样，就怎么样。之所以这样，世界才五彩缤纷。每种东西都有它与别的人或物与众不同的地方，我们要允许这些存在。不同是多么有趣呀！不论怎样看，都看不腻，越看越有趣。

如果世界上有许多相同，世界就会失去它的五彩缤纷，而不同却不一样，它能让世界多彩起来，世界上不能少了不同。

同与不同的美

同是一种美,不同也是一种美。

同的美在于,书桌上码放整齐的课本、操场上同学们一致的步伐、大街上修剪过的花草、图书馆里一摞摞厚厚的书、过年时妈妈剪的轴对称的窗花……

不同的美在于,不同的人有不同的脸、不同的文章,追求不对称的现代美术,争奇斗艳的花朵,形态各异的十二生肖,商场里琳琅满目的商品,鳞次栉比的楼群……

啊,也许你会问,同是美,不同也是美,难道这个世界上就没有不美吗?不,同也有不美,设想一下如果全世界的人都穿一样的衣服,会美吗?不同也一样,追求对称美的汉字被写得七扭八歪,怎么美得起来?

也许你会感慨,原来对称就是同;不对称就是不同。有时对称的事物是美的,有时不对称的事物也是美的,反之亦然。难道不是吗?如果你仔细观察,生活中到处都可以找到同和不同。到底哪一个美,哪一个不美,有时谁也说不清,因为每个人都可以有对事物不同的见解,就像人们常说的:"一千个人眼里有一千个哈姆雷特。"

不同的性格,相同的快乐

在生活中,有许许多多的同与不同,如人的性格。在我们班,就有性格上的不同。

好比我,我就和其他女生的性格大有不同:我不太有淑女形象,淘气,胆子大,敢和教官顶嘴,总想和别人不一样。但我的好朋友汪非凝,她的性格和我就相反:文静;腼腆内向;不爱说话;总要追求完美。

我们两个的性格有许多不同,但也有相同之处,那就是快乐。我们每一天都很快乐,她是心里快乐,不表达出来;而我的快乐无处不在,就是整天嘻嘻哈哈笑个不停!我们在一起玩、聊天很快乐,不在一起也很快乐。

我和她的性格有同,也有不同,所以我们两个看问题的角度和结果有相同的，也有不同的。我认为，只有每个人都不同，这才有了快乐，如果每个人都一样，那就什么也没有了。

做独特的自己

老师说，每个人都是上帝咬了一口的苹果。的确，每个人都有自己的缺陷：皮肤太黑，眼睛太小，雀斑太多……而这，正是自己与别人的不同之处。我来给大家讲两个故事吧：

有一个天才的科学家，写过许多科普名著，并且非常畅销。有人说，他是爱因斯坦之后最伟大的科学家；他获得过牛顿生前获得过的殊荣。可是，你相信他是一个残疾人吗？你相信他是一个只能动3个手指的残疾人吗？他不能说话，连抬头都困难。如果他要准备一个小时的演讲稿，大约需要10天时间。他靠他坚强的意志成为一个伟大的科学家。他，就是霍金先生。

还有一个故事：有一个警察，他靠超常的听力成为警局里的明星；每次，他都能准确地分辨出恐怖分子在哪里，每次都因为有他而顺利地将罪犯抓获。可是，你想过他是一个双目失明的盲人吗？

事实不能改变，但可以改变自己。改变自己对生活的态度，心情就可以变得非常愉快。命运关上了你的一扇门，往往会再为你打开一扇窗。加油，成为自己的榜样！

看到这些精彩的作文，我一边暗自叫绝，一边想，如果教师当时没有抓住这样的好机会，让学生把他们的个性化观点表达出来，学生的这些思想火花可能就会一闪而过地熄灭了，那将是多么可惜的事啊！诺贝尔奖得主钱德拉塞卡的一个著名演讲题目叫作《莎士比亚、牛顿和贝多芬——不同的创造模式》，演讲中他谈到这三位科学家在各自的领域里达到人类成就的顶峰，而其辉煌成就的创造模式是迥然不同的。如果我们过于强调某个方面的智慧和才能，便会失去今天这个多姿多彩的世界。能激发学生创作灵感的那一点往往转瞬即逝，需要教师用慧眼去捕捉、保护和欣赏教师要的求异思维，尽可能为他们的不同提供存在和发展的空间。在此过程中，教师要鼓励学生将自己的发现用自己的方式大胆地表达出来。

六、博雅写作编织学科立体交融的网

实际上,"博雅习作"这个名称,并不是牵强附会,名字本身也包含了我们对学生写作的一种认识和态度,这就是我们在语文教学中一以贯之的理念——博吸收,雅呈现。

具体而言,就是写作一定要和学生广阔的生活世界联系起来,读书、读生活、读世界,广泛地吸取写作的营养。同时,写作也不是语文教学的一小部分,而是学生学习生活中的一个重要表达工具。在学生的学习生活中,每一门学科的学习都可以和写作相联系。每一门课程中都可以有写作练习,比如数学写作、英语写作、科学写作等。

而这也和《义务教育语文课程标准(2011年版)》对语文教学的要求是一致的,即"拓宽语文学习和运用的领域,注重跨学科的学习和现代科技手段的运用,使学生在不同内容和方法的相互交叉、渗透和整合中开阔视野,提高学习效率,初步养成现代社会所需要的语文素养。

在教学中,我们启发教师要善于将习作教学与各学科有机地结合起来,实现学科间的立体整合,编织起学科交融的网。

(一)每门学科中都蕴藏着丰富的写作训练

几乎所有的学生都喜欢上音乐课、美术课,那动听的乐曲、那美丽的图画都深深地吸引着学生。教师何不因势利导,充分利用这些课程资源来培养学生的想象力和写作能力呢?

一次,美术老师组织学生画未来的世界,让学生想象未来世界的样子来作画。学生画得兴趣盎然,一幅幅色彩艳丽的作品贴满了教室的墙壁。学生争抢着讲述自己作品的内容:"我画的是一个外星人和一个地球人在谈话。我想,咱们地球上的人越来越多,都快住不下了,我设计了一种飞船,这个飞船能载着地球人和外星人相互往来,就像走亲戚一样。"学生的想象新奇而大胆。

此时,教师引导学生将画中的故事写下来。《我的梦》《SFO飞船》《时空隧道》等一篇篇充满幻想、饱含童真的文章就这样诞生了。

在思想品德课中，有许多生动的事例教学生如何做事、如何做人。教师可以将本班发生的一些事结合思想品德课的一些内容共同分析、品评。比如，学到《集体的利益高于一切》时，教师引用班中发生的事或书中的事来说明集体与个人的关系。在讲述过程中教师指导学生先表明自己的观点，然后可以引用事例说明观点，最后提出结论。学生积极地发表自己的看法，事后把自己的讲话记录下来，便是一篇篇观点鲜明的议论文。

体育课中有很多的竞技运动。赛跑、跳绳、踢球、投沙包等活动深受学生的喜爱。当教师发现循环日记中有 3 名学生不约而同地写了体育课的一场篮球赛，本班女生对战 3 班女生并大获全胜，看来这场比赛给班中大部分学生留下了深刻的印象。在次日的语文课上，教师引导学生回忆这场球赛。班中立刻沸腾起来，参赛队员激动地描述着赛场上的情景，场外同学描述着自己如何为参赛同学呐喊助威。抓住时机，教师引导学生进行讨论：你们对这几天循环赛的哪一场球或哪一个球的印象最深？你对哪个队员的印象最深？其他的同学是怎样观战的？你做了些什么？你有什么感受？之后教师让学生把经过写下来。学生奋笔疾书，写出了《惊心的一球》《大快人心的比赛》《团结就是力量》《我们的啦啦队》等文章。

（二）借助写作改善学科教学质量

对于许多学科来说，写作是一个很好的强化学科教学效果的工具。如果学生能通过写作把学习收获、学习过程和学习方法记录、复述出来，对于学生来说这也是一种巩固和提高。在这个过程中学生又提高了写作能力，可谓一举两得、学以致用。

比如，科学课涉及的知识有天文、地理、植物、动物等，可谓包罗万象，学生在课堂上可以了解很多有趣、有用的知识。许多学生天生对自然界有着浓厚的兴趣，他们通过课外阅读还了解了很多相关的知识。为了让学生对这些自然常识有更系统的认识，让这些知识更好地服务于语文教学，教师可以让学生将语文课的内容与科学课的内容结合起来，试着编写调查报告。

在学习课文《只有一个地球》时，教师可以让学生结合科学课所学到的知识，收集材料编写调查报告。学生以组为单位，积极确定主题、收集资料、绘制插图、装订成册，制作出了精美的调查报告——《人类的家园——地球》。它包括：(1) 地球的基本参数；(2) 地球的起源；(3) 地球的演化;(4)地球的圈层结构;(5)地球的四季变化;(6)地球的故事;(7)只有一个地球。《水土流失调查报告》包括:(1)水土流失的危害;(2)防止水土流失的措施;(3)地方水土管理法。《我国资源储备的现状和问题》《保护大地绿色的屏障》《动物非自然灭绝和保护方法》等调查报告既是一种有趣的语文实践活动,又为学生今后的习作储备了丰厚的素材。

  信息技术走进课堂,为学生提供了更广泛的学习空间。学生只需轻轻点击一下鼠标便能登录互联网知晓天下事。可以说网络资源是取之不尽、用之不竭。如何充分利用信息课的网络资源进行习作实践呢?这无疑也是学科融合的好契机。

  为此,信息课老师在教学中配合语文课本学习的内容,选择旅游网站,带领学生在"纸上游天下"后,再到"网上游天下"。离开了纸张的约束,学生可以在网上尽情地饱览祖国的大好河山:神秘高远的西藏;古朴纯净的海南;清新秀美的苏杭;热闹繁华的香港。从风土人情到特色小吃,从地方特点到历史渊源。

  当学生收集、了解了丰富的网络信息资源后,教师让学生选择自己熟识或向往的地点作为旅游目的地,然后请学生准备导游词,为全班同学做导游,用自己喜欢的方式来介绍这个地方。学生跃跃欲试,除了导游词以外,很多学生还做了很多的准备。有的学生为自己配了导游旗和胸牌,有的学生制作了图文幻灯片,还有的学生截取了录像资料。在课堂上学生兴奋地为大家讲解景点,模拟导游情景。

  这样的学科融合活动,既拓展了学生的视野,又锻炼了学生的口语表达能力;既教给了学生归类整理资料的方法,又培养了学生的写作兴趣和写作能力。

(三) 博雅写作就是一次综合实践

  相信每个学生在最初提笔写作时,激动的心情不亚于马良得到神笔时的惊喜,因为他可以随心所欲地描绘七彩的世界了。但为什么后来他们慢慢失去了写作的热情呢?原因就在于写作文变成了一种机械的、程式化的、无趣的文字练习。

  要改变这种状况,教师不妨打开思维,大胆地突破传统的作文教学模式,将作文教学与多学科融合,在综合实践活动中唤醒学生写作的兴趣,让学生轻松愉快地写作文。

一名教师曾做了这样的创新,将语文课本中"根据自己知道的星球知识,写一篇作文"的要求,引导学生以小组合作的形式,借助多媒体手段,共同完成一本星球知识书,把作文教学变成了多学科融合的实践活动。

根据教师的布置,学生首先收集资料。在分组时,教师既尊重学生各自的意愿,又引导学生优势互补,擅长表达分析的学生与善于组织活动、获取资料信息的学生组合在一起;外向的学生与内秀的学生组合在一起。教师还应当允许个别能力比较强、爱一个人行动的学生独立进行研究。

就这样,全班12个小组每组从八大行星中任选其一作为研究课题,然后围绕题目分头查找资料。有的学生拿来自己的图书,有的学生到图书馆查阅资料,更多的学生借助互联网,获取丰富、全面的星球知识。几天工夫,每个人手中都有厚厚的一叠资料。学生最初收集到的资料非常庞杂,需要经过归纳整理。教师引导学生在小组中交流各自的资料,互通有无,增长知识,接着在组长的带领下将材料进行分类归纳,然后列出写作提纲,为下一步的写作打好基础。

经过这样充分的前期准备,教师向学生提出本次习作的要求:参考收集的资料,运用学过的几种说明方法,写出简单的说明文。由于事前的充分准备,学生很快就下笔成文了。

文章写好了,接下来要装订成册。自己的作品就要出版了,学生激动的心情溢于言表。教师先拿出一本图书,请学生仔细观察,总结出一本书要具备的条件:封面(包括书名、作者名);封底(包括主编人员、绘制人员名单);目录(要简洁,有指向性);正文(内容翔实具体)图画及说明。

学生既是作者又当美编,在小组中的电脑高手的精心策划下,一本本图文并茂的星球之书新鲜出炉,再配上响亮的题目,诸如《地球的姐妹——火星》《美丽的土星》《我们赖以生存的家园——地球》,哪一本都会让人爱不释手。

各个小组的图书做好了,教师建议负责语文板报的学生以"放眼无穷宇宙,探索无限奥秘"为题,组织了一期板报,将12个小组的星球之书挂在上面进行展示,请全班同学翻阅,并依据习作的要求给出分数(贴星星)。看着红艳艳的小星星,学生都乐滋滋的,甚至平时不爱写作文的学生也来问老师:"咱们下次的作文怎么写啊?"有的学生自豪地宣称"我们创造了一种新的习作形式——'做'文"。

"做文",多好的名字,它道出了这次习作成功的缘由。

1. 真正以学生为主

从收集材料到下笔成文,再到编辑成册,学生始终是以主体的姿态、以积极的心态参与其中,由"要我写"转变为"我要写"。学生只有在良好的心境下,思维才能活跃,情感才能真实,想象才能丰富,个性才能发展,文章才能写好。

2. 独特的写作活动

许多学生把成为作家当作遥不可及的梦想,而教师提供给他们一个实现梦想的舞台。当学生手捧自己完成的第一本书时,他们一定希望美梦不要醒来,而教师要做的是在今后的教育教学活动中为学生铺设通向理想的阶梯。

3. 不断获得成功感

无论是内容还是形式,这次习作活动都有难点,但教师在信任学生的前提下,始终抱以欣赏的态度;当学生遇到难以解决的问题时,教师及时地给予真诚的帮助,这些都是促进学生写作成功的契机和动力。

由此可知,当作文突破了语文的边界,当作文成为多学科综合实践的结晶,学生的写作积极性就会被极大激发,他们的创造性、合作精神、动手能力、想象力都在活动中得到了锻炼。实际上,当学生上网收集资料时,当学生快乐地写作时,当学生兴奋地制作图书时,一点也没有觉得这是一次很难的学习活动,而是在完成一项项学习活动时,不断地体验到学习的乐趣、成功的自豪和合作的愉悦。

[第四篇]
触摸传统文化的"根脉"

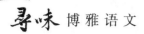

在语文教学中实施传统文化教育,是语文同民族文化更为紧密与显性的结合,是符合母语的文化使命。语文教学与传统文化在这里的"相遇",既是机遇,更是责任。北大附小的校园文化精神与北京大学"思想自由,兼容并包"的思想精髓一脉相承。这种与生俱来的气质,带给师生们潜移默化的影响,也是北大附小开展传统文化教育的主要依据和内容。

一、"北大基因" 传承生命本色

开展传统文化教育,传承北大的文化基因,是北大附小构建基于生命课程体系的博雅语文课程的理论基础之一。北大附小栖身于北京大学文化家园之中,耳濡目染北京大学的风气,一贯秉承北京大学"兼容并包"的学术理念,自由民主的学术精神犹如春风化雨,在北大附小的土地上润物无声。

(一)传统文化教育已上升为国家战略

中华传统文化经过近五千年历史的浪潮流传至今,其内容虽不完美,但更多的是中华民族物质文明与精神文明的精华,是先辈们承传下来的丰厚、宝贵的遗产,曾长期处于世界领先的地位。

中共中央办公厅、国务院办公厅于2017年印发的《关于实施中华优秀传统文化传承发展工程的意见》明确指出:"中华文化独一无二的理念、智慧、气度、神韵,增添了中国人民和中华民族内心深处的自信和自豪。"[1] 习近平总书记指出:"富强、民主、文明、和谐,自由、平等、公正、法治,爱国、敬业、诚信、友善,传承着中华优秀传统文化的基因,寄托着近代以来中国人民上下求索、历经千辛万苦确立的理想和信念,也承载着我们每个人的美好愿景。"古人讲格物致知、正心诚意、修身齐家治国平天下,这些涉及个人层面、社会层面和国家层面的价值要求。社会主义核心价值观,把涉及国家、社会、公民的价值要求融为一体,既继承了中华优秀传统文化,又体现了当今时代新的家国情怀。

---

[1] 韩振峰. 治国理政的传统文化特色 [N]. 光明日报,2017-02-28 (11).

  2014年,教育部发布了《完善中华优秀传统文化教育指导纲要》,重点强调要开展以天下兴亡、匹夫有责为重点的家国情怀教育。着力引导青少年学生深刻认识中国梦是每个人的梦,以祖国的繁荣为最大的光荣,以国家的衰落为最大的耻辱,增强国家认同,培养爱国情感,树立民族自信,形成为实现中华民族伟大复兴的中国梦而不懈努力的共同理想追求,培养青少年学生做有自信、懂自尊、能自强的中国人。并且,其中对加强中小学传统文化教育提出了明确而具体的要求。关于小学的具体内容概述如下:小学熟练书写正楷;初中要临摹名家书法;小学低年段初步感受汉字美,诵读浅近的古诗,获得初步的情感体验,感受语言的优美,了解家乡习俗、传统礼仪,学会待人接物的基本礼节,初步感受经典的民间艺术;小学高年段熟练书写正楷字,体会汉字优美的结构艺术,诵读古代诗文经典篇目,培养学生对传统体育活动的兴趣爱好。[①] 另外,该纲要还要求中小学调整课标、修订教材,并增加中华优秀传统文化内容在升学考试中的比重。可以说,该纲要是我们应对汉语危机的一个重要政策,而在所有的这些措施里面,小学语文教育作为学生所接触的最初的系统的汉语学科教育,其重要性不言而喻。在此背景下,对小学语文教学改革尝试的探讨和交流非常有意义。

(二) 语文教育面临文化认同危机

  母语与我们的传统文化及其认同之间有着极为密切的文化勾连和继承脉络,而我们的语文教学又恰恰承载着传递母语、发扬母语、使用母语、强化认同的功能和职责。从这个角度上来说,语文教学离不开对传统文化认同的追溯和回归。当下,我们的汉语在这片它生根的土地上第一次全方位的面临着外来语言的冲击,这种冲击来源于全球化、国际化的世界生态中,文化趋同态势给民族语言带来的巨大冲击;来源于外来文化的强势冲击对本民族文明传统传承与认同的威胁和断裂;来源于外来语言给个体发展所带来的巨大功效性。所有这些都不可避免地影响了母语教育和语文教学本身。中国社会出现的"外语热"和"母语冷"现象形成了鲜明的对比反差。学生从幼儿园就开始被送去各种双语学校,从小接受外语尤其是英语的教学和语境熏陶,将孩子送出国门接受西式教育的更是大有人在。各

[①] 教育部. 完善中华优秀传统文化教育指导纲要 [S]. 北京:教育部,2014.

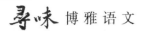

类英语辅导培训班层出不穷，供不应求。与家长们对外语的趋之若鹜相比，汉语教育却在国内备受冷落。而在信息科技时代中，很多人在成年后用键盘输入的时间远远多于在纸上书写汉字的时间，而汉语所受的冲击也就可想而知了。在这样一个计算机时代，我们许多人也常常会遇到提笔忘字的情况。

改革开放以来，国内社会尤其是沿海发达地区出现的这种母语"失落"现象，直接带来语文教育的新危机，导致人们对本民族文化的认同感和归属感缺失。纷繁复杂的语言系统构成了浮躁和功利的社会氛围，我们的生活中充斥着各种新鲜而独特的外来文化，我们开始对古旧而大众的传统文化产生倦怠和乏味之感，而这往往是来自对自己本民族传统文化"掌握"的自信和盲目的自卑，这两者是相互影响、互为因果的。我们往往会认为对于从小到大接触到的母语环境和其所承载的文化形式早已烂熟于心，而这就是传统文化和中华文明的全部，而事实上这些都只是凤毛麟角。传统文明作为千年以来无数先人们历史积淀的结果，其内在有太多的奥秘等待我们去探究、挖掘。传统与现代之间存在巨大的张力，这其中蕴含着的大量的空间正是我们需要通过母语的习得去逐步缩小的古今文化差距、建立古今传承与联系的桥梁。另外，尽管中国在世界的舞台上逐步崛起，但我们的民族自信却还尚未完全建立。过分追逐外语学习的热潮，内在是国人对本民族文化的一种缺乏自信从而产生文化自卑的表征。如此博大精深的汉语我们尚未感受完全、使用完全，就盲目地学习外来语言和文化，汉语不仅"失落"了其在国际上的文化地位，更可悲的是其作为亿万中华儿女的母语在他们心中地位的"失落"。

（三）家国情怀是"北大基因"的生命本色

北大拥有独特而显著的传统文化教育氛围，北大附小则天然地带有母体基因的特质，这也是北大附小构建基于生命课程体系的博雅语文课程的理论基础之一。百多年来，北大总是人才荟萃、大师云集，他们学有专长、各怀绝奥、善疑善创、刚健笃实、器大声宏、志高意远，且忧国忧民，家国情怀浓厚。家国情怀是传统文化认同、国家认同教育的根基。通过历代大师们的悉心陶养，形成了北大为人称道的良好校风、学风。这风气虽属无形，影响却大。

"博雅"一词似乎超越其他词汇的表达，涵盖了所有北大的过去与现在，那绵延百年、庄严无畏、勇锐抗争、独立向上、思想自由、兼容并包、科学求真、敢于创新的精神与气节。博雅塔见证并始终伴随着北大社会民主、人类自由境界的卓越追求，"松含秋月，塔醉铭湖。家国故事，热血凭赋"，博雅塔给予北大的不仅是风景与诗意，而且还将一种"博雅"精神的印记永远铭刻在北大传统文化的丰碑上。

在北大未名湖的东南湖畔，静静地屹立着一座博雅塔，它与未名湖及其南面的北京大学图书馆一起被合称为燕园的一处胜景"一塔湖图"。即使博雅塔其名与博雅教育并无直接关联，即使它曾经只是一座供燕大师生水源的实用性水塔，即使如今它成为北大标志性的景观建筑，巍峨耸立的博雅塔却依旧是一种关乎传统与血脉的、象征性的存在。

北大的博雅传统不仅倚塔而立，而且更是依附于北大自由主义传统而生，因而，北京大学的博雅文化是自由主义传统熏陶下的一种精神内涵。当北大校长严复第一次将"自由"概念引入中国之时起，北大便成为自由主义的阵地、近现代自由主义思想的摇篮，与国家的命运休戚与共、与自由事业和革命紧密相连，它肩负了为人的心灵与人格争取自由、捍卫自由的责任和使命。

北大校长蔡元培提出了"囊括大典，网罗众家，思想自由，兼容并包"的教育方针，奠定了北大精神与北大传统最初的基调。他在《〈北京大学月刊〉发刊词》上这样说"哲学之唯心论与唯物论，文学、美术之理想派与写实派，计学之干涉论与放任论，伦理学之动机论与功利论，宇宙论之乐天观与厌世观，常樊然并峙于其中，此思想自由之通则，而大学之所以为大也。吾国承数千年学术专制之积习，常好以见闻所及，持一孔之论。吾校兼容并收之主义，而不至以一道同风之旧见相绳矣。"① 蔡元培校长还在《我在教育界的经验》中说到"依各国大学通例，循思想自由原则，兼容并包。无论何种学派，苟其言之成理，持之有故，尚不达自然淘汰之命运，即使彼此相反，也听他们自由发展"。② 蒋梦麟校长、傅斯年校长等都延续了"大度包容"的办校宗旨。

北大的"兼容并包"不仅仅是一种教育、学术之理念，还继承了中国人道主义传统和忠恕、仁爱、信义的儒学思想，融汇了西方自由、平等、

---

① 刘军宁. 北大传统与近代中国：自由主义的先声[M]. 北京：中国人事出版社. 1998：547

② 同上书，546.

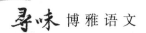

博爱的理念,成为一种对人格精神的要求和培养。[①] 北大自由主义传统和兼容并蓄的精神成为后来通识教育在北大落叶开花的基础,从而形成了独具北大特色的博雅文化。

另外,蔡元培校长执掌下的北大注重德、智、体、美全面的教育和培养,尤其注重德育,他认为:"教育是以追求实体世界的最高境界为最终目的的,所有智育、体育、美育都是围绕这个最终目的开展并为此目的服务的"[②]。"智、情、意三者合和,使人达于真、善、美的境界,从而实现了传统思想中天人合一、知行合一、情境合一的理想,又达于真善美合一的人格思想"[③],这应该是自由与包容的精神以外,北大博雅精神的另一种呈现。

北大博雅精神的大气、自由,本质上与家国情怀的价值指向相互统一、相互印证。早年执教于北大的林语堂先生说过:"我深信凡真正的教育,都是风气作用",他认为古人所谓春风化雨,乃得风气教育之真义。北大的这些大师以天下国家为己任,思想自由、兼容并包的风气育成了多少学者和栋梁之材。这风气说无形实有形,这"形"源自于大师们的"行"。中华传统文化历来强调责任担当,家国情怀一直也是北大文化与精神的核心价值。我国知识分子自古以来就有"为天地立心,为生民立命,为往圣继绝学,为万世开太平"的远大抱负和宏伟志向。古人强调的"位卑未敢忘忧国""人生自古谁无死,留取丹心照汗青"等崇高精神理念,无不体现了古代志士仁人那种强烈的责任担当精神。

北大附小秉承北大爱国、进步、民主、科学的传统精神和勤奋、严谨、求实、创新的良好学风,充满了深厚的文化底蕴和浓浓的人文关怀。悠久的历史,优雅的环境,爱国主义的优良传统,民主科学的文化氛围生生不息、一脉相传,这些都已经成为今天北大附小得天独厚的文化优势与精神资源。

二、"冰心"一片在"博雅"

著名教育家、作家冰心一生都非常关心青少年的成长,也特别关注北

---

① 汤一介. 北大校长与中国文化 [M]. 北京:北京大学出版社. 2010:62.
② 同上书,69.
③ 同上。

大附小的学生。1991年12月11日，冰心奶奶来到北大附小，为学生亲笔题词："专心地学习，痛快地游玩"。正如前文所述，北大附小构建的博雅语文课堂是开放的、是自由的。这与冰心奶奶的愿望"不谋而合"，反映了北大附小语文教育的终极目标就是传承博雅文化。

（一）有"博"方能"雅"

学生是爱玩的，同时也是蓬勃生长、充满生命气息的。冰心奶奶的题词使北大附小的师生深受鼓舞，2004年起被定为北大附小的校训。如今，它镌刻在厚厚的书形石雕上，形成校园一景——立志箴言，激励着一届又一届的北大附小学生奋发向上，快乐成长。

假如专心学习、痛快游玩是"博"，那么享受美好人生就是北大附小所追求的"雅"。由"博"及"雅"，很巧妙地契合和印证了北大"思想自由，兼容并包"的文化特质，成为今天北大附小打造校园文化和构建生命课程体系的指导精神。成长在这样的环境里，学生耳濡目染，也养成了天性自由、奔放洒脱的品质。它所表达的本意，实质上就是北大附小的博雅文化意涵。

冰心奶奶简洁的语言里饱含着博雅教育的深意和期待，也生动描画了北大附小的学生在北大附小这块育人沃土上健康快乐成长的情景：生动活泼的学习风气使学生终身受益；丰富多彩的娱乐活动让学生兴致勃勃；教室里朗朗的读书声与校园里银铃般的笑声共同回荡……冰心奶奶的题词意味深长，表达着老一辈对北大附小学生的殷切希望，希望孩子们从小立大志、学本领，不虚度时光，不仅要专心地学习，而且还要痛快地游玩，玩出强健的身体，玩出高雅的情趣，玩出快乐的童年；学会学习，学会生活，享受美好人生。

（二）爱玩未丧志

爱玩是学生的天性，但如何引导他们玩中学、学中玩，并且在玩的同时给他们最有价值的教育？中华传统文化既包含人文科学，又包含自然科学。如何打通两种文化之间的壁垒，是传统文化进课堂的关键。带着这些问题，我们进行了一系列超越语文的博雅式思考和实践。

北大附小的趣味经济学课程一直是学生津津乐道的课程之一。小学开

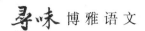

设经济学课程有必要吗？学生能听得懂吗？课程开发初期，不少人提出质疑。然而，当我们考察国外的教育时才发现，开设儿童经济学已成为国际流行的一种趋势。美国是最早把经济学纳入学前教育、初等教育和中等教育的国家，英国、法国、日本等国家都在小学社会课程中增设了经济学内容。我们也发现，发达国家的基础教育，往往不只是关注知识、能力和创新精神，更重要的还有生活教育。比如给学生一些终身受用的东西、对生活的热爱、学会选择和放弃、学会辩证地思考问题等。为此，我们陆续选送教师到美国进行学习，专门进修教育经济学硕士课程。他们把经济学知识融入学生的日常生活经验中，开发出了一系列寓教于玩、寓教于乐的方式，如用儿童文学作品教授经济学、教室里的迷你经济活动、橡皮泥经济学等，深受学生的喜欢。

为了顺应学生好动和探究的天性，我们还开发了智能机器人课程。北大附小是北京市最早接触智能机器人项目的学校，最初以课外兴趣小组的形式开展，2007年我们把它正式纳入学校课程体系。2011年，借助学校自主排课的契机，我们再次加大了智能机器人课程的广度和深度：在课时上，由原来的常规课时变为现在的90分钟大课时；在授课对象上，由原来的三年级和四年级变为所有的年级；在教室安排上，由原来单个的机器人活动实验室变成现在两间并驾齐驱的机器人专业教室。十多年来，北大附小参加各级各类智能机器人竞赛，荣获国家级金奖上百次。

三、嵌入课程之中的传统文化

传统文化教育是一项系统工程，最终的目标应该是有机地融合、嵌入现有课程体系之中。与此同时，我们还需要考虑课程、教材、教师、教学、评价以及学段等诸多环节的细节设计，使各方面相互配合、协调发展，这样才能有序有效地开展。当前，传统文化课程体系还不健全，不少学校开展的传统文化教育犹如疾风骤雨，在教学内容上不加甄别，只强调死记硬背。一哄而上、缺乏科学设计的做法不利于传统文化教育的健康发展，甚至会适得其反。

（一）特设：传承北大文化

作为北大的附属小学，北大附小长期受到北大文化的浸染。无论是"思想自由，兼容并包"的北大精神，还是北大大师的风骨风貌，无不深深影响着一代又一代的北大学人。北大附小依附北大，毗邻未名湖，倚靠博雅塔，具有得天独厚的优势，从北大源源不断地吸取精神的养料。北大附小历来重视北大文化的传承，专门设置了"北大文化"校本课程，让学生在北大文化的熏陶中健康成长。

1."北大文化"校本课程设计

作为北大的一分子，北大附小一方面传承着百年北大自由、民主的人文精魂，另一方面也天然地拥有着他人不可替代的历史文化资源。充分认识到这一文化底蕴给予我们的优势后，我们博雅语文课程的研究团队经过诚心调研、用心思考，以北大名人、名胜古建、历史传承为线索，梳理出我们心中期待的"北大文化"校本课程的脉络。最终以风骨—风物—风采的课程架构形成了独具北大附小特色的"北大文化"校本课程（参见表 4-1）。

表 4-1　"北大文化"校本课程

课程目标	了解北大文化，理解北大精神
课程形式	1. 参观北大的名胜古建 2. 了解北大的历史 3. 认识北大的名人大师
课程内容	课程以北大风骨、风物、风采为明线；以传承北大"思想自由，兼容并包"精神为暗线；以师生互动课、学生活动课、北大名家开设北大附小讲坛等为形式，使北大精神在北大附小学生的身上得到传承 1. 从京师大学堂到老北大 2. 此时幸遇先生蔡——蔡元培 3. 走进大师云集的北大 4. 对话大师云集的北大 5. 北大附小的北大人 （1）一片冰心在玉壶——冰心

续表

课程内容	（2）玩物未必丧志——王世襄 6. 一塔湖图 7. 图书馆——精神的家园 8. 红楼——老北大的永恒象征 9. 百团大战 10. 丰碑永驻的学生运动
课程特色	（具体要求：教材内容上有何创新；教学形式上有何创新；教学效果上有何创新等） 　　在内容上，引领学生追溯北大精神，传承北大独有的风骨，做独一无二的北大附小的校园文化课程 　　在形式上，组织丰富的学生实践体验活动，融合不同的课程资源，吸纳更多的社会人士参与 　　在效果上，通过了解北大风骨、风物、风采，感知北大附小和北大的血脉传承关系，并以北大"思想自由，兼容并包"的精神指引北大附小人包容并蓄、自强不息
课程计划	本课程拟在每个年级的第一学期开设了解，约30个课时
学习组织	第一阶段：师生互动课引入和激发 第二阶段：学生活动课"走近北大"（大量阅读、参观校园、校史馆、图书馆、赛克勒考古与艺术博物馆、名人故居、雕像等），进一步了解北大 第三阶段：北大名师、北大附小家长、北大附小学生讲坛相互穿插 第四阶段：学生小课题研究 第五阶段：呈现研究成果
课程评价	本课程将采取学生与教师、活动相结合的方式组织评价：前者的评价是指评价的参与者，即学生相互评价与教师的评价；后者的评价是指评价的对象，即对学生的课程学习成果的状况予以评价

　　"北大文化"校本课程作为北大附小的特色课程，对学生在认识北大、了解北大文化、理解北大精神方面起着重要的教育作用。"北大文化"校本课程针对不同年龄段的学生分别采用了不同的组织形式和活动方式：

低年段的学生以走进北大校园、参观北大名胜古建为主,让学生对北大有一个直观的认识;中年段的学生以听讲座为主,通过北大老师形象生动的讲座,与北大老师有一个近距离接触;高年段的学生以研究课题为主,通过大量阅读与北大相关的书籍,了解北大的故事,认识北大的大师,理解北大的精神。

2. 课程举例:"此时幸遇先生蔡"与北大附小校园文化三字经

蔡文培是北大的老校长,他提出了著名的"思想自由,兼容并包",如今成为北大精神的一面旗帜,如何让学生深刻地领会这八个字的含义,王老师设计了如下一课(参见表4-2)。

表4-2 "北大文化"校本课程第一讲

课程内容	1. 此课为校园文化系列课程的起始课,力求让学生感知"北大附小校园文化精神"与北大"思想自由,兼容并包"的思想精髓一脉相承 2. 蔡元培校长以"思想自由,兼容并包"思想改革北大、缔造辉煌,以"聘任教授"这个角度感受蔡元培先生对这八字方针的践行 3. 感知北大附小与北大的传承,并以"传承"作为北大附小人毕生的责任
课程特色	1. 以《北大附小校园文化三字经》为切入点,前后呼应,体现对"传承"二字不断深入思考的过程 2. 以"思想自由,兼容并包"这一思想的实践,感受蔡元培先生教育理想中的高瞻与阔达 3. 闯关、聘任教授等活动方式,激发学生参与的热情 4. 作为起始课,不过多、过深挖掘,期待留给学生继续了解北大的兴趣
实施方式	互动课堂
互动课过程	1. 诵读《北大附小校园文化三字经》,体会传承精神 2. 印象北大,凸显新旧对比 3. 幸遇蔡元培,勾画人物事件 4. 再读《北大附小校园文化三字经》,深感文化传承 5. 下发阅读单,博取厚积

《此时幸遇先生蔡》这节课是"北大文化"校本课程中的一节,开设于高年段,让学生了解《北大附小校园文化三字经》与北大文化精神的渊源。《北大附小校园文化三字经》中提到:"承北大,秉人文;尚风骨,崇理想;倡自由,求民主;兼包容,主开放。"北大的文化精神已经深深地影响着北大附小的教育教学,而北大的这种文化精神与一个人密切相关,那就是北大校长蔡元培先生。这节课就是让学生走近蔡元培,通过对新老北大的对比,让学生认识蔡元培,并从北大发生的翻天覆地的变化中,了解蔡元培先生的"思想自由,兼容并包"的办学理念和教育思想,从北大在历史发展上所起到的作用中,理解北大文化精神对人们的深刻影响。

(二)专设:鹿鸣吟诵

北大附小高度重视吟诵教学,除了设立传统吟诵课程,继承和发扬这一中华传统文化遗产以外,还建立了专门的鹿鸣吟诵社团。"鹿鸣"撷取《诗经·小雅·鹿鸣》中"呦呦鹿鸣,食野之苹"的意象。四只各具情态的鹿,共同会意出"吟咏""分享""和乐""灵动"的吟诵社团宗旨。因为吟诵是汉语美妙的声音典范,而声音又在《诗经》中有着重要的地位与作用,作为传承久远的四始之一的《鹿鸣》,不仅有大自然的天籁之音与宾主之间的和乐之音,而且更有尊贤敬老、亲亲睦友的和谐之乐以及治国平天下的周行之音。

1. 中华吟诵与吟诵教学理论

(1)中华吟诵的"前世今生"。

吟诵,作为汉诗文的传统读法,是中国传统的读书、学习方法,也是重要的创作方法。自古读书皆吟诵。百年以前,没有一个中国人会朗诵。从先秦开始,诗词文赋都是吟诵的:创作时吟诵;欣赏时吟诵;学习时吟诵。从"行吟泽畔"的屈原,到"吟诗作赋北窗里"的李白、"歌吟终日如狂叟"的白居易,再到"读书声出金石,飘飘意远,一乐也"的曾国藩、"吟罢低眉无写处"的鲁迅,中国古典诗歌之生命原是伴随着吟诵之传统而成长起来的。

吟诵是介于诵读与歌唱之间的汉语古典文学作品口头表现艺术方式,既遵循语言的特点,又根据个人的理解,依循作品的平仄音韵,把诗中的喜怒哀乐、感情的起伏变化,通过自己抑扬顿挫的声调表现出来,突出其中的逻辑关系、思想情感，比普通朗诵要深入、充分得多，是一种细读的、创造性的、回味式的读书方法和表达方式，是文学、音乐、语言的综合体，是我们中华民族宝贵的非物质文化遗产。吟诵具有质朴而简单的旋律，能读出古典诗文的韵律、节奏，将汉语在声音上的特色彰显出来，其所带来的精神愉悦是仅靠运用概念、判断、推理等方式无法得到的，唯有抑制理性的知解，回归到感性的自然而为的状态才能实现。吟诵不仅有旋律、节奏、结构，而且有声音之高下、强弱、长短、清浊，这一切都是用来表达对诗歌的理解的。"声入心通"，古人的心态、情绪、意境，只有吟诵的时候最与之接近，最能体会。

传统吟诵指的是传统吟诵的调子和方法，区别于现代人自创的吟诵调而言。传统吟诵调现在仍然有比较广泛流传的是唐文治先生的唐调。唐调来源于清末桐城派因声求气的古文欣赏和创作方法。唐文治先生是桐城派学者王先谦的学生，唐调现在的代表性传承人陈以鸿先生是唐文治先生的学生。另外，唐调的传承人还有江苏的魏嘉瓒先生等。传统吟诵调比较著名的另外一支是河南华锋先生的华调。华锋先生是著名古典文学专家华钟彦教授之子，承自家学渊源。

20世纪初，随着社会的急剧变革，代代相传的吟诵受到了很大的冲击，吟诵开始衰落，乃至濒临灭绝。自民国建立，学校取代私塾，延续数千年的吟诵教授方式被勒令中止，代代相传的吟诵受到了很大的冲击。1919年新文化运动之后，学校体制改变了，吟诵自然更少了。

与此同时，西方的朗诵方式随话剧进入中国，当时的教育界曾热烈讨论如何诵读汉语作品的问题。抗日战争时期，朗诵诗盛行，其后汉语朗诵遂定型，并取代吟诵。再加上中华人民共和国成立后"文化大革命"的影响，祖国大陆的吟诵更是近乎绝学，不但比不上日本（今天日本的汉诗吟诵社团仍然有数百万会员，吟诵一直贯穿在其教育体系中，而且是一项庞大的文化产业）、韩国、越南对吟诵传承的重视，就是跟台湾地区也产生了差距。吟诵自20世纪初衰落的原因在于人为割裂而非自然淘汰，绝非吟诵自身发展规律使然。

改革开放以后，一些有识之士出于对吟诵濒危的担忧，开始呼吁传承吟诵。20世纪80年代陈炳铮先生在北京、华钟彦先生在河南，都曾在广播电台宣讲过吟诵。1988年，中华诗词学会拍摄了《华夏诗声》吟诵专场录像。1994年，叶嘉莹先生致信赵朴初先生，提倡儿童学习古诗吟诵。于是有了1995年2月赵朴初、张志公、叶至善、夏衍、冰心、曹禺、吴冷西、陈荒煤、启功九位委员提议的全国政协八届三次会议的第0003号提案,当中提到要用传统的教学方法来教授古代典籍。1998年,叶嘉莹先生又上书江泽民主席,建议在幼儿园与小学课程中增设"古诗唱游"一科,呼吁培养孩童对吟诵的兴趣。

在中央文明办、国家语言文字工作委员会和教育部的支持下,2010年1月24日,中国语文现代化学会吟诵分会(中华吟诵学会)在北京成立,开始在全国范围内开展吟诵的抢救与采录、研究与整理、宣传与推广、申报国家级非物质文化遗产等工作,并定期举办"中华吟诵周"等活动,录制了数十场晚会和节目,如《中华长歌行》《中华诵》《诗经咏诵会》等。

2010年年底,"中华吟诵的抢救、整理与研究"获得国家社科基金两项重大招标项目立项,该项目由南开大学叶嘉莹先生主持理论研究,首都师范大学赵敏俐教授主持抢救整理,以期对吟诵的传承发展起到一定的指导作用。自立项以来,课题组对各地传统吟诵进行了深入调研,并多次举办研讨讲座等活动集思广益,就如何更好地传承中华吟诵在全国范围内进行了广泛征询与探讨。

目前,以首都师范大学中国诗歌研究中心为核心,北京语言大学、中央民族大学、中国音乐学院、中国人民大学等院校已经初步开展了收集整理、研究和传承、宣传吟诵的工作。北京大学中文系"语音与乐律"实验室也承担起了许多采录的工作。全国共有500多所中小学开展了吟诵教学,约有几万名学生已经进行了吟诵的学习。北京也已成立了吟诵教育研究会。

吟诵在国际上享有很高的声誉,是公认的中国诗文相比西方文学的独到之处。在中国台湾,吟诵一直存在于教育体系之中。日本、韩国等国家有成员达数百万人的汉诗吟诗社,他们经常来中国进行访问交流。然而,作为吟诵之根的中国吟诵却几乎没有了传承。今日尚会吟诵的老先生大都在80岁以上,而且基本未教过他们的孩子。相比其他民族的文化,吟诵失传的速度最快。若不加抢救,只剩下不成系统的资料碎片,最后只能放进博物馆供人管窥。尽管如此,目前各地区(市、县)都还尚有少数老者会吟诵。把他们的吟诗调系统地记录、整理下来,尚可勾勒出汉语吟诵的概貌。这是历史留给我们的最后的机会。

(2)吟诵教学理论的"传统"与"现代"。

①传统吟诵教学理论。

"礼乐造士"是我国古代教育的传统,音乐与语文尤其与诗歌密不可分。《尚书·帝典》说:"诗言志,歌永言,声依永,律和声。"《毛诗序》中也提到:"在心为志,发言为诗。情动于中而形于言。言之不足故嗟叹之,嗟叹之不足故永歌之,永歌之不足,不知手之舞之,足之蹈之也。"孔颖达疏曰:"动声曰吟,长言曰咏,做诗必歌,故言吟咏情性也。"《史记·孔子世家》中同样有记载:"《诗》三百五篇孔子皆弦歌之,以求合韶、武、雅、颂之音。"

进入近代,吟诵的传统依旧没有消退,众多文人都在文章中指出了吟诵的重要性。桐城派提出因声求气的观点,把吟诵应用在古文的欣赏和创作中。曾国藩在《字谕纪泽儿》中说:"如《四书》《诗》《书》《易经》《左传》《昭明文选》,李杜韩苏之诗,韩欧曾王之文,非高声朗诵,则不能得其雄伟之概;非密咏恬吟,则不能探其深远之趣,二者并进,使古人之声调,拂拂然若与我之喉舌相习,则下笔时必有句调凑赴腕下,自觉琅琅可诵矣。"又在《曾国藩家书》中说:"先之以高声朗读,以昌其气;继之以密咏恬吟,以玩其味,二者并进。"现在仍然在流传的唐调吟诵的创始人唐文治先生认为:"今日讲求教育之法,务以敦崇品性涵养性情为宗旨。而感发性情之要,当以读文为根本。文章音节应古时乐律,有抑扬吞吐抗坠敛侈之妙。"

著名教育家叶圣陶先生在《〈精读指导举隅〉前言》中强调了吟诵作为读书方法的重要作用,他说:"吟诵就是心、眼、口、耳并用的一种学习方法。从前人读书,多数不注重内容与理法的讨究,单在吟诵上用工夫,这自然不是好办法。现在国文教学,在内容与理法的讨究上比从前注重多了;可是学生吟诵的工夫太少,多数只是看看而已。这又是偏向了一面,丢开了一面。惟有不忽略讨究,也不忽略吟诵,那才全而不偏。吟诵的时候,对于讨究所得的不仅理智地了解,而且亲切地体会,不知不觉之间,内容与理法化而为读者自己的东西了,这是最可贵的一种境界。学习语文学科,必须达到这种境界,才会终身受用不尽。"

朱自清在《论朗读》一文中也提出了同样的观点:"学校里废了吟这么多年,是教学上的一个大损失。古文和旧诗词等都不是自然的语言,非看不能知道它们的意义,非吟不能体会它们的口气——不象白话诗文有时只听人家读或说就能了解欣赏,用不着看。现在多数学生不能欣赏古文旧诗词等,又不能写作文言,不会吟也不屑吟恐怕是主要的原因之一。"

黄仲苏在《朗诵法》中说:"诗词文赋莫不有声有色,色可得而讲授,声则非吟、诵、咏、讽,不能领悟。其风度之隽雅,情致之美妙,与夫旨超之深远，皆非诵之于口，得之于耳，不能传授于心也。"

②现代吟诵教学理论。

吕叔湘（《中小学语文教学问题》）：学习文学作品主要是读，听人读，自己读，那么文学作品的作用就更容易发挥。讲到读书，中国的传统是讲读的，特别是古文有一定的念法，一定的腔调，现在的青年同志和少年儿童要是听到一个老先生在念古文，摇头摆尾，嗯嗯啊啊，哼哼唧唧，就觉得很可笑，酸溜溜的，好像迂夫子才这么念，却不知道这里头有道理，那念的人一面念的时候，一面他的思想感情就在活动了，他就把作品里的妙处一面哼出来，一面哼进去，不懂的人觉得可笑，事实上读是很有滋味的。

叶嘉莹：我以为吟诵之目的不是为了吟给别人听，而是为了使自己的心灵与作品中诗人的心灵能借着吟诵的声音达到一种更为深微密切的交流和感应。因此，中国古典诗歌之生命，原是伴随着吟诵之传统而成长起来的。古典诗歌中的兴发感动之特质，也是与吟诵之传统密切结合在一起的。真正想要重振中国吟诵之传统，私意以为最好的方法就是付之实践，也就是从童幼年开始就以吟唱的方式诱导孩子们养成吟诵的爱好和习惯。

吟诵是中国文化人格培养的途径之一。吟诵是形式，也是内容。吟诵里面有含义、有气韵、有文化。平读是没有读法的读法，朗诵是西方的读法，这些形式都与内容不符。不符合内容的形式，对于内容的贯彻一定是有妨碍作用的，用西方的形式或者漠然的形式对待传统文化经典，真的能够在学生的心中扎下传统文化之根吗？文化的传承，不仅是道理的传承，也许更重要的，是这些形式，这才是活生生的文化，入情入心。文化不仅是讲解、理解而传承的，更重要的是体验、感受而传承的。吟诵的圆润流转、坦率真诚、高雅大方、丰富细腻——就是传统经典的直接表现，这些对于传统文化的传承是至关重要的。吟诵将诗的意蕴传达出来，与喜爱旋律、节奏的孩子相契合，让诗的种子轻柔地落入孩子的心田，摒弃当下浮躁心理，童蒙养正。通过吟诵，让孩子深切感受古典文学中生生不已的生命，使其亲近传统文化，成为有民族根性的中国人。这些说明了吟诵的几个重要的价值——激发兴趣、理解含义、博闻强记、涵养气质、传承文化。

2. 小学吟诵教学法

在中华民族实现伟大复兴的今天，我们深刻地体会到民族传统文化的凝聚力愈显至关重要。恢复和发展吟诵传统，是文化和教育领域的大事。2014年3月，王唯恺老师在《我爱吟诵》的基础上，筛选整理了《古诗词吟诵100首》，同时进行班级实践研究，探索出具有北大附小校本特色的"小学吟诵教学法"。吟诵是口耳相传的一种艺术，因此，最好的学习方式是聆听别人的吟诵。《古诗词吟诵100首》所附录音的吟诵是由中华吟诵学会组织多位吟诵专家进行录音、筛选和审定的，每篇作品都配选了不止一个吟诵录音。教学中，让学生有充分的时间跟随录音学习吟诵。教师也应积极学习吟诵，以自己对吟诵的热爱点燃学生对吟诵的热情。

我们提出的"小学吟诵教学法"是一套以声音为核心的偏重感性的教学法。这样的一套教学法，是否对今天有价值？我们不一定要照搬古代的，但是这其中的借鉴价值特别大。因为它是从汉语、汉诗文的特点出发，是从中国文化的特点出发，是从儿童教育的特点出发。

吟诵是母语教学的有效方法。如果您教的是语文，是汉语或者是中国文化，您不想了解一下古人是怎样教的吗？我们现在教的是中国文化，用的却是西方教学法。古代不是这样的。教中国文化，吟诵是最基本的教学法之一。高质量的古诗文教学可以引领学生走进宏大、开阔、高尚的精神世界，同时获得对于古典美、传统美的认识与理解，为学生个体生命的健康成长和中华传统文化、民族精神的继承与创新奠定坚实的基础。小学古诗文教学更应重视以读为本，在读中感悟，使学生终身受益。教师要放开自己、放开学生，让学生自主探究，深切体会古诗文的意境美、语言美、音韵美和形象美。

中华传统文化丰厚广博，历经几千年岁月淘洗流传下来的经典诗文，不但是汉语言文字的典范和精华，而且更孕育着中华民族的精神和品格，能够选入小学语文教材中的古诗文更是精华中的精华，可谓字字珠玑，其中不乏许多历代名篇。这些名篇不仅内涵丰富，具有很高的审美价值和很强的艺术感染力，而且短小精悍、词句优美、韵体和谐、节奏性强、易读易记。语文这个学科本身有丰富的特点和魅力，古诗文是我国文学体裁中最美的，有着无尽的内涵和高远的意境，只有达到较高层次的读诗境界，才能领悟到我国古代文化的精髓。

《义务教育语文课程标准（2011年版）》鼓励学生大量积累古诗文，并在附录中列出70首《古诗词背诵推荐篇目》。小学语文新课程标准实验教材中也新增了许多的优秀诗词，这让广大教师充分认识到古诗词教学的重要性，更由此掀起一股古诗文教学的热潮。但在具体的实施过程中，很多

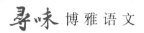

教师急于求成,教学盲目性和随意性较大,步入以下误区:一是倾盆大雨式的背诵,教师为了赶进度,不考虑学生的认知水平和接受能力,要求天天背诵一首;二是信口开河式的问答,教师没有精心备课,指导时随意提几个问题,草草了事;三是填鸭注入式的串讲,为了节省时间,教师一讲到底,学生没有自主学习和思考的时间;四是囫囵吞枣式的翻译,教师仅把诗歌大意告诉学生就算完成任务。这些方法仅仅满足于诗意的疏通和诗句的积累,然而学生却无法根本体会诗歌最美的情感。

高质量的古诗文教学可以引领学生走进宏大、开阔、高尚的精神世界,帮助他们有力地抵抗丑恶、改造贫乏和平庸、远离虚无和轻浮,同时获得对于古典美、传统美的认识与理解,为学生个体生命的健康成长和中华传统文化、民族精神的继承与创新奠定坚实的基础。根据日常教学中的实际案例,我总结出古诗文教学的一些策略。

(1)了解背景,促进理解。

学习古诗文,教师首先要让学生了解古诗文的写作背景,知道诗人当时的处境和心态,然后再去理解诗意,体会感情就容易多了。比如《江雪》一诗,诗人柳宗元通过自己的所见,展示了一位老翁在寂静、凄凉的寒江上独钓的情景。诗人为什么写一位老翁在这样的季节、这样的地方垂钓呢?其中的感情,学生很难一下子领悟出来。这时就应该让学生去收集、查询作者的相关资料,让学生弄清楚这首诗的写作背景:当时,柳宗元是朝廷中主张改革的重要官员,由于革新失败,他被贬为邵州刺史,未到任又被贬为永州司马,这首诗正是他被贬为永州司马时的作品。柳宗元被贬到永州之后,精神上受到很大的刺激,倍感压抑,于是就借描写山水景物,借歌咏隐居在山水之间的渔翁,巧妙地表达自己被贬后的那种失意寂寞的情怀和不愿与当权者同流合污的思想。《江雪》这首诗正是诗人当时心境的真实写照。这样,学生了解了古诗的写作背景,再去理解古诗,就会水到渠成。

另外,在这个方面值得注意的是,介绍背景只是古诗文教学的前奏,因此,教师在教学时一定要抓住重点,言简意赅即可,不能为了满足学生的好奇心而讲得太多或面面俱到。

(2)创设情境,启发想象。

诗歌充满了诗情画意,诗不离画,画可赋诗。诗与画之所以能够相通,是因为两者都具有色彩美、结构美、韵律美、意境美等。一首诗本身就是一幅画,根据诗的内容去画画,帮助学生理解诗意是我在古诗文教学中常用的手段之一。比如《枫桥夜泊》一诗,诗人张继首先写,月亮已落山,霜雾满天的深秋之夜,传来几声乌鸦归巢的啼叫,更增添了几分夜深人静的气氛。江岸上是火红的枫树,江面上是渔火点点。面对此情此景,离家在外的诗人想到秋天来了,夜已深,鸟归巢,自己还漂泊不定、流浪异乡,不禁秋愁满怀,难以入眠。后两句写江面上传来寒山寺沉闷的钟声,声声入耳,一方面烘托出夜深人静,另一方面更加重了诗人心中的愁苦之情。这首诗主要从所见所闻描写枫桥夜景,声色并见,中间用一"愁"点染,诗中那愁思满腹的形象活灵活现。这首诗情景描写真切,画面清新,因而历来传诵,甚至使得枫桥和寒山寺也因此名扬天下。在学习这首诗时,我引导学生自己动手把诗句变成一幅优美的风景画,在学生动手绘图以后,我再引导学生体会诗句的意思,让诗句在学生的面前立体化起来、活起来,并充分调动学生已有的知识和生活经验,把诗句没有写出而生活中有的声音动态想象出来,极大地丰富了画面,使学生能感受到诗中有声有色、有静有动的画面美,帮助学生更好地加深了对诗的理解。

(3)探求意蕴,感受韵味。

小学语文教材中的不少古诗,既充满着诗情画意,又闪耀着哲理的光辉。比如,苏轼的《题西林壁》:"横看成岭侧成峰,远近高低各不同。不识庐山真面目,只缘身在此山中。"它给人们以启迪的哲理是:对待任何事物,只有全面观察和深入了解,才能获得正确的认识。又如,叶绍翁的《游园不值》:"应怜屐齿印苍苔,小扣柴扉久不开。春色满园关不住,一枝红杏出墙来。"这是一首古今传诵的写春景的名诗。然而,只要我们深入思索,就能领悟到这样一个哲理:一切新生事物、美好事物都具有旺盛的生命力,任何人想压制它都是不可能的。

根据哲理诗的特点,要使学生理解古诗的哲理美,教师在教学中应处理好以下关系:一是艺术形象与哲理的关系。哲理是艺术形象的灵魂,而艺术形象则是哲理的躯壳。哲理总是因形而生,因此,教师应启发学生由形探求诗中的意蕴,理解诗的哲理美。比如,王之涣的《登鹳雀楼》:"白日依山尽,黄河入海流。欲穷千里目,更上一层楼。"在教学时,我先让学生感受到诗中所描绘的祖国万里河山的壮丽景色,再引导学生理解蕴含于景色描写之中的"只有站得高,才能看得远"的深刻哲理。二是情与理的关系。不少古诗往往通过抒情而言志,情中有理,理中含情。又如,李绅的《悯农》:"锄禾日当午,汗滴禾下土。谁知盘中餐,粒粒皆辛苦。"它不仅抒发了诗人无限的愤慨和同情劳动人民的真挚情感,而且道出了一个真理：人类社会的物质财富，都是劳动人民辛勤劳动而创造的。在学习这首诗时，教师既要引导学生体会诗中的感情，又要理解诗中情理交融的哲理美。①

（4）反复诵读，悟出诗情。

短小精练、节奏优美、形象生动、内蕴幽远的古诗是积累审美经验的绝佳材料。通过诵读古诗可以提高学生的联想、想象能力，进而增加其艺术修养。俗话说："书读百遍，其意自见。"读对于小学古诗文教学来说应该尤为重要。一首诗，首先要将它读通，这是基础。然后在理解诗句大致内容的基础上读出感情，这是重点，也是古诗文课堂学习的重要环节。比如，在讲授王安石的《梅花》时，我反复引导学生吟诵，学生就很自然地联想出了"墙角""梅花"是身入逆境中的品行高洁之士，并将凌寒怒放理解为一个人顽强的斗争精神的象征，由此受到坚强意识的教育。这种教育不是概念的、外在的、强加的，而是形象的、内在的、自愿的。

古诗文的教学，忌逐句串讲，关键在于朗读，朗读应贯穿于古诗文教学的全过程。但如果总是形式单一的朗读会使学生感到厌倦，因此，在教学生朗读古诗时，应针对不同年龄段的学生采取不同形式的朗读来激发学生的学习兴趣。

比如，对于低年段学生来说，我首先会很有感情地范读一遍，再一句一句地领读，同时严格要求学生读准字音，有停顿、有节奏，读出感情。因为低年段学生最善于模仿。在巩固练习朗诵时，我除了让学生分组读、比赛读以外，还会让学生通过拍节奏的方式朗诵古诗。可以让学生边拍边读，也可以一组学生拍节奏另一组学生按此节奏朗读，这样使学生掌握了古诗的节奏，课堂气氛也活跃了起来。在学生比较熟悉古诗之后，则让学生表演背诵。学生通过表演提高了学习兴趣，还会通过一些动作或表情的辅助让学生很容易记住古诗的内容。这样不仅加深了学生对诗意的理解，而且还发展了学生的创造性思维能力。

对于高年段学生来说，则要让学生更好地读出古诗的韵味和情感。比如，通过配上古典音乐让学生进行朗读，读出古诗的古典韵味。让学生模仿诗人的样子来吟诗，学生都是非常有兴趣的。

（5）合理拓展，积累语言。

《义务教育语文课程标准（2011年版）》中明确要求：小学阶段推荐70

---

① 谷守莉. 古诗文教育中的审美教育［J］. 教育实践与研究，2009（12）.

首古诗词背诵篇目。因此，我们的古诗文教学不能仅仅局限于教材，在学习教材中的古诗后，不妨再引进一首与所学古诗有关联的诗词加以拓展，这样既帮助理解，又扩大了古诗文的阅读量，便于积累语言，增强学生对语言的感悟力。在引进相关的古诗时，要讲究灵活性、实效性、针对性，以便于教学。① 比如，在学习陆游的《示儿》一诗时，古诗学习完了，大部分学生心存"诗人陆游盼望祖国统一的心愿是否实现了"的疑问。其实根据有关历史资料完全可以找到答案，但我忽然想到了宋末林景熙的《题陆放翁诗卷后》一诗，我何不让学生就"诗"学"诗"，从诗中找到问题的答案呢？于是我便把这首诗的后几句告诉了学生："床头孤剑空有声，坐看中原落人手！青山一发愁蒙蒙，干戈况满天南东。来孙却见九州同，家祭如何告乃翁！"并结合时代背景，向学生解释了诗意：床头的宝剑虽然有出征报国的志向，可南宋王朝不任用像陆游这样的能人，中原也只能眼看着落入金人之手。青山隐隐约约，仿佛也笼罩在悲愁的气氛中，战争已经影响整个东南地区，你的后代子孙虽然见到了统一的国家，但这国家是由元兵统一的，怎么能在家祭的时候告诉你呢？听完我的解释，学生情绪激昂、感慨万分，情不自禁地自由诵读。这样，学生入情入境，用短短几分钟便理解了诗意，并且在思想上产生了共鸣，情感上得到了升华，收到了事半功倍的教学效果。

（6）结合生活，感悟人生。

古诗来源于诗人对于生活的感悟和理解，是诗人的所见、所闻、所感、所想。他们将对社会万象的理解倾注于笔端构思而成，最终成为千古流传的佳作。课堂小天地，天地大课堂，只有学生在生活实际中去发现、去体现才能领会一些古诗的真正含义，因为在生活中他们所发现、所感悟的已经和作者产生了共鸣。比如，蜜蜂是学生在生活中常见的，所以没有太注意蜜蜂的习性和规律，自从学生学习了罗隐的《蜂》之后对诗的内涵有了更深一层的了解，理解了其中诗句"不论平地与山尖，无限风光尽被占"的含义。在学习贺知章的《咏柳》时，正是春花灿烂、杨柳依依的时候，我把课堂移到了学校附近的小塘边的柳树下，让学生深切地感作者所感、想作者所想。生机盎然的柳树令人心宽眼亮，它细长的叶子均匀地缀满柔软的枝条，整棵柳树焕发出亮丽的绿意，那不是"碧玉"是什么？柔顺轻飘的枝条倒垂而下，怎不让人想起轻柔飘逸的绿色丝带？这小巧精致

---

① 曾俊健. 新课标下古诗文有效教学策略初探 [J]. 现代语文（教学研究），2009（1）.

的叶子叫人禁不住想问一问：它们是怎么来的？是春姑娘精心地用剪刀一缕缕裁剪出来的吗？

学生置身于迷人的自然怀抱中，无限春光令人心潮涌动，大家自然而然对大自然产生了热爱和向往。在春光、池柳、欢情的和谐旋律中感知柳树的形象，领会诗人借赞柳树颂春天的情感，与诗人产生了强烈的共鸣，真可谓"此时无声胜有声"。

总之，我们应紧扣《义务教育语文课程标准（2011年版）》的精神，努力让课堂气氛活跃，书声琅琅，让学生充分地读、充分地说、充分地想，真正做到以学生为主体，引导学生随着诗人所表达的感情产生共鸣，随其悲而悲、随其喜而喜，让这古典文学的精华从学生的口中渗融于他们的血液中。

3. 课程举例：太白的月亮

传统吟诵在小学开展，必然要考虑小学生的理解能力和接受能力。怎样继承传统又面向当代？怎样既保存古典吟诵的典雅又让学生乐于接受？中华传统文化博大精深，吟诵更是其中不可忽视的瑰宝，然而如何在现代化快节奏的当今社会中更好地推广发展传统的吟诵是十分值得思考的。

为此，首先，在内容上，我们设计的吟诵篇目以小学生必背古诗70首为主，参考《我爱吟诵》等图书，适当拓展适合于小学生接受和表达水平的内容。其次，在形式上，要充分考虑小学教学的引导性和趣味性，采用与音乐伴奏相结合的方法，开展吟诵表演、编排吟诵剧等活动。在小学的吟诵教学中也需要考虑低、中、高不同学段的特点。

吟诵课程设计的考虑主要有以下三个方面。

（1）梳理以唐调为代表的传统吟诵。对唐调的古诗词和古文吟诵理论进行整理，体会唐调吟诵的主要特点，辅之以华锋先生、叶嘉莹先生、戴学忱先生等多家的吟诵调。教学材料主要有唐文治先生、陈以鸿先生和戴学忱先生的吟诵录音，以及他们本人和其他人的相关文章。

（2）在教师深入理解吟诵特色的基础上，把多家吟诵调引进小学课堂，研究吟诵教学的方法。在教学代表篇目的过程中，向学生介绍吟诵规则；通过适当的方法让学生掌握吟诵规则，进而可以自如地运用规则进行陌生诗文的吟诵。重实践，是吟诵教学的主要特点。教学中的关键问题是以怎样的步骤、用何种教学方法让学生掌握传统吟诵读书方法。本研究的关键问题就是研究如何进行传统吟诵方法的讲授。

（3）通过吟诵对古诗文进行声韵分析，探索音韵含义。借助吟诵符号体会诗文生动的气韵，进而登堂入室，领悟古诗文的意境以及深刻微妙的含义。

太白的月亮

——《静夜思》《古朗月行》教学设计

一、教学目标
（1）按照吟诵规则吟诵出诗的韵味和情感。
（2）在理解古诗的基础上，感受月亮的美妙和神奇。

二、教学重点和难点
如何吟诵出古诗的韵味和情感，如何在理解古诗的基础上，感受月亮的美妙和神奇。

三、教学课件
音频、视频资料。

四、教学过程
1. 导入

中国文字历史悠久，意蕴悠长。这些美丽而又富有魅力的文字生来就给使用它的人带来了诗的灵性，在浩瀚的中华文化中，诗词歌赋让我们体会到了汉字的意蕴之美。而当你读起它们，那变幻无穷而又美妙动听的韵律便会从你的唇齿间缓缓流出，或如昆山玉碎，或如明珠落盘，或轻快明朗，或如泣如诉。今天就让我们一起循着汉字的音韵，探寻古诗文别样的情思与味道。

2. 透过声音品味古诗

每当夜晚来临，那浩瀚碧空中的一轮明月，总会勾起我们无限的遐思，多少传唱古今的经典佳作就在对月喟叹中吟就。今天，我们就来学习一首月夜写就的古诗。（出示课件《静夜思》，请学生读题目）

指导理解"思"，并纠正读音（课件出示）：同学们，虽然你们都没有读错，但是在古语中"思"除了读"sī"以外，还有一个读音就是"sì"，它表示的是"心绪、情思"之意，在这里就是这个读

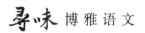

音。请跟老师来读"静夜思（sī）"。既然这个字是"心绪、情思"之意，那么李白这首诗的题目告诉我们他要抒发的就是静静的深夜他的一种……（点名说）

了解了诗歌题目的意思，请同学们再来观察这三个字在读音上有什么共同特点？（这三个字都是四声）在普通话中，除了四声还有哪些声调？（一声、二声、三声）但是，在古语中，是没有这四个声调的，只有平、仄两个声调。普通话中的一声和二声相当于古语中的平声；那仄声呢？（引导学生回答三声、四声，同时出示课件）在这首诗的题目中，三个字都是四声的，那么它们就属于仄声字（引导学生来说），我们用"竖"来做出标示，平声字我们就可以用"横"来做出标示。那么，题目中的三个字为仄声，就需要用短竖来标注。（板书）

我们会给诗歌标注平仄，还要学会读出它的平仄。平声字在读的时候需要读长一些，而仄声字却需要读短一些。这就叫"平长仄短"。我们再来看题目中的三个字，都是？（学生回答仄声字），根据平长仄短的规则，谁来读一下？（点名读，并作评价与引导，适时示范声音由高到低、由响到弱）你发现老师读的声音上有什么特点？谁再来读一下？瞧，我们的汉字就是这样奇妙，它不仅能让我们读出它的读音，而且还能读出它的情感。在古语中，平声字传达的是高兴、愉悦的情绪，读起来声音长而响；那仄声字传达的是怎样的情感呢？仄声字读起来声音又是怎样的呢（点名回答：忧愁、悲哀，读起来短而轻）现在，谁能带着情绪再来读一读这三个字？（点名读，手势指示）

静静的夜空下，李白抬头望着天空中那轮皎洁的明月，思乡之情涌上心头，他低头踱步，轻吟成诗。这字字句句的思念，都在这低沉忧愁的吟诵中。让我们也做一次李白，配合手势，一起吟诵起这首诗。（演示：平仄手势）请大家注意老师手势的高低以及长短。（引导学生诵出平仄）

瞧，在平平仄仄、高高低低中，我们便读出了古诗别样的韵味。那么，刚才你们跟随老师起起伏伏、跌跌落落的诵读中，感受到了什么？（引导回答：作者心情的起伏变化）李白在这个静静的深夜，在如水的月光下，所经历的情感起伏，就通过这20个字的平仄、高低淋漓尽致地传达出来。高兴的时候，我们的声音随着他的心情高扬；忧伤的时候，我们的声音随着他的心情低落。（配乐，引导学生再次配合手势吟诵）

　　同学们高高低低的吟诵中，把留在纸上的文字变成了有着自己独特味道的声音，其实，我们汉字的声调就是最美妙的乐谱，按照平长仄短的规则，随着声调的起伏变化，每首诗都是一首绝美的歌。（插入戴学忱先生的视频）听了戴先生读的诗，你觉得和我们刚才的读法有什么不同？其实，这种方式既不叫读，也不叫唱，而是吟诵。在古代，我们中国人读诗都是像戴先生这样吟诵的，直到近一百年前，我们从西方引入了朗读，吟诵才逐渐淡出了中国人的视线。但是，几千年来，我们的古诗文都是这样一路吟下来的，我们也只有还原古诗最原汁原味的吟诵，才能品出古诗中那或浓或淡的悠悠情思。请听（老师示范吟诵），请大家跟随老师的手势尝试吟诵。

　　夜深人静，万籁俱寂，在如此静谧的夜里，李白望着一地皎洁的月光，思念起自己的故乡。可你们知道他的故乡在哪里吗？这便是当时大唐辽阔的地域图，李白出生在碎叶城，现在属于吉尔吉斯斯坦，与新疆相邻。李白5岁时跟随家人万里迢迢来到现在的四川。25岁时，怀揣着浪漫的梦想，李白挎起一把宝剑便离开家乡，开始了他充满浪漫情怀而又坎坷艰难的山川江河之旅。对家乡浓郁的思念，化作了客居他乡的游子口中低沉忧愁的吟诵。月夜思乡，也许李白便会这样吟起一首诗。（配乐，课件出示地图，引导学生吟诵）

　　3. 拓展练习

　　同学们，古诗的吟诵就是这么简单，平长仄短、依字行腔中，你便吟出了有着自己独特味道的诗歌。并且，通过高低起伏的声音，我们也体会到了诗人的情感。另外，我们也可以把这节课学到的吟诵方法运用到其他古诗的学习中。

　　（1）老师这里还有一首诗《古朗月行》，请同学们拿出你桌子上的纸，运用我们学到的吟诵符号来标示出这首诗的平仄。注意，一声二声为平声，用横来表示；三声四声为仄声，用竖来表示。

小时不识月，呼作白玉盘。
又疑瑶台镜，飞在青云端。
仙人垂两足，桂树何团团。
白兔捣药成，问言与谁餐？
蟾蜍蚀圆影，大明夜已残。
羿昔落九乌，天人清且安。
阴精此沦惑，去去不足观。
忧来其如何？凄怆摧心肝。

（2）（出示课件）请大家对照，并订正自己标注的平仄。

诗中先写儿童时期对月亮稚气的认识："小时不识月，呼作白玉盘。又疑瑶台镜，飞在青云端。"以"白玉盘""瑶台镜"做比喻，生动地表现出月亮的形状和月光的皎洁可爱，使人感到非常新颖有趣。然后，诗人又写月亮的升起："仙人垂两足，桂树何团团。白兔捣药成，问言与谁餐？"古代神话说，月中有仙人、桂树、白兔。当月亮初升的时候，先看见仙人的两只脚，而后逐渐看见仙人和桂树的全形，看见一轮圆月，看见月中白兔在捣药。这个神话传说写出了月亮初生时逐渐明朗和宛若仙境般的景致。然而好景不长，月亮渐渐地由圆而蚀："蟾蜍蚀圆影，大明夜已残。"蟾蜍，俗称癞蛤蟆；大明，指月亮。传说月食就是蟾蜍食月所造成的，月亮被蟾蜍所啮食而残损，变得晦暗不明。"羿昔落九乌，天人清且安"，表现出诗人的感慨和希望。古代善射的后羿射落了9个太阳，只留下一个，使天、人都免除了灾难。诗人在这里引出这样的英雄来，既是为现实中缺少这样的英雄而感慨，又是希望能有这样的英雄来扫除天下。然而，现实毕竟是现实，诗人深感失望："阴精此沦惑，去去不足观。"月亮既然已经沦没而迷惑不清，就没有什么可看的了，不如趁早走开吧。这是无可奈何的办法，心中的忧愤不仅没有解除，反而加深了："忧来其如何？凄怆摧心肝。"诗人不忍一走了之，内心矛盾重重，忧心如焚。

面对此情此景，你是否会轻轻地吟诵起这首小诗？（配合手势，共同诵出平仄）

(3) 播放罗大佑的曲调。听吟、学吟诵。

你们看，我们读到的所有美妙绝伦的诗文，都是古人这样且行且吟创作出来的。所以，古诗文不仅是纸上的文字，更是声音的文学。

有时，他们三五好友围在一起，同一首诗会吟出不同的节奏、别样的曲调，节奏有快、有慢。你来吟（点两名学生展示吟诵，分别展示一个快节奏吟诵，一个慢节奏吟诵）。

(4) 中国文字就是有这样的魅力，我们可以唱着属于自己的曲调，品味古诗中别样的韵味。今天我们学会了如何吟诵，还共同完成了《静夜思》和《古朗月行》的吟诵学习。

4. 结束总结

在平平仄仄、高高低低的吟诵中，我们感受到了古诗文的音韵之美，学会了诗歌的另一种读法。美妙的汉字声音之旅还在继续，让我们唱起自己的歌儿，一路采撷诗文精粹的甘果，品味汉字之韵。

吟诵课程是以促进儿童言语发展和精神成长为目标而构建的适合儿童的吟诵课程。中国的诗歌，其含义不仅通过文字来表达，而且更重要的是通过声调、韵律、节奏、曲调等声音的方式来表达。声韵是有含义的。吟诵将诗的意蕴传达出来，与喜爱旋律、节奏的儿童相契合，让诗的种子轻柔地落入儿童的心田。吟诵让古诗文教学走上了循着声韵的回归之路，打开了儿童传承传统文化的一扇新门扉。

吟诵不只是一种阅读方法、鉴赏途径，更是对人的道德品格、文化精神的一种潜移默化的熏陶和培养，从而使传统文化深入人心，使中华文化精神继往开来，在构建和谐社会和文化复兴中，必将发挥重要作用。恢复吟诵传统，可以促使一代学生对传统文化产生浓厚兴趣，在阅读鉴赏的同时，道德教育隐喻其中，如水中着盐，有味无痕，对于荡涤乖戾圆滑之气，养成谦谦君子之风，会发挥重要作用。

（三）教材：文本的点滴渗透

语文教材是学生离不开的学习范本，而语文教材中的课文，不仅有文

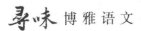

字、文学,而且还有蕴含其中的文化。挖掘教材中的文化内涵,时刻关注教材中文化的点滴渗透,是博雅语文课程追求的重要目标之一。

黄老师在教授《杨氏之子》一课时,把"让学生爱上经典诗文,积累下优美的语言,感受祖国文化的博大精深"作为本节课的主要目标。由于学生是第一次接触文言文,黄老师在设计这节课时,不断地变换方法,引导学生采用多种朗读形式,以充分激发学生的学习兴趣,使他们能够积极地投入到读书过程中,然后通过多种形式的对话,引领学生感悟学习文言文的方法,理解课文要表达的深刻含义,体会"杨氏之子"的聪慧之处。在体会"杨氏之子"的聪明时,黄老师引导学生理解"杨氏之子"不仅聪明,而且有礼貌。别看"杨氏之子"年龄小,他在回答孔君平的问话时用了"君"字。君是敬称,相当于"您",所以才有"送君千里",才有"劝君更尽一杯酒",玩笑之中有礼。孔君平有礼,"杨氏之子"更重礼,虽然是一个玩笑,但不失礼节。古人重礼,所以《论语》才有"不知礼,无以立"。黄老师紧紧抓住"杨氏之子"语言中的一个"君"字,进行重点分析,让学生体会出其中的"礼",体会中华传统文化中的礼仪文化,从而让学生懂得了在与人交往中应如何礼貌回答。

《北京的春节》是一篇介绍老北京人如何过春节的课文,教师在带领学生学习这篇课文时,让学生在情感体会的基础上,明晰作者详略得当地描绘了一幅幅北京春节的民风民俗画卷,展示了中国节日习俗的温馨和美好。透过文本,教师致力于让学生挖掘文本背后那丰富的文化内涵。比如,在交流除夕内容时,教师通过补充资料让学生明白守岁不只是一种老北京人过春节的习俗,这习俗的背后是上年纪的人在除夕夜守岁有珍惜光阴的意思,年轻人在除夕夜守岁是为了给父母延寿的这一文化内涵。

《自己的花是让别人看的》是季羡林先生写的一篇精美隽永的散文,文章在讲述德国美丽风景的同时,用最精练的语言表明了通俗易懂但又意味深长的哲理"人人为我,我为人人"。这种境界"颇耐人寻味",读起来让人既开眼界,又回味无穷。《自己的花是让别人看的》这篇散文,就整体语境和语义来看,其意图和主旨显然不在"人人为我,我为人人"的道德说教上。文章的时间跨度长达四五十年,在结尾处,作者特意点出"美丽并没有改变""又是家家户户的窗口上都开满了鲜花",这是对爱花成为德国人的一种习俗、一种文化的最有力的诠释。只有在时间中慢慢沉淀的东西才是这个民族的传统和文化。教师在教学中就引导学生在品词析句中感受到德国的这种风土人情美。

（四）活动："工程"与戏剧节

活动在教育教学中的作用一直都受到教育各方的重视。活动被认为是最好的文化活动或教育方式。开展系列的文化活动，让学生在活动中认识文化、了解文化、传承文化，是北大附小博雅语文课程一直非常重视的。

两千多年前，大教育家孔子主张"知行统一，学思行结合"。清代王夫之指出："行可兼知，而知不可兼行"，知与行"相资以互用"，各有各的功能，不能混一，不能替代，主张"知行并进"，这个"行"就是指实践活动。近现代有许多的教育家对活动在教育中的功能进行了大胆的探索。美国教育家杜威从实用主义思想出发，提出了"教育即生活，教育即生长，教育是经验不断改造和改组"等教育观点，认为"学校科目相互联系的真正中心，应是儿童本身的活动"，只有通过活动课程获得经验，才能克服学科课程的分科教学弊端，使儿童获得认识世界的完整图像，更好地适应社会生活，并提出了实用主义活动课程。我国教育家蔡元培先生"五育并举"的主张，陶行知先生的"生活教育"论等，都从不同角度和不同层面对活动进行了探讨和实践。

1. 中华古诗文经典诵读工程

为了确保"中华古诗文经典诵读工程"扎实、有效地开展，十几年前北大附小就成立了古诗文诵读活动领导小组，将古诗文诵读活动列入学校德育规划之中，将古诗文诵读内容列入学校教育教学内容之中，落实诵读活动的指导老师，为古诗文诵读活动的开展提供了保障。

（1）组建富有活力的领导机构和辅导员队伍。

学校由德育处、教导处、大队部组成的古诗文诵读活动领导小组，由校长任组长。学校总设"北大附小古诗文诵读团"，下设以年级为单位的6个分团，由班主任和语文教师负责诵读指导，音乐、美术老师做诵读的艺术辅导员，常年外请朗诵艺术家郑健康老师做学校的古诗文诵读课外辅导员。

（2）制订科学的诵读计划。

在《北大附小实施中华古诗文经典诵读工程计划》中，我们明确规定以《义务教育语文课程标准（2011年版）》推荐的70首《古诗词背诵推荐篇目》为基础（贴近教学），以《中华古诗文读本》为补充，以精选的部分唐诗宋词中的经典名篇为拓展，分年级、循序渐进地引导学生领略中华古诗文的博大精深。诵读计划中明确了背诵目标：每学期每个学生熟读（诵）30~60篇古诗文，从低年段到高年段逐渐增加古诗文的数量，小学毕业时能达到熟读（诵）200篇左右古诗文，学生参与古诗文诵读比例达到全校在校生的100%。

为了保证学生有足够的诵读时间，我们在不增加学生负担的前提下，把学生在校的诵读时间做了科学的安排：①利用每天20分钟的早读时间进行新篇晨读；②利用每节课前的2分钟预备时间进行课前小吟；③利用中午管理班时间进行午间趣读；④利用每周的阅读课进行美文赏读；⑤利用班队会时间进行评比赛读等。

同时，我们通过多种途径，把古诗文诵读活动的内容、意义、要求及时传达给家长，做好调研和宣传工作，争取家长的支持和配合，邀请家长担任诵读计划的义务辅导员。

2007年开始北大附小为学生编写古诗文诵读口袋书，2011年9月开始着手整理北大附小经典古诗文赏析，2014年重新编写古诗文诵读口袋书。

(3) 制定比较完善的督促、检查、奖励和考评制度。

北大附小对古诗文诵读的落实采用"民主集中制"的方法。首先，以班为单位，由班主任直接负责诵读活动的组织、督促、检查和落实，每个学生有背诵古诗文的个人档案。每学期末，新背诵量达到50首以上的学生可以申报"诵读小标兵"，新背诵量达到100首以上的学生可以申报"诵读小诗仙"，通过审核后将和"三好生"一起在全校结业式上给予表彰，并评选出"古诗文诵读优秀班级"。

古诗文诵读最大的受益者是学生，在诗词诵读中，学生获得极大的精神满足和思想境界的提升。学生走进了中华古典诗文，就是走近了"天行健，君子以自强不息"的中华民族志向，走近了"欲穷千里目，更上一层楼"的博大胸怀，走近了"先天下之忧而忧，后天下之乐而乐"的忧国忧民的情怀，走近了"吾将上下而求索"的矢志不渝的探索精神。这丰厚的民族文化，正在潜移默化地教育我们的学生做一个有理想追求、有生命精神、高尚、充满民族自豪感、珍惜生命、富有诗人情愫的人，也为学生的终身发展打下了传统文化的精神底色。

除此之外，博雅语文课程还开展了走进博物馆、徒步圆明园、步行中轴线等一系列的文化活动，让学生在这些活动中，感受中华文化的博大精深，体会中华文化的巨大魅力。

2. "含英咀华"戏剧文化节

"含英咀华"的出处原为唐代韩愈的《进学解》"沉浸浓郁,含英咀华"。指嘴里含的花朵,品味花的芬芳,后比喻品味、体会诗文中所包含的精华。北大附小五年级"含英咀华"戏剧文化节,正是取其名称,勉励学生徜徉于古代历史长河,摘花嗅蕊,含英咀华,感受汲取不尽的戏剧文化之盛宴。戏剧节活动每年历时两个月,构建了以戏剧、文化两条主线,读、编、演三个维度并进的综合实践活动模式。"给每个孩子一盏灯,让他点亮整个舞台"成为这次大型活动的宗旨。活动共分为三大板块。第一阶段戏剧板块为基础板块:阅读《林汉达中国历史故事集》。第二阶段戏剧板块为编写历史剧本,而文化板块为制作文化海报、设计演出门票。第三阶段戏剧板块为演出曹禺先生的《胆剑篇》,而文化板块为名家讲坛的文化讲座。

（1）第一板块:读"史"启智、皓齿留香。

不止要给孩子历史之真,还要给他文学之美、人性之善;不止让孩子爱上历史,还要让他爱上人生、爱上思考。北大附小博雅书库中给五年级学生的阅读书目是开启学生阅读历史书籍之门。在众多的历史书籍中,风格可谓气象万千,特别是近些年给学生的好书更是层出不穷,那么,如何给即将参加戏剧文化节的学生选择一套历史书籍却着实不易,当我们读到《林汉达中国历史故事集》时,发现这套书是我国著名教育家、文学家林汉达编写的一部历史故事集。林汉达先生曾立下誓言:要给中国孩子写最好的历史书。这部书取材于正史,用浅显、规范的语言改编成篇幅短小的故事。故事从周朝东迁一直讲到晋朝统一中国为止,前后1050年。历史是严肃的,但也是鲜活的。打开这套书,目录是我们熟知的四字成语,如千金一叹、一鼓作气、老马识途等,商鞅、秦始皇、刘邦、项羽等历史人物逐一登场,穿越时空为我们上演了一幕幕精彩的戏剧。所以,《林汉达中国历史故事集》不但是一部优秀的历史读物,而且还是一部优秀的语文读物。在书中,林汉达先生还写了这样一句话:读历史会以做中国人而自豪。当看到这套历史书时,我们颇有拍案叫好之感,这套丛书不但会让学生爱上历史,而且它精练的语言还会给学生编写剧本提供便利之举。在戏剧文化节启动仪式上当给学生推荐林汉达先生的这套书时,学生又回忆起那些耳熟能详的故事,同时也被林汉达先生这样的历史学家的人格魅力所深深吸引。

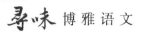

《林汉达中国历史故事集》共分为《春秋故事》《战国故事》《西汉故事》《东汉故事》和《三国故事》5本集子。为了后期编写剧本与阅读同时跟进,更为了学生的剧本能异彩纷呈,我们又将8个班级的阅读顺序做了时间的安排,当学生读完第一本集子后就可以尝试编写剧本。

(2)第二板块:以读促"写","妙本"生花。

①编"剧"促写,笔中生花。

阅读书目的成功推荐极大地点燃了学生的阅读兴趣,并创建了良好的读书氛围。一时间,课上课下学生总会迫不及待地分享刚刚读完的历史故事。热情不减、活力四射的学生似乎急需新的挑战,"同学们,能不能把我们读完的历史故事编成剧本?我们来个自编自演再现一下这些精彩的历史故事?""太好了!老师,我最爱的是《草船借箭》,真想一展诸葛先生羽扇纶巾、雄姿英发的风采。""是啊!那诸葛亮先生扇羽扇时的动作、说话时的睿智神态又如何表现?同学们试一试编写剧本。"为了让学生在戏剧文化节上获得最专业的引领,我们特意邀请了北大艺术系的编剧老师给全年级的学生带来专题讲座《编剧艺术》。编写剧本开始了,记得每每布置"写"的作业的时候学生总有微词,而此次虽说任务繁重,他们却没有丝毫怨言,这让我们这些老师也颇感意外。更想不到有位家长给老师写下这样的一段回信"这不仅是个新鲜好玩的任务,更是支撑人生乐趣的有用之学,生命教育就是让孩子能有'面对一束野菊花而怦然行动的情怀'吧。这些非知识的体验是孩子与这个世界、与生活建立的情感连接点,我想这或许才是小学阶段孩子应该获得的教育。"可以说家长的这一番话语给了我们每名教师极大的鼓舞。而一周后学生纷纷交上剧本,有的学生感慨道"我竟然创作了3000多字的文章,这是从来没有想到过的"。教师及时评改,《草船借箭》《三顾茅庐》《带酒进宫》《千金一笑》等一大批优秀剧本让教师叹为观止,五年级"含英咀华"优秀剧本集这本属于北大附小学生的开山之作也随之运用而生,行进在戏剧这条路上的我们虽说是陌生的,但是彼此的鼓励和积极的探索却成为我们前行的动力。

②文化海报、门票制作,画精墨妙。

在积极创作剧本的同时,我们又推出五年级"含英咀华"戏剧文化节走廊文化展这一活动。《林汉达中国历史故事集》讲述了春秋、战国、西汉、东汉、三国和晋朝,这些朝代在文化上各有自己非常鲜明的特色,此时再给学生提供一个延展读书的空间已水到渠成,比如汉代服饰、三国人物志、孙子兵法等。教师鼓励学生自选书目,并将阅读成果用海报的形式进行汇报。教师还对海报内容作了具体指导并细分为四种形式:a.戏剧海报;b.读书海报;c.书法海报;d.文化海报(内容可以选择与传统文化相关的,如礼仪、汉服、战国人物志、兵器、《孙子兵法》等)。教师希望学生广开思路,自由创作。在这里,一大批热爱书画的学生找到了施展的平台,有的学生在创作前阅读了大量的资料,还和家长共同制定选题,更有一个学生80多岁的奶奶听说学校有这样的活动自己也想参与其中,并为我们的文化走廊展赠送墨宝一幅。

戏剧文化节的门票也是一大特色,学生在美术老师的指导下绘制了非常精美的原创手工门票。获得了由同学们亲手制作的门票,大家真是激动不已、赞叹不已。这哪里是门票,这是藏票!学生的艺术创造力和想象力又给戏剧节增添了一份惊喜。

(3)第三板块:激情展演,回眸凝思。

①戏剧板块:出演曹禺先生的《胆剑篇》。

这次排练只有3周的时间,每周仅有两次,160多个学生粉墨登场,出演戏剧大师曹禺先生的《胆剑篇》,这对于每个五年级的师生来讲都可谓是年度大戏、鸿篇巨制,实属开先河之举。剧本,剧本,一剧之本!首先就是要给学生挑选最适合的剧本,而在剧本的选择上也是最让老师们煞费苦心、颇感棘手的。在会议上大家纷纷表态:第一个方案是演出学生自己编的历史剧本,8个班级的学生出演4个剧目。可问题是这4个剧目的剧情比较零散,难以完整再现。第二个方案是出演由北大艺术系的编剧老师为学生创作的适合儿童表演的历史短剧。这个方案时间紧迫,一时难以选定内容。北大艺术系的编剧老师提议可以尝试戏剧大师曹禺先生的《胆剑篇》,此戏是老先生早年力作,北京人民艺术剧院曾上演过一次,而曹禺先生的《胆剑篇》再现的正是学生所阅读的《林汉达中国历史故事集》中的《卧薪尝胆》这个篇章。这部剧目的角色众多,可以让更多的学生登台亮相。另外,这是一部"男人戏",可以让北大附小的男学生更多地展示阳刚之气、正义之气。大家一拍即合,重新发掘经典,重现经典之作,我们乐意接受这个挑战。排练初始,我们又再次邀请北大中文系和艺术系的学生一同加盟。为了让学生感受到戏剧演出完整的过程,我们将"试镜、选角"也作了缜密的安排,4名导演全权负责,现场出题、即兴发挥。学生的热情又一次被点燃,几乎是全班同学都去试镜,我们也鼓励学生大胆去尝试。四幕话剧终于开排了,剧本修改多达10次,160多个学生上

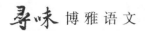

场。期间的排练、调度谈何容易,没有场地,学生只能在楼道里排练;网络是万能的,但要为160多个学生买齐服装那是万万不可能的。化妆师、摄影师每个忙碌的身影背后,大家似乎都有一个信念,那就是为了学生。而学生也着实卖力,台词读得嗓子嘶哑,熟悉的连同伴的台词都背得滚瓜烂熟,回到家中还要全家配合再练习。更弥足珍贵的是在排练过程中,同伴之间互相探讨、质疑和影响是非常珍贵的学习机会。例如,学生对吴国大臣伍子胥这个角色的分析上,这位老臣既对自己的君王忠心耿耿,又对敌国大臣范蠡敬重有加,对这样一个复杂人物的分析学生之间有争执、有商讨,更多的是彼此启发,这样的互助极大地激发了他们的思考,在这个过程中他们能看到别人的想法和角度,看到自己与别人的不同,这是学生最珍贵的收获。

大戏开演了,掌声、赞叹声还有哭声,所有的声音都在告诉我们:这是属于我们自己的戏剧节,这是五年级全体师生的智慧结晶,这是我们送给自己的最好的新年礼物。

②班级剧目展演。

戏剧文化节是属于每个学生的节日。在班级剧目展演中,学生同样热情不减,一时间五年级楼道成为大排练场,对台词的,练动作的,平日里追跑的学生为舞台监督、道具、音响等各种繁杂的事务忙碌着。教师开玩笑地说:"戏剧节就是道德节。"

③文化板块:名家讲坛,众说历史纷纭。

戏剧文化节不是孤立的,是多元立体的,历史文化讲座穿插于艺术节各个时期,《战国那些事》《战国趣闻》《纸上风云》等让学生走进历史的长河,激发了他们阅读历史的兴趣和探索新知的欲望。

戏剧文化节的大幕已落下,但是戏剧文化节后的故事如同戏剧一般娓娓道来,让人久久寻味。

两位来自北大艺术系的导演给学生写下了下面的话。

张锐同学:相当精彩!直到现在我还在不断回味舞台上的精彩瞬间。从开始的修改剧本、选角、排练、录音、服装、合成,直到最终的亮相,在短短不足一个月的筹备期中完成如此艰巨烦琐的工作,而且最后呈现的效果如此之好,我们导演组都感到惊喜万分。演出结束的一刹那,在诸多突然涌现出来的情感之中,对孩子们的敬佩和感谢之情是最为突出的。他们的努力、认真,他们对于人物形象的理解和在排练过程中逐渐表现出的多才多艺,是最让我们感动的。孩子们,谢谢你们的付出,希望你们能在这次《胆剑篇》的演出中感受到艺术之美,体会到戏剧带给你们的快乐,我爱你们!

艺术系的曾伟力同学:第一天排练的时候,我给你们分享了一段往事,我第一次上台演戏也是在五年级,演的是英语剧《灰姑娘》,我的角色是只有两三句台词的继母,基本上还没等我反应过来就结束了。这次和大家一起排演《胆剑篇》同样未能尽兴,一个月过得太快了,来不及多说几句就要告别。最后的呈现很精彩,每个人都在舞台上享受了属于自己的时光。以后你们会发现,五年级的时候演过《胆剑篇》真的是一件很值得分享的事情,恭喜你们做到了。

有的家长看完演出后感动落泪:"我今天在舞台上看到一个那么充满自信的孩子,那是我从来没有见到过的,我觉得他从此以后会有担当。"还有的家长发来感言:"戏剧文化节展现了学校高标准、严谨的治学态度,蕴含着老师太多的辛苦付出,也呈现了附小孩子们良好的素质。戏剧文化节给了孩子们一个展示的舞台,同时也是学校和老师多层面、全方位对孩子们潜移默化的教育与培养,这比平时教学付出的要更多、更多。谢谢附小的老师们!"更有家长说:"儿子一直不太喜欢历史,自从准备戏剧文化节,开始了解战国时期的历史,并查找地图,了解各国的地理位置,并进行分析;以前背诵,能背即可,此次参演角色,在不断地背,时时刻刻地背,自己总结说背熟才能理解深刻,才能情感到位,这也正是学校和老师追求卓越对孩子的影响。在学校排练后,每天回家都在总结哪个同学表演得好,他有何不足,要如何学习并进步;每天放学回家,都主动要求家长陪练;从来不注重仪表的儿子,今天在学校多次问我他的服装哪里有不妥,他的妆有无不适,这些都是集体活动的力量。"

再来听听学生的声音,虽然角度不同,但却发乎内心,王景弘同学说道:"我之前扮演的只是一个普通士兵,但是最后让我演吴王,我太激动了。但是又觉得压力很大,我就回家不停的练习,我知道了只有勤才能补拙。"京剧团的老演员尹铭同学说道:"我没有想到同学们虽然没有一点舞台经验,却那么认真刻苦的练习,还有道具、化妆是那么的专业,堪比我们京剧队的演出。"家宝同学说道:"戏剧让我们长大了,北大的大哥哥们带病给我们排练,老师们跑来跑去,声音嘶哑了,我们再不努力,能对得起他们吗?"没有参加年级剧目的小于说道:"老师,我虽然没有参加年级剧目的演出,但是我在班级的演出中担任了导演的职务,我感到自己就是主角。"

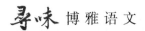

戏剧文化节致力于让学生体验一种"权力",培养他们为此承担"责任",让他们感觉到作为参与的一分子,无论是主演,还是龙套,或者是歌者,亦或者只是绘制了门票、只是在班级参加了展演,但是这有什么关系呢?那个上台只有摔跤动作的女学生没有一句台词,当老师说道:"孩子,一定很疼吧,不用每次都真摔。"女学生回答:"老师,我是演员啊,没关系的。"在戏剧文化节上已没有红花、绿叶之分,离开哪个学生都不行,每个学生都很重要。让更多的学生了解戏剧、知道戏剧、参与戏剧、喜欢戏剧,这里不是教师的指令,而是让学生自己去思考、去实践。戏剧是辅助教育的工具,戏剧为学生提供了一件外衣,当学生穿上了这件外衣就具有了一个角色、一个身份,他可以自由放松地去表达自己。戏剧是一种保护,当学生知道自己是在表演的时候,他感到很安全,因为所有的言行和评论都指向的是角色,而非真实的自己,因为他可以借助角色表达自己真实的想法。可以说,戏剧自身的魅力让学生有了去做的动力,他们喜欢这样的形式和探讨。他们会主动做一些事情,有能力做决定,并且改变一些事情,通过创造让自己身处的学习空间变得更加美好。我国著名戏剧教育家李婴宁曾说过这样一段质朴的话:戏剧是一门综合性艺术,其创作、排演的过程可以锻炼人的语言运用能力、表达能力、组织协调能力等,非常适合锻炼、提升学生的综合素质。戏剧并不是要看到学生的表演技巧,而是作为一种教育工具,卢梭也讲过"在做中学"。我们的教育也许被动的、死记的东西太多,而戏剧就是个大游戏,在游戏中学习是轻松的,学生会学得更清楚,因为他是亲身经历的,动脑子去想的,这样他会铭记一生。

在这次活动中,身为语文教师的我们深深感到角色有了很大的变化,在活动中我们更多的是引领者、组织者、资源的整合者,三重角色的转变绝非一日练就,它需要团队中的每个人不断地思考、学习、挑战,更要有彼此的鼓励才能前行。著名的北京人民艺术剧院有这样的一句话"戏比天大"。这是对艺术至上的崇高表现。我想北大附小老师的心中是:学生比天大,一切为了学生!摸着石头过河的艰难在学生爽朗的笑声中早已化为乌有。

北大附小五年级"含英咀华"戏剧文化节拉开了学生人生第一次近距离接近戏剧、拥抱经典的幕布。浸沐在文学与艺术、戏剧与经典、真与梦、美与善的世界里,一颗颗美好的种子播洒在学生的心田,学生被照亮着、温暖着、滋润着、抚慰着。学生的眼睛亮了,心房开了,梦想起航了。当戏剧文化节的幕布缓缓合上的时候，我分明看见了学生心中向真、向善、向美的种子已经长出了嫩嫩的绿芽。

戏剧的故事每天都在发生，明天的我们又在路上启程……

（五）环境：生态花园、精神家园与文化乐园

推进学校文化建设，全面提升学校内涵，本身就是一种缄默无形的教育。我们立足校情，突出特色，强调精神塑造，突出人文熏陶，立足文化品牌，注重全面发展；努力构建一种科学的、人文的、健康的、充满特色与生机的学校文化体系，努力使校园真正成为师生们心灵皈依的生态花园、精神家园和文化乐园。

1. 生态花园

我们在校园里主动创设"博雅"的文化氛围与生态环境，保留满眼绿色。北大附小地处清代王家花园，占地面积2.48万平方米，是一所拥有百年历史、古木繁茂、环境优雅的绿色校园，处处体现文明、高雅。校园内拥有25个品种、242棵老树，其中百年以上的国家二级古树有50多棵。春天，海棠、刺梅争奇斗妍，丁香、梨花暗香叠送。夏天，合欢、梧桐树影婆娑，榆树、国槐郁郁葱葱。秋天，枣树、柿树硕果累累，黄栌、银杏浓淡相宜。冬天，马尾松、白皮松苍翠依旧，油松、侧柏傲立雪中。不久前，学校又种下了400多棵绿竹、十多棵龙爪槐和玉兰树，还有大量的珍珠梅、榆叶梅、金银花、迎春花、红瑞、连翘、大叶黄杨等灌木。2004年，在学校新楼建设的整体规划中，我们提出学校依树而建的思路。生态楼从破土动工到雄伟崛起，我们自始至终没有丢弃、损害一棵古树。

2. 精神家园

生态楼建成之后，苍松翠柏相互掩映，给师生们提供了宁静、安全的精神栖息场所和家园。我们在校园里设计了假山、喷泉、溪水。在学校阳光大厅的正中央，有一处景观是古松依偎、山石环抱，中间一汪泉水静静地流淌。天气转暖的时候，水中还有鱼儿游来游去。每当课间休息时，学生总是喜欢在有水的地方玩耍。水的灵动滋养了他们的童年。

随着校园环境的不断完善，加之作为百年老校历史与文化的长久积淀，北大附小形成了独特的校园品牌文化。全校师生积极参与"北大附小

校园景观"赋诗诵读活动,把北大附小最独具特色的12景观——奇石萌发、南极标赞、励志箴言、古松情深、乳燕初飞、百草嬉戏、五色沃土、水墨怪柳、海棠春韵、翦老故居、王家花园、放飞理想,以摄影作品和配附诗词的形式展示在南楼一层走廊,把"赏校园、爱附小"的教育理念融于文化熏陶和感悟之中。比如,励志箴言是一处石雕景观,冰心奶奶为北大附小的学生题词:"专心地学习,痛快地游玩。"我们赋诗曰:"苍松翠竹映书影,朝霞红石刻箴言。前辈题书意深远,少年立志莫等闲。"对学校历史古建筑王世襄先生的故居王家花园,我们赋诗曰:"秋黄春紫扮妆廊,青檐红柱俏雕窗。历经风雨沧桑筑,还看今朝少年郎。"

3. 文化乐园

北大附小的校园以古树为背景,以姹紫嫣红的鲜花为点缀的设计,为师生增添了无穷的欢悦气氛,让学校成为师生们心中的文化乐园。教学楼的艺术长廊呈现的是学生自己的艺术作品:书法、国画、水彩、剪纸、蜡染、脸谱……形式丰富,异彩纷呈,充满童趣。我校的传统壁画"四育赋"经过重新绘制,布置在北楼一层,色彩绚丽、图文并茂,生动地展现了北大附小德、智、体、美全面发展以及传统特色活动的场景。《乳燕初飞》大型立粉壁画展现在一层阳光大厅,浓墨重彩、金碧辉煌、场景大气、令人震撼。把北大、北大附小的自然环境、人文环境及"乳燕初飞"的深刻寓意都精心浓缩于这一方画面之中,真可谓"北大泱泱,附小堂堂,紫燕呢喃,书声朗朗。古轩红柱,五色沃土,春风化雨,桃李芬芳。"著名文学家袁鹰先生为北大附小题写了"乳燕初飞",并亲切阐述深刻寓意:"半个多世纪以来,北大燕园里先先后后飞出了数不清的紫燕:革命家、科学家、文学家、艺术家,以及各条战线上的优秀人物。他们以自己的忠诚和才智为我们古老而又年轻的华夏大地增添了无边春色。今天,我们又看到一批又一批乳燕展翅起飞,呢喃燕语,使人欣喜。我衷心地祝福你们飞得更高、更远,无愧于前辈地飞向二十一世纪。"

北大附小还分层次精心设计了学校的科技走廊:教学北楼阳光大厅二层,以"从小爱科学"为主题的大型壁画再现了北大附小师生们积极参与科技实践活动的历历场景。"神奇的宇宙"则把学生带入了对无限空间的遐思与妙想之中,模拟实景的太空舱、宇航员、机器人生动、直观,引发学生对太空的向往。"信息天地"在学校中楼的二层、三层,大型计算机壁画色彩艳丽、使人充满遐想;走道两侧的挂件及陈列品反映出信息技术的发展；学生的电脑作品更是充满了童真、童趣；历次科技活动及国际、国内交流成果展示，激发了学生进行科学探究的兴趣和自豪感。

教学南楼的设计更体现了北大附小培养新时代北大少年的新理念。一层以"赏校园——温馨、和谐、健康成长"为主题，布置了北大附小12景观的摄影图片和配附诗词的内容，突出爱校教育，教育学生热爱北大附小，做优秀的北大少年。二层以"赞北京——文化灿烂、少年文明"为主题，突出文明礼仪，教育学生热爱首都，做文明的北京人。三层以"爱中华——巨龙腾飞、立志报国"为主题，突出爱国教育，激发学生精忠报国，做堂堂正正的中国人。四层以"看世界——奇妙多彩、造就英才"为主题，培养学生的国际意识，做视野开阔的国际人。四个楼层的设计既相对独立，又紧密相连、层层提升，表现了北大少年在成长过程中对"如何做人""做什么样的人"的新思考、新追求。

我们构建人文环境的目标是，追求学校文化品位，着力打造书香校园，让每一条路都能育人，让每一堵墙都能"说话"，让每个北大附小学生都有一种卓尔不群的品质。让世人真正感受到传统老校丰厚的人文底蕴，既富有时代的朝气，又不失儒雅的风范。

[第五篇]

寻找语文的理想国

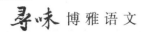

语文，究竟应该教什么？

就像一千个读者就有一千个哈姆雷特一样，我相信，一千名语文教师或一位教学专家对这个问题肯定会有一千种答案。

君不见，中华人民共和国成立以来，关于语文教育是教"语"还是教"文"，即语文的"人文性"与"工具性"问题，就曾引发学者、专家和同行们一次又一次的论争，每一轮大讨论都火星四溅、波澜壮阔，都会引起语文教学大纲、教材、课堂教学的新变化。

这也启示我们，越是简单的问题，越是能够指向事物的本质。对这样的简单问题的拷问常常会廓清我们的一些迷茫，让我们回到原初。

那么，在"语"与"文"的纠结中，在"人文性"与"工具性"的辩论中，语文到底该教什么？

问题其实并没有那么难回答，撇开每一次论争的具体历史背景，我们会发现，语文教学的价值绝不是二元对立的观念纷争，也不是是非对错的价值判断。简单地说，完整的语文教育必须是"语"与"文"的统一、"人文性"与"工具性"的交融。

而在此之上，我始终相信，有一个让我们憧憬的语文的理想国的存在。

对语文的学科性质可以有多重的理解，可以认为它是最基础的学科，也可以认为它是一门综合学科，更可以视之为具有最高价值的学科。这多重的理解都说明语文的重要性，它是我们理解世间万物的工具，是我们形成为人处世基本价值的途径，也是我们表情达意、情感交流的必需。

一句话，语文的理想国，是一个至真、至善、至美的存在。它是一个从"有用"走向"无用"、从"为文"走向"为人"、从"此岸"走向"彼岸"的美丽旅程。与学生共同经历这样的旅程，这是语文的意义所在，也是语文教师的价值所在。而这更是博雅语文的超越性追求。

一、 回归语文的本色课堂

当我们在大声疾呼"母语危机"时，我们想表达什么？

我的理解是，语文教育正面临一种"内忧外患"的处境。一方面，在一个越来越"透明化"的世界里，多种文化、多种语言的沟通交流机会越来越多，人们获取信息的渠道也越来越多，信息更新和衰变的速度也越来越快。另一方面，可以作为语文教学的载体更多了，语文教学的环境更加开放了，语文教学的工具更丰富了，我们面对的学生也越来越不简单了。

作为语文教师，这也使得我们常常会感到迷茫和尴尬。我们教什么，怎么教，我们要把学生带到哪里去？

恐怕首当其冲的一个问题，还是要回到语文本身，守住语文教学的根本，实现语文教育的基本功能，这是我们的出发点。

（一）信息时代，语文如何守正出新

几年前，北大附小的语文教学团队曾做了一个课题，课题没有在市区"挂号"，纯粹自己研究。课题的名称是什么呢？是语文"教什么"。

乍一听这个课题，会让人觉得有点虚，问题挺重要的，但又很难回答，好像什么也抓不住。但仔细想来，尤其是听了几节课，参加完语文教师的研讨之后，对这个问题越发觉得严峻起来，不可小觑。

教师们困惑："现在的语文真难教啊。一篇课文，不讲，学生的理解在那里；讲了，还是在那里，看不出差异来。你说老师辛辛苦苦教什么？"

一名有丰富经验的语文教师也忍不住吐槽："现在真不像过去了。10年前教寓言，学生全神贯注，你讲什么，他听什么。现在，学生的阅读量大了，有独立见解了，遇到说理的文章，你一认真，他就敷衍，你一思考，他就发笑，弄得你茫然不知所措。"

有一名教师讲授《生命 生命》，这是一篇叙事说理的散文，全文短小精悍，语言简洁朴实，思想含蓄深邃。教师试讲第一课，学生全然没有进入状态。试讲第二课，学生踊跃发言，小手举过像潮涌一般，教师的心里暖融融的。

然而，当教师仔细回味，像看电影一样回忆学生的表情与回答时，真相不禁让人大吃一惊：他们的回答大多是应景之言，过于套路化、程式化的事件描述，表演痕迹明显；超越年龄阶段的咏物言志，真的是从内心深处生发出来的吗？这样的课堂，有没有感情、感动以及感悟的有效传递？有没有热血和生命的和盘托出与深度融入？看似教学设计无懈可击，却又分明感受到学生的回应有一些虚张声势和虚情假意时，我们的语文教学应该怎么办？

还是回到了最初的问题：语文教什么。尤其当学生有了自己的套路化

理解时，语文再教什么？回答这个问题，需要我们从语文教育的源头上进行思考。

语文要教知识的"背后"——即文化。当我们发现课堂有些隔离、有些迷失的时候，这意味着我们还远远没有读懂学生及其所处的社会文化环境。我们的学生是在日新月异的信息浪潮中浸泡出来的，他们当然不可能像我们从前一样，教师讲什么，学生信什么。"大鱼前导，小鱼从游"，你知道的，我也知道。现代科技的突飞猛进使得当今的学生从出生起，就注定不稀罕"知识"。有"知识"，但不一定有使用语言的本领和素养，更不一定有文化的积淀。我们眼中看到的"知识"，其实只是冰山之一角。充分地"备学生"，才能发现知识的"背后"，创新"备文本"的内涵。

语文要让学生感动。我们对"学生主体，教师主导"的领悟，依然是句空话。在语言教育工具化、理性化的大潮中，传统的咬文嚼字、文法训练、阅读积累正重新占据讲台，"晓之以理、动之以情"的空间正在不断被压缩。超越年龄的早熟和技术化的世故，常使我们忘却了教育的对象是人。语文是叩问人心与唤醒人心的高尚艺术。在语文课堂上，阅读技术与阅读方法可以训练，但语文最重要的内核——学生独特的情感经验、生活阅历、精神境界，是不可能通过简单的师生相授就能实现的。要真正理解今天的学生，语文教师首先要成为学生。语文若能与学生的"感动"休戚与共，那么叩开学生的心灵之门、生命之门，将不会是一句空话。

语文一定是关涉生活、抵达生命的。大千世界孕育出来的生命既有混沌又有规律，他们的生命到底有哪些独特的体验？又有哪些困惑？他们的生命理解有哪些值得反思的问题？我们的课堂有没有向他们的生活敞开，捕捉那些曾经灼热的生活碎片，同时进行光辉的生命价值引领？小学阶段的孩子，生活经验也许相仿，但正是其细微的差别造就了其日后迥异的个性与不同的人生。

如果说语文有生机，那么这些细微的差别就是语文的生机所在。我们只有从这些细微的差别中捕获契机，寻找师生对话、文本对话的突破口，语文教学才能"返老还童"并告别世故，常教常新，焕发生命的活力。

（二）语文教学的"道"与"术"

博雅语文是我们的教学主张。从继承历史传统、审视当下教育现状出发，我们认为，语文教学应从关注母语、发现儿童、回归生活、以文化之这四个维度去构建。

或者说，这是我们对语文教学的"道"与"术"的总体认知。语文教学绝不是一个传递知识、训练听、说、读、写的过程，而是一个建构精神世界、促进生命完善的过程。

固然，语文教学应该是有章法可依的，这一点毋庸置疑。中小学语文教学要讲方法，并注重方法的传授。因为学生正处在成长过程中，他们的认知心理是不健全的，认知能力是有缺陷的。我们必须凭借一些能够吸引他们、引导他们、调动他们、启发他们，使他们产生浓厚兴趣的方法，从而让他们在有效而愉快的学习过程中掌握知识、获取能力。

时下的教学方法有许多，据不完全统计大概有200多种，比如暗示教学法、情景激励法、活动教学法、动态教学法、演绎猜测教学法、直读教学法、悬念教学法等。所有的这些教学方法都来自不同的教学改革者的教学实践，在一定的教学情境下都是行之有效的。但是，我以为，面对这些"乱花渐欲迷人眼"的方法，我们可以参照和借鉴，但切不可沉醉其中，把语文课堂变成教学方法的试验场。因为所谓的方法，仅仅是"术"，而不是"道"。

从某种程度上来说，"道"当然也可以称为是方法，但它是根本的"大法"，是哲学意义上的方法，是教学生如何思维、如何认知存在、如何叙述事件的方法。比如，在分析课文时，教师要让学生明白，我们生活的世界是无限丰富的，一篇文学作品也可以有多种解释的可能性，从而使他们能够选择不同的角度进入作品。我们要让学生看到一篇记叙文的事件如何发展演进，一篇议论文又是如何在不同论据的博弈中最终揭示论点；要让学生在课文学习中感悟文外之旨，从而认识自我、感悟人生，这样的语文教学更接近于文学的教育或者说儿童哲学。我们的语文教学，应该担负这样的功能，有这样的追求。这才是理想的语文教学。

只有这样，我们在教学中才不会拘泥于一定的教学方法，拘泥于设计好的教案，处理好预设与生成的关系。对教师而言，尽管教案是提前预设好的，但每当你走进教室面对一群学生，就意味着一场新的冒险的开始。即便是教师朝夕相处的非常熟悉的学生，他们每个人的品性、认知能力、知识水平都是不一样的，他们对教师要讲解的内容的反应也必然各不相同。而这就是教学的魅力所在。

但是，有许多次，当我在语文课堂上进行观摩，常常忍不住为执教的教师感到着急。这些语文教师游走于教室的课桌之间，只是让学生回

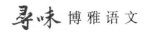

答他们预设好的问题，可是偏偏学生没有领会他们的问题，或者呆呆地望着他们，或者躲避着他们的目光，而他们却在固执地追问着、启发着。他们以为把一颗石子投进池水中就可以看到漂亮的水花，听到清脆的"叮咚"声。可现实的情况是，这不是一池水，而是一块水泥地。他们的设计，他们的期望落空了。此时，作为执教者，他们最刻骨铭心的感受只有一个——尴尬。当然，即便学生回答不出他们期望的问题，但也能感受到这难堪的窘迫。

当此情景，教师应该怎么办呢？是坚持还是撤退？我以为，教师最明智的选择应该是及时撤退，否则很可能会陷入更严重的尴尬。

归根到底，教师要处理好预设与生成的关系。教案是死的，人是活的。一方面，教师的预设应该有灵活度，有多种预案来应对学生的不同变化；另一方面，教师更要根据学生的即时反应，创造不可预约的精彩。教师不拘泥于成法，也不固执于一城一池的得失，而是心中有"道"，只要清楚了教学的根本任务，用什么方法又有什么要紧呢？正所谓"条条大路通罗马"。

当教师明白了这样的道理，他的课堂自然也就告别了传统的"满堂灌""一言堂"，不再是教师一统天下，教师只管讲，学生只管听，而是开始走向民主，走向对儿童的尊重。

但是，问题是现在许多的语文课堂又走向了另一个极端。为了体现对学生的尊重与信任，课堂上呈现出的是师生平起平坐、其乐融融的场面，一节课下来教师与学生总是在一问一答。这是不是就是民主？这是以学生为本呢？我看未必，恰恰是对以学生为本的误读，从而导致了教师在课堂上的"不作为"。

教学是语言的艺术，语文教学尤其如此。一堂语文课不止是提问和回答，还应该有教师精彩的讲述。它应当像宝石一样镶嵌在教师的整个教学过程中，这些话语熠熠生辉，照亮了课堂，也照亮了学生的灵魂。讲课是教师的天职，也是教师的基本教学能力。教师可以走到学生中间，巡回于课桌之间，把更多的说的机会交给学生。教师可以启发诱导，引而不发，但一节课不能总是这样。教师不讲，未必就意味着民主，也未必就能调动学生的主观能动性。教无定法，教师要根据课堂上不同的情况，根据学生不同的反应来选择教学方法。有时候，如果学生的回答仅仅是低层次的、无效的，或者不能回答，这时候教师的讲授也是必要的。一节语文课应该具有一定的知识密度，让学生大有所获，这才是以学生为本。

教室就是教师"传道"的地方。教师可以少讲,但不能不讲。教室是教师发声的地方,是教师发惊魂之声、发智慧之声、发启蒙之声的地方。给每个学生发声的机会,将教鞭当成羊鞭,将这群羊赶起来,去山坡、去草地、去水边,这是一幅最生动的现代教学图景。但同时,教师的循循善诱、指点迷津也会如醍醐灌顶,给学生茅塞顿开之愉悦。

因此,真正理想的课堂绝不是只有一种模式,而应该是丰富多彩的。课堂上既要有学生的精彩呈现,又要有师生的智慧碰撞,更要有教师的心灵启迪。

教师想清楚了"道"与"术"的关系,才会在课堂上有适切的教学选择,不拘泥于一招一式,真正"从心所欲",进入语文的理想国。

(三)语文教学的"根"在哪里

"上辈子杀了人,这辈子教语文",这句看似大搞噱头的话道出了很多语文教师的心声:语文难教且无聊。学生中间甚至一度流传语文无用论。语文成了师生心中共同的伤痛,原本诗意盎然、令人心向往之的语文却变得轻如鸿毛。

为什么语文会让人谈之色变,不屑一顾?想象中的语文课应该是诗情画意,让人如沐春风的,而现实中的很多语文课却是上至天文下至地理、中西兼顾的各种知识堆砌而成的杂货铺,又或者是纯应试教育的完全概念化的分析和机械记诵,这种种脱离语文的语文教学怎么能不令人尴尬?

教师厌教、学生厌学的根本原因是语文变成了非语文,和其他各门类的科学知识并无二致,语文教学受到太多外界观点的干扰,我们尝试各种形式上的翻新,企图以"新瓶装旧酒",但最后却得不偿失,以形式博得眼球,比内容和实质更胜一筹。面对当下的窘境,我们必然要暂时悬置外在的遮蔽,回到语文的原初,重新思考语文教学的本质究竟何在?叶圣陶先生早就指出:"口头为语,书面为文,文本于语,不可偏指,故合言之",从叶圣陶先生的话中我们能够推敲出语文的本质——语言,而语言说出来又只是一个抽象的概念,夏丏尊先生认为不论是语是句,"凡是文字都不过是一种寄托某若干意义的符号",语言来自于生活,是对我们生活于其中的世界的表达。

例如,有一篇课文叫《修鞋姑娘》,作者以文学的形式对生活中遇到的事情和那时那刻人物的心理活动进行了呈现。我们毕竟不是作者,无法如文中的"我"一样亲身经历和修鞋姑娘的相遇，只能通过和文本语言的相遇以期达到走近"我"的经历，生发出和"我"同样的感受。课文的主旨是倡导诚实、信任，要传达这个主题，不能只靠空洞的说教。在语文教学中，教师要借助文本中鲜活生动的事例，以文本语言为基础，建造生活世界的大厦，从源头处兴发，"撑一支长篙，向青草更青处漫溯"。

学生在阅读文本的过程中天然地会有先前的认知起作用，在教师介入之前会形成在先的理解，但是由于和文本作者之间终究存在一定的时空距离，没有谁能够完全地感受这些文字符号所承载的意义，只是因为经验和能力的程度不同，每个人的感受能力不一，有的人在文本中能和作者走得更近，有的人甚至产生误解也都难以断定。语言是最奇妙的东西，一句话的意义可能是全然相反的也未可知。学生在先的视域和作者的视域之间的差距就是语文教学所应该弥补的，教学也正是起着这样一种架桥的作用，揭开学生当前发展水平和未来发展水平间的帘幕，将两者打通。除此以外，语文教学似乎肩负了更多的责任，它承担着感染和传递语言感知的重任，语文要让学生看到真正的文学面貌和真正的生活面貌。正如夏丏尊先生说"在语感敏锐的人的心里，'赤'不但只解做红色，'夜'不但只解做昼的反对吧。'田园'不但只解做种菜的地方，'春雨'不但只解做春天的雨吧。见了'新绿'二字，就会感到希望涣然的造化之功，少年的气概等等说不尽的情趣。见了'落叶'二字，就会感到无常、寂寥等等说不尽的诗味吧。真的生活在此，真的文学也在此"。见一叶而知天下秋，遇见"东风"脑海中就会浮现出"儿童散学归来早，忙趁东风放纸鸢"的闲适和诗意吧！

真的生活、真的文学丰厚而充盈，一个拥有敏锐感知力的心始终都会是饱满和充实的。语文教师首先需要"自己努力修养，对于文字，在知的方面，情的方面，各具有强烈锐敏的语感，使学生传染了，也感得相当的印象。为理解一切文字的基础，这是国文科教师的任务。并且在文字的性质上，人间的能力上看来，教师所能援助学生的，只此一事"。[①] 语文教学就是师生双方的交谈，在平等的对话中实现彼此感受的共享，我把我对文本的理解和阅读感受原本地说给你听，你也来说一说你的阅读感受，你真正的感受而非从别处看来的、听来的。

---

① 夏丏尊. 论语感的培育 [J]. 天津市教科院学报，2007 (5).

再回到《修鞋姑娘》一文，文字表面看似矛盾，文字背后却潜藏着震撼人心的形象力量。"文章以叙事的方式塑造了一个朴实敦厚、服务周到、以诚待人的修鞋姑娘。本文以叙事方式塑造人物的特点在于：'我'和修鞋姑娘两个人物交替描写，'修鞋'与'谈价'两个内容反差构建，'我'的内心与修鞋姑娘的表现不断形成矛盾与冲突。看似复杂的内容构建，却或衬托，或彰显，或折射出鲜活的人物形象"。修鞋姑娘的形象才是我们最终想要寻觅的本篇课文的实质。

五年级的学生虽然"在识字、析句、读懂事件、把握主要内容等方面驾轻就熟"，但是"大多数学生对于课文怎样一步步地展现修鞋姑娘的品德这个问题不得其法。于是，从阅读的内容中寻求关联，发现作者的思想、情感及塑造人物形象的方法和智慧，是高年段学生在本课阅读中的盲点"。在对文本实质和学生现有水平的掌握的基础上，以文本语言为基础，从语言出发到语言终结，始终在语言这个本质点上兴发，师生在共同的交流中使得学生收获满船星辉，拥有了内心的震撼并对"真诚"二字的含义有了直观质感的体验。

福建师范大学孙绍振教授认为："我们对作品进行分析，如果满足于作与对象之间的同一性，这实际上是从表面到表面的滑行。分析就是把本来似乎是统一的东西深层的内在矛盾揭示出来，分析的对象就是矛盾和差异，无矛盾无以分析"。语文教学中读懂矛盾洞察了文本的内涵实质才能算是找到了解开文本的独特密码，才能真正感受到作者生命的鲜活律动。

内在的拥有是行诸于外的前提，情动于中而发之为文，回到语文的源头处进行语文教学，在这个意义的子宫中会孕育出更多的可能性。

（四） 文本分析是走近语文的一扇门

常言道："教天地人事，育生命自觉。"小学语文教育是孕育学生生命质量的工程，然而小学语文课堂的常规化、学生思维表达的套路化正在离儿童教育的本真相去甚远。感受是学生的个性化主体行为，语文教学应引导学生钻研文本，在主动积极的思维和情感活动中，加深理解和体验，有所感悟和思考，受到情感熏陶，获得思想启迪，享受审美乐趣。

在小学阶段，文本分析法越来越活跃在小学语文的课堂上，语文教师也越来越重视文本分析法在讲解中的应用。语文知识的学习不再仅仅局限于段落大意、字词篇章，更多地把讲解的视角触及文本分析上，逐字逐句

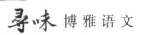

地挖掘出语言文字的原汁原味,把隐藏的充沛的情感释放,达到师生之间的知识传递与情感共鸣。

比如,课文《献你一束花》是著名作家冯骥才先生的一篇叙事散文。冯骥才先生被称为"精神导师",他的作品总是贴近时代脉搏,精神内涵极其丰富,被称为"言简意奇"。课文通过机场女服务员向一个失败的运动员献花的故事,说明了胜利和失败同样重要的道理。其实这篇课文主要是想让学生正视自己的失败与胜利,推己及人,谁都不能避免失败,失败和胜利都会过去,教会学生一个正确的积极向上的人生态度。这样的道理其实学生都能很快领悟,但如何让学生在对文本的研读与对话中自然衍生出这样的人生感受却是教学的难点,以及让学生在以后的人生旅途中能够感受到在困境和挫折中积极的人生态度可以生出勇气、生出希望、生出力量、生出智慧的满足感。在听评课的讲解中,教师通过多次的文本分析与对比,抓关键词与关键句段,联结女运动员失败后的表现,走进人物内心;又联结周围人不同的表现来感受现实冷暖;最后联结失败者内心和机场女服务员的话感悟深刻的人生道理。通过对课文的分析,让学生仿佛置身于主人公尴尬的处境里,设身处地的来感受课文传达的主旨与人生百态。

又如,《我的伯父鲁迅先生》是一篇记叙文。课文用质朴的语言、细腻的描写,从小处着笔,深情地回忆了"趣谈《水浒》""笑谈'碰壁'""喜放花筒""救助车夫"和"关心女佣"等五件事情,以此来反映伯父鲁迅先生"为自己想得少,为别人想得多"的高尚品质,使学生在文本描绘的细节中了解我国的文坛巨匠——鲁迅先生。被收录于多种版本的小学语文课文《鸟的天堂》里写榕树,"那翠绿的颜色,明亮的照耀着我们的眼睛,似乎每一片绿叶上都有一个新的生命在颤动。"这样的文本欣赏能够让学生感受到作者热爱生命、礼赞生命的热情,使我们仿佛感受到了巴金先生那颗因生命美丽而颤动之心。

我想,在这样的语文课堂里,学生不仅把握了课文的主要内容,在文本与思维的碰撞中掌握知识,获得生命体验;而且更重要的是在充满人性的语言文字里,使文本与生发出来的最内在的感受结合在一起,这样的内在感受与儿童感受事物的方式最贴近、最亲近。儿童在感同身受、文本共情中,实现心灵的浸润和人生的启迪。

文本解读是语文教师的基本功,反映出一名语文教师的语文素养。透过文本分析丰富感受的语文自觉中更需要教师一马当先,需要教师拥有如海洋般丰富的感受容纳小溪流的四面八方，如果教师对文本的韵味就毫无感应，何以引导学生在文字中生发情感。著名的语文教育家冯钟芸先生也说过："引起学习语文兴趣的原因更多的在于教师的修养，在于他有丰富的感受。在阅读讲授课文时如果他自己都不能受到感动，他是讲不出来的，与学生也很难形成共鸣。"如果弱化了教师的文本理解对教学的参与，在教学过程中缺少师生对话的充分融入，那么在一定程度上就弱化了教学因为教师的充分介入而具有的教育高度。真正的教育乃是代际生命精神的传递，缺少了教师生命的融入，教学就被简化成了作坊式的知识点之间的起承转换，而缺少了生命质量的高度。

当然，在文本分析中，教师需要把握好度，用得恰到好处，要避免教师单方面的夸夸其谈、自我陶醉以及对文本牵强附会的解读。说到文本的过度解读时有这样一件趣事。韩寒在《通稿 2003》中写道："我写《三重门》的时候出现了两次'一张落寞的脸消融在夕阳里'，一次还是结尾。"在文本分析中就会出现"作者想表达什么意思""为什么连用两次""是前后呼应体现主人公的落寞吗"等问题。然而作者本人给出的答案是作者觉得这句话很好，但是因为写作时间拉得过长，写到最后时忘了前面用过一次所以不小心又用了一次。但在真实的文本分析中永远都不会出现这样的参考答案与推测，因为标准答案似乎在剥离与削弱学生丰富的感受与感知能力。这就要求教师在文本分析中具有一定的甄别能力，不能为了文本分析而进行分析。

教学是一项讲究"留白"的艺术。每个学生都有自己思考问题的角度、感受文本的敏锐度。教师应根据学生的理解能力防微杜渐，避免文本的过度分析挟制学生的思考范围与思维方式，应该留给学生分析、想象的空间。否则，再精妙绝伦的分析，没有学生的主动参与、主动思考与消化接收，与学生是产生不了共鸣的，也只是教师一人的言语盛宴，而课堂是师生共同创生的空间。所以，教师要珍视学生对文本独特的感受、体验和理解。

说到底，文本分析是语文教师的基本功，也是引领学生走近语文的一扇门。在语文的学习过程中，对生命和生活的感受如春风化雨般伴随着学生的成长，如果学生只成为掌握基础知识与技能的"参天大树"，但却没有绿叶的相伴，再深入云霄的大树也只是枯木，没有生命的丰盈与充沛。引领学生学习语文，通过文本分析丰富感受的语文自觉，要的是"登山则情满于山，观海则意溢于海"的自我体验，求的是"窥一斑而见全豹，见

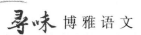

一叶而知秋色"的自我发展。

（五）语文学习给学生留下什么

叶圣陶先生说："学习国文就是学习本国的语言文字。语言文字的学习，就理解方面说，是得到一种知识；就运用方面说，是养成一种习惯。简单地说，只有两项，一项是阅读，又一项是写作。"

在信息时代的语境中，阅读与写作仍然是必不可少的生活技能，这也是语文教育的意义所在。值得关注的是，阅读与写作能力是学习语文的基石，更是无法一蹴而就，对于小学生而言，打好基础显得尤为重要。如今很多的语文课堂着眼于对文本细读，对内容解读，对表现形式解读，对表达解读，可是学生对字词意义都还没有理解，深层次的赏析更是无从谈起。这就需要教师将"质变"分解为"量变"，再将"量"分配到每一节语文课上。

要想构筑稳固的语文大厦，就要打好地基选好砖瓦。经常有教师抱怨学生的阅读速度提不上去，课堂收效甚微；或是习作错字连篇、词不达意甚至是语句不通。殊不知，这些现象恰恰暴露了教学中基础母语教育的缺失。这个缺失并非指量不够，而是质不到位。一篇课文为教师提供了大量的语文基础知识素材，如何取舍、如何设计都体现了教师的匠心。有名教师在执教《冬阳·童年·骆驼队》一课时，根据标题讲解间隔号及其作用，遇到"咀嚼"这个词就讲解多音字"嚼"，碰到"棉袄"与"棉袍"等近义词就进行词义辨析，讲到"妈妈对我的感情"就生发出"嗔怪"这个词。看似普通的一节课中包含了标点符号、字音字义、词义辨析以及词汇积累等丰富的基础知识，而且教师对这些知识的挖掘足够深入，使学生能够充分理解词义及其表达作用。在明确基础知识后，并具备了一定的语言敏感度时，学生就能准确地捕捉到流淌在字里行间的情感，教师顺利地将课堂过渡到情感赏析，没有生拉硬拽，一切都是水到渠成。从这个案例我们可以看出，解读是在具备基础知识的前提下进行的。牢固的基础知识是实现良好阅读与写作的第一步，可以试想，这样的语文课坚持上一个学期、一个学年乃至贯穿整个小学阶段，我们的学生将会获得丰厚的语言财富。

学生为什么要学习语文？如果学生将来不从事与文字相关的工作，那么语文学习还能给学生留下什么？就情感来说，语文可以让学生对生活产生美的体验；就实际来说，语文给予学生读写能力，因为这两项能力最终指向生活。《冬阳·童年·骆驼队》一课选自林海音的自传体小说《城南旧事》，教师向学生介绍作品时采用了资料袋的方式，学生需要从资料袋中摘录、提取、总结信息。学生不仅要整合信息，而且还要用简练的语言进行概括，这项教学活动的意义在于训练学生提取信息与表达的能力。在《地球家庭》单元的群文阅读中，教师请学生填表总结文本间的异同，培养学生的整合意识与知识提炼能力。在《我的伯父鲁迅先生》一课中，教师请学生联系上下文推断词语的含义，启发学生形成联系上下文的阅读方式。这些案例中的教学方法不尽相同，共同特点是基于文本又超越文本，教学环节最终指向能力的训练。教师通过教学使学生学会分析文本是"授之以鱼"，学生学会分析同类型的文本则是"授之以渔"，后者是语文教学应达到的目标。

　　正如前面所提到的，扎实的语文基础知识与良好的读写能力是学生欣赏美的前提，有了对语言的敏感度和对生活的观察，春天知道什么是"桃之夭夭，灼灼其华"，冬天知道什么是"晚来天欲雪""红泥小火炉"；愁的时候"伫倚危楼风细细"，乐的时候"春风得意马蹄疾"。语文可以给予学生生活技能，更能带给学生美的体验，而美的体验源自于生活。《自己的花是让别人看的》是1985年8月季羡林先生再返德国时所写的一篇文化风情散文，文章语言凝练，意蕴深厚，看似简单，却充满言有尽而意无穷的意蕴之美。为了引领学生品景象之美、入境之美，悟文化之美，教师设计了"摩挲语言，初见境界""激活想象，沉入境界""阐释境界，回归语言"三个教学环节，通过汇报、朗读等活动使学生逐渐沉浸在"境界"之中。《江畔独步寻花》是杜甫在安史之乱后所作，杜甫暂时安定在成都草堂，一幅独步寻花图表现了杜甫对春天花的喜爱，更表达了他追求国家安定的希望。在这一课的教学设计中，教师以"校园春天"的视频作为导入，将诗歌赏析与生活紧密结合，在想象与现实中体会春花烂漫的蓬勃之景，使学生与诗人达到共情。

　　在新时代的语境中，人们对语文教材经典选文的去留问题有诸多论争，实际上，课文只是个案，是吸引学生走进语文世界的"灯塔"，教师需要研究的是如何在恰当的位置"放置灯塔"，深度挖掘文本的语文价值与教学价值。教课文，师生是课文的"奴隶"；用课文教，课文就是我们学习语文的案例。从"工具性"到"人文性"，从三基知识到三维目标再到核心素养，语文学科的内涵越来越丰富，但其内核始终不变。

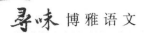

有人曾说"语文统帅一切学科",这种说法虽然夸张却也有一定的合理性。无论学生将来专攻哪门学科,从事何种职业,都需要进行读写。如今很多的学生可以做阅读题却看不懂产品说明书,可以写出高分作文却写不出留言便条。所以,从基础抓起应从语文基础知识抓起,有了基础才能上升到读写能力的培养,有了读写能力才能体会文字之美。

二、教出语文的"隐形价值"

在这里,我想提出语文教学的另一个价值维度:何为好的语文课?

好的语文课,是否就是让学生熟练地掌握字词句篇等语言训练,掌握各种语法知识、文学常识、写作技巧,让学生在语文考试中取得高分?

未必,仅仅有这些,我觉得还不够。好的语文课在达成知识目标的基础上还要有更高的价值追求,就是对生命的理解、对人生的观照。语文教师的眼里一定要有"人",既要从学生的生命成长出发,在语文课堂上培养学生的语言运用能力,学习语文的兴趣和爱好;又要借助语文丰富的人文性,涵养学生的精神与道德,让学生成为一个大写的"人"。

一句话,好的语文应该是向善的。用"善"的视角审视语文教学、反思语文教学,就会发现语文的一系列"隐形价值"。

(一)课文里站立着鲜活的生命

近年来,随着课程改革的不断推进,质疑小学语文教学质量的声音此起彼伏,越来越多的一线语文教师抱怨"现在的语文真难教"。国内开设小学语文课程近百年的时间,现在为何会出现社会不满意、教师不开心的窘况呢?要想提高我国小学语文的教育质量,我们不仅要在教师的教法上下功夫,而且更需要对语文课进行重新定义,清楚语文教学的目标。

语文教学的目标是什么?首先不能忽略的是语文学科的基本任务,对此我国众多的教育名家都有过阐述。叶圣陶先生曾说过,语文教育的一个主要任务是让学生认识语言现象,掌握语言规律,学会正确、熟练地运用语言这个工具。当代著名语言学家、教育家张志公也认为,语文教学肩负的任务不是单一的,但是语文教学的基本任务是语言学习,是语言的理解和运用，是听、说、读、写能力的提高。

这是语文之基，不可偏废或轻视，但语文教学的目标不仅于此。正如语文教学专家潘新和所言：语文教育的价值维度，即人的生命的同一维度，其终极意义都是指向言语表现与存在。正因此，《义务教育语文课程标准（2011年版）》也指出，语文教学应发展学生思维能力，激发想象力和创造潜能；培植热爱祖国语言文字的情感，增强语文学习的自信心；吸取人类优秀文化的营养，提高文化品位，逐步养成实事求是、崇尚真知的科学态度。

概言之，语文作为一个载体，更多的是要作用于学生更长远的生命成长。只有认识到这一点，我们才会树立正确的语文教学理念，在语文教学中做到"用教材"而不仅仅是"教教材"。

所谓教教材，就是以教材为中心，将教材作为唯一的依据，对知识进行搬运式、灌输式教学，是一种静态、狭隘的教学方式；用教材则是用教材搭起一座知识的桥梁，完成教师、学生、作者、文本之间的对话，是一个动态、具有延展性的教学过程。

也只有做到用教材，教师才会关注语文的"隐性价值"，在教知识的同时，教给学生的是对生命的感悟、是对美的体验与享受。作为语文教师，就是要理解每篇课文背后的"隐性价值"，发现课文里站立着鲜活的生命。这里就以课文《白衣天使》为例予以说明。

《白衣天使》讲的是南丁格尔的故事，教学目标中指出，要让学生通过对语言文字的品读感悟，体会南丁格尔尊重生命、挑战世俗、执着无畏的精神，初步了解人物传记的写作方法；进而通过对主要问题的探究，培养学生探究能力，发展学生思维。应该说，课文的教学目标很清楚，那么教师要如何在教学过程中通过解决教学重点、教学难点来实现教学目标呢？

在这节课的教学中，一名语文教师抓住课文中的典型事件，让学生边读课文边思考：南丁格尔面对的仅仅是少校的嘲讽吗？在她所选择的人生道路上还会遇到哪些困难和阻力呢？

借助教师预设的问题，通过阅读学生很快找到了更多烘托人物形象的细节：面对家庭的反对，南丁格尔毅然选择护士专业；当时英国的舆论一直反对在医院，特别是在战地医院中有女护士出现，但是南丁格尔还是奔赴战场；面对恶劣的环境，目睹病房的墙壁沾满血迹和污渍，病房内臭气难闻，南丁格尔仍然没有退缩。

就这样，南丁格尔的决心、勇气和坚强、爱心也都跃然纸上。教师进而启示学生进行思考：出身贵族的南丁格尔却选择了这样一条艰辛之路，这背后支撑她的是什么？

看得出，在文本分析中，教师不是简单地关注字词句篇，而是抓住鲜明的人物形象，让学生感悟南丁格尔作为一个女性的勇气，感悟她对每个生命的博爱，从而理解了正是南丁格尔的勇敢、坚定与对生命的尊重才会创造这样的奇迹。

在此基础上，教师告诉学生，在南丁格尔的人物传记中，记录了她一生中许多的事情，作者为什么选取这几件事情来写？学生也通过进一步思考更深刻地理解了，课文中选取的这三件事情不仅是南丁格尔人生中最重要、最典型的事例，而且是最能突出她的性格及品质特点的事例。带着对文中人物的深入理解，教师进而设问：你认为南丁格尔是个什么样的人？课文为什么要写南丁格尔反驳少校这部分内容？这部分内容删去可以吗？通过思考这些问题促使学生的思维品质得到提升。

《白衣天使》作为一篇较为出色的短篇人物传记，教师通过对南丁格尔这个人物形象的解读评析，对学生进行言语表达能力的训练，使学生做到触类旁通、举一反三，掌握了人物传记的基本写法。

更重要的是，学完这篇课文，学生也就深刻地理解了南丁格尔这个人，从对语言文字的品读中，感悟到生命的永恒与纯粹。

所有的语文教学都具有指向性，所有的教学目标的确定都应该以培养学生的语文素养为导向。《白衣天使》一课，教师精心设计提问，引导学生积极主动地进行自主探究，使学生在读中有所理解，读出敲击心灵的内容，读出怦然心动的句段，读出作品表达的情感，读出文本的教育价值。在理解人物的同时让学生感悟文本的写法特点，引导学生立足全局把握局部，理解南丁格尔一生的所作所为皆源于她造福他人的人生追求。

正如一名名师所言：语文教育的唯一宗旨，在于为年轻的生命提供明丽而充沛的阳光，使学生把人文的阳光溶化为自我的肌肉和血脉。南丁格尔的勇敢、坚定以及她对每个生命的博爱，犹如一股股暖流溶进学生的血液，与学生血脉相连，又如一个个跳动的音符在这些幼小的心灵深处奏响了华美的生命乐章。

语文当然是要培养学生基本的语言运用能力和交际能力，但更重要的任务是培养学生的语文素养，促进学生意识品质的养成。在语文课堂上，教师面对的是一篇篇课文，每篇课文都有隐性的价值目标，往往需要教师自己去揣摩、去把握，找到文本深处丰富的人性，进而丰富学生的生命体验，拓展学生的精神境界。

（二）别忽略了课文的"文外之旨"

好的课文，常常是言有尽而意无穷。这也对语文教师提出了一个更高的要求，那便是抓住课文的"文外之旨"，在"为文"与"为人"两个方面，对学生进行恰到好处的引导。

时下很多教师对写作教学深感头疼，总觉得作文教学不得法。殊不知，他们常常忽视了日常语文教学中一项基础性的工作，那就是在常态课教学中，通过每篇课文的学习，让学生体验文本的写作方法，使学生在潜移默化中提高写作能力。

语文教学的基本功能，简单地说无非是教学生"作文"与"做人"。这两项功能的达成渗透在每节语文课的教学中。尤其是作文的教学，它绝不仅仅是到了作文课时间才教学生如何写作。语文课本中的每篇课文都是由专家精选的，都堪称教学生学习写作的绝好素材，都能够给学生以写作上的启示。可是在大多数情况下，语文教师在教授课文时只关注于讲解字词句、分析句段篇，让学生完成各项课后作业练习，却没有意识到所有这些教学的终极目的之一，其实是要教会学生如何运用语言去进行表达，从课文中学会如何写作。这实在是一种本末倒置。

每一名语文教师都会分析课文，但却很少跟写作联系起来。其结果是，课文学习变得枯燥无味，割裂了与儿童、与生活的鲜活联系。

记得有一次去听课，班上的学生刚学完契诃夫的短篇小说《凡卡》，我问学生："这篇小说写的是什么？"一个学生回答说："写的是凡卡对沙皇俄国残酷统治的血泪控诉。"这么说当然也没错，教学参考书上就是这么写的，契诃夫的作品是有社会批判的意味，但我不能确定学生说的答案是老师告诉他的，还是他自己的理解。我又问这个学生："这是一篇非常好的小说，你还读出了什么呢？"这个学生想了半天，什么也回答不出。

显然，语文教师在教授这篇课文时，这个学生仅仅关注的是中心思想，课文在写作上最有价值的两点却被忽略了：其一，课文是通过一个皮匠店里的小学徒、一个叫凡卡的小男孩的视角来向他的爷爷倾诉苦难经历，这样独特的叙事视角才使得文章有了触动心灵的力量，使其成为文学经典；其二，课文看似不经意，其实最动人的一个细节就是，凡卡写的其

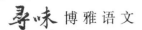

实是一封永远也不能寄达的信,这一点恰恰是这篇小说的"魂"。

在我看来,如果教师没有把这两点讲给学生,这篇课文的教学任务是没有完成的。同样的,这两点背后蕴藏的儿童视角恰恰是能够引起学生共鸣,与他们的生活经验、写作体验相联系的。

我们的教师为什么不抓住这样绝好的写作教学素材呢?就像这样,如果教师用心,教材中的课文都可以引申到写作方法上来。

又如,有一篇课文是林清玄的《桃花心木》,文末有这样一段文字:"不只是树,人也是一样,在不确定中生活的人,能比较经得起生活的考验,会锻炼出一颗独立自主的心。"

在读到这一段时,我不由得会想,如果跟学生说把这一段由种植桃花心木而联想到人的成长的文字删掉,直接写到现在窗前的桃花心木苗已经长的与屋顶一般高,是那么得优雅自在,显示出勃勃生机,种树的人不再来了,桃花心木也不会枯萎了。这样一来,这篇课文是否会更好一些、更高明一些呢?是否会给学生留下更多的联想空间?

如果教师在教授课文时能够这样向学生设问,我想这无疑既能让学生加深对课文的理解,又能够激发他们对写作方法的兴趣。这不禁让我联系起河北版小学《语文》第十册中的《瘸蝉》这篇课文里写道:一群小孩从地上挖了许多没有蜕壳的蝉,苏格拉底看到了,就跟孩子们商量,让他们把这些东西交给他看着,第二天早上还给孩子们,他要看蝉怎么从壳里出来。其中有一只蝉出来的时候好像很困难,苏格拉底就好心地帮它剥开硬壳。可是,第二天早上,其他的蝉都非常自然地展开了漂亮的翅膀飞走了,只有那只他帮忙脱壳的蝉的翅膀缩成一团展不开,腿也瘸了。

文章写到这里就没有了,作者没有说文章传递了什么道理,也没有像《桃花心木》一样篇末点题,但我读起来却感觉特别好。像这样的两篇课文,如果能够对照阅读,一定会触发学生无穷的生命感触与联想。这时候,教师抓住课文的思想意蕴,引导学生思考人生,写下自己的思考与感触,那将是一个多么生动又深刻的写作教学范例。如果教师在讲解课文时只顾着从字词句篇、文学常识到课后练习匆匆而过,忽略那些触动心灵的细节,那是多么大的遗憾。

"为人"与"为文",本是紧密相连的。在语文教学中,教师要抓住潜藏在文本深处、极其丰富的人文性因子,因势利导,让学生思考人生、表达自我。

但是,出于各种原因,据我观察,能够这样做的教师实在很少。于是，从小学到初中、高中，写作文就一直是学生不感兴趣、十分头疼的事，这种状况不仅没有得到改善，而且愈演愈烈，甚至到了大学，学生也写不好通顺的文字，没有掌握基本的写作技能，碰到写论文同样是痛苦不堪。

问题的源头，不还是在语文课上吗？每篇课文的"文外之旨"，身为教师的我们意识到了吗？

（三）在语文课堂上进行思维训练

人的思维可以有不同的载体，但最基本的思维载体是语言。语言是思维的工具，没有语言的思维是不存在的；思维是语言的内容，没有思维就不可能有语言。语文就是以语言为工具进行思维和表达的学科，学生要学好语文、提高语文能力、取得综合效应，在思维方面应进行扎扎实实的训练。

这就要求教师在教学过程中，应该重视考查学生对情感、形象、语言等的领悟程度，重视学生的参与意识和情意态度，不但要让学生理解并掌握现成的结论，而且还要让他们积极思维，懂得形成结论的过程以及怎样去掌握结论，在真正与文本作者获得心灵碰撞的同时也学到了行之有效的表达方法。

语文教学首先要注意的是学生的直觉思维训练。文学作品的重要价值之一，就是通过审美鉴赏所产生的情感共鸣与情感愉悦在学生的思维活动中潜滋暗长，实现从外化的语言到内化体验的飞跃。所谓"作者胸有境，入境始与亲"，教师要引导学生一步步走近作者、进入文本，从而产生良好的直觉启示。

以课文《自己的花是让别人看的》为例，在教学设计中，教师提出了这样的思考题：读了这篇课文，你认为课文是围绕哪句话写的？对课文中写到的"人人为我，我为人人。我觉得这一种境界是颇耐人寻味的""变化是有的，但是美丽并没有改变"这两句话，说说你的理解。

对于五年级的学生来说，他们已初步具有独立阅读课文，进而联系重点词语、上下文及生活实际理解难句的能力。但是，他们的阅读往往更多地停留于知道文本的内容、含义、情感，而忽略文本表情达意的方式方法。因此，在本课的教学中，教师通过这样的设问，意图对学生在此方面的认知空白进行弥补：发现文本关键词句与文本主旨间的联系，其背后隐藏的文化之美也就呼之欲出了。

又如，北师大版小学《语文》第十一册以"地球家庭"为主题，选编了五篇文章构成一个单元。这五篇课文内容丰富，表达各有特色：《企盼世界和平的孩子》和《瑞恩的井》侧重语言描写；《黑孩子罗伯特》侧重动作和心理活动描写；《阳光皮肤》侧重细节描写；《别挤啦》侧重诗歌的艺术形式。基于语文学科素养强调"语言与思维共生"的要求，教师可以在单元整合中对比这五篇课文的相同与不同，提升学生的思维，让学生深刻发现事物的本质。在教学设计时，教师适宜在单元整合课上抓大放小，从写作手法、主题表达、互文阐释三个方面解读本组课文的写作特点，以求准确把握作品要旨，深刻领会作者的写作意图，让学生去发现怎样依据主题适当选择表达方式，从而提升学生的思维品质。

不仅是直觉思维，小学语文教材中收入了大量的优秀作品，教授这些作品时教师要将语言教学与思维训练很好地结合起来，让它们相互依存、和谐共生。教师要适时引导学生走进课文，走进文本语言，结合课前查阅资料，激活学生头脑中的生活、知识、经验的积淀，让更多的学生在自由思考中，借助"符号语言""感于内而发于外"，实现思维能力的发展。

思维决定语言，语言也会在很大程度上从多方面影响并制约思维，因而语文教学必须在思维训练中体现语言训练与语言感悟的结合。

因此，教师不能仅把学生对文本的感悟作为教学目标，而且要在语言感悟中优化语言训练，抓住课文关键词句或某些段落引导学生进行思维训练。

比如，一名教师在讲授《江畔独步寻花》一诗时，抓住一个"满"字，让学生品读"花满蹊""压枝低"是一种什么情景？学生通过理解诗意，很容易联想到，"满"是形容花朵，千朵万朵的花把花枝都压弯了，一个"满"字传神地表现了花团锦簇、挨挨挤挤、百花齐放、密密层层的无比春色。

教师进而联系到四川成都的自然环境，让学生深入体会：成都自古以来被称为天府之国、鱼米之乡。那里的水分特别充足，土壤特别肥沃。因此，"压枝低"描写的是花儿千朵万朵硕大、肥美，把枝条都压低了。

再回到"黄四娘家花满蹊"一句，师生继续涵咏诗意，展开联想，诗人笔下的春天，不仅是花的数量多、花形肥美，而且颜色多、种类多：金黄的迎春花、粉红的桃花、火红的牡丹花、紫色的丁香花……一个"满"字就给了我们这么丰富的想象，让我们感受到满眼花的繁重、稠密与艳丽多姿。

在这首诗的教学中,教师引领学生通过联系生活、展开想象等多种学习方式,加深了他们对繁花似锦的春天的感受。

像这样,教师是启发者、点拨者、引领者、合作者,可以通过指导读、重点读、想象读、评价读等多种手段,为学生打开思维训练的窗口。

又如,另一名教师在讲授《我的伯父鲁迅先生》一课时,教师提问学生,从一"扶"、一"蹲"、一"跪"、一"夹"、一"洗"、一"敷"、一"扎"中,你读懂了什么?你有什么感受?学生在深入品读课文中感受到,文中的"伯父"没有顾得天寒地冻、北风怒号,作为文坛受人景仰的大作家,他能够俯下身躯,为一个普通的底层劳动人民治疗伤口,在这举手投足之间,鲁迅先生对劳动人民深深的爱尽收眼底。

通过这样设问、品读文本,学生在走近文字、走近情节、走近人物,受到情感熏陶的同时,也学习了写作方法。

总之,语文课的思维训练应该是同语言训练结合在一起的思维训练。在语言训练中,学生在理解和掌握新的词语、新的句式、新的表达方式的同时,也获得了能够反映自己思维内容的表达形式,他的思维也就向前发展了一步。

(四) 珍视语文教学观摩课的独特价值

每年,从区里、市里到全国都会有各种教学赛课或展示课活动,北大附小也经常举办以教学观摩课为主的校本教研活动。对于此类活动,我总是积极支持教师参加,鼓励他们认真对待,当成一次很好的学习机会。

时下,经常听到有一些人对教学观摩课的批评与质疑。那么,究竟应该怎样看待教学观摩课?教学观摩课到底有什么作用或意义呢?对于这些问题,我们还是要客观认识。

对教学观摩课的批评与质疑中,最集中的意见是它的表演性。可仔细想来,教学观摩课原本不就是这样吗,它除了要面对学生以外,还要面对更多的观摩者,有时是几百人甚至上千人。教师和学生从常态的课堂来到临时的课堂里,所有的目光都集中在这个小小的区域里,他们的一举一动、一言一行都在众人的审视之下。任何一名教师,在这样特定的环境下,势必要成为一个表演者,他的教学活动必然要有表演的性质,尽可能将教学的技艺展示得淋漓尽致。从观摩者来说又何尝不是呢?我们像坐在

一个大剧场里一样进行教学观摩，所有的目光都聚焦在中心的课堂上，也仿佛就是在看一场独幕剧，在看一场教学大戏。

在一定程度上，我们确实可以把执教教学观摩课的教师看作是演员。因为很多时候，执教者代表的不仅是个人，而是一个团队乃至一所学校。在上这节教学观摩课前，他和同一教研组的同事们都要经过精心准备，还要和教学专家一起讨论、研讨。他要选择最适合展示自己教学技艺及特点的内容，设计最能反映自己教学理念的教案，并经过反复试讲、打磨讲课稿，做到尽可能完美。

这样的教学观摩课，首先是集体智慧的结晶，背后有一群人帮执教者出谋划策，从教学内容、课堂环节到教态、教学用语等各个细节都要反复推敲、修改。一节课其实凝结了执教者与同事、专家等许多人的心血。形象地说，执教者的背后有一个"导演团队"。

同样的，教学观摩课其实也与常态课有着不同的教学功能。它是用接近于表演的方式，在尽可能短的时间里，给观摩者尽可能多的教学技能展示和启示。它是一种经过着意剪裁、集中、浓缩的教学精华。

所以，面对各种对于教学观摩课的批评，我们不妨用逆向思维想一下，教学观摩课为什么就不能是表演性的呢？表演性的教学观摩课就一定不好吗？

打个比方，我们不妨想想时装表演，当我们看着身材姣好的时装模特在T型台上款款走来时，我们都知道，她们展示的衣服多半我们都不会在平时穿着。但是，我们并不拒绝这样的表演，也不会苛求它的不实用或脱离生活，相反，众所周知时装表演的意义在于引领全世界的服装潮流，让我们人类变得更加美丽。

教学观摩课又何尝不是这样，它是一种特殊方式下的课型，有其特殊的价值。我们不能用对常态课的要求去衡量它，从平时的语文教学是否能复制来作为判定标准。很显然，一名语文教师要是日常的每节课都像教学观摩课那样去上，的确是很困难的，而且也很不现实。如果每节课都要投入这么大的精力去准备，字斟句酌，不惜成本，那么用不了多久，教师都会累垮在讲台上。

那么，教学观摩课的作用与意义究竟在哪里？

我以为，教学观摩课就是通过这样非常态的形式，尽可能把好的教学方法、好的教学理念高效率地展示出来。教学观摩课的意义不是让人如法炮制，而是作为教学分析或学习的样本，让观摩者在集中的高效学习后，将这些教学理念和教学方法化用在平时的教学中。

反之，我们可以设想，如果教学观摩课与常态课没有什么区别，只是平淡如水，或者节奏冗长、不蔓不枝，不能够给观摩者鲜明的印象和丰富的启示。这样的教学观摩课，试问大家真的喜欢吗？

最有说服力的是，我们的很多语文教学名家最初都是从全国各地的语文教学比赛或观摩活动中脱颖而出的，他们当时的教学观摩课录像至今仍是年轻语文教师研究、揣摩的对象。

这么看来，教学观摩课不像常态课本没有错，教学观摩课具有表演性也无须苛责。当然，就像表演都有高下优劣之分一样，同样是表演性质的教学观摩课也能真实反映出执教者的教学方法和教学理念的高下。所谓"大象无形"，优秀的教师即便是在教学观摩课上，也能够做到真实自然，把教学技巧化用得不着痕迹，在看似平常、信手拈来中，蕴含高超的方法和先进的理念，让观摩者也不由得被吸引，看得入了迷。

这样的教学观摩课无疑是达到了返璞归真的境界，也是我们都渴望看到的。

（五）做善于反思的语文教师

在当下这个信息时代，教师经常会遇到各种新生事物，如新名词、新理念、新教法等。这时候，面对众说纷纭，教师究竟应该怎么办？

此时，教师最明智的态度就是要学会辩证地理解和接受，保持一份冷静的观照，做一名善于反思的教师。

比如，对于语文学科，现在特别强调语言的理解与运用。可是，理解了就一定要运用吗？一种常见的做法就是，学生学习了一篇课文，阅读训练后紧接着就是写作的练习。读、写不分家，这样做似乎合情合理。但是，阅读的目的就是为了写作吗？恐怕还不能这么说，大家都有切身体会，我们在日常的学习生活中往往是读得多、写得少。究其原因，很多时候阅读并不一定非要有一个直观的甚至是功利性的目的，或者也可以说阅读本身就是目的。我们进行阅读，并非一定是抱着学习写作的目的，也可以有其他多方面的目的，或是为了获取知识，或是为了提高修养，或是为了愉悦身心，等等。

因此，我们不能把语言的理解与运用狭隘地理解为读写训练、以读促写。过于强调以读促写，很可能会破坏学生阅读的兴趣与快乐。更何况阅读也可以理解为是一种语言的运用。

当然,也不是说以读促写就不好,从读到写是有条件的。一方面,在阅读的过程中要让学生掌握必要的写作方法,找到方法的参照;另一方面,学生通过阅读文本达到情感的积累,有感而发,有话可说。这时候再让学生进行写作练习就是自然而然的事了。这样的写作练笔也才能真正起到强化语言理解、发展语言运用能力的目的。

从以上举例我们可以看出,在教学实践中,切不可盲从。特别是对新生事物,我们不能用非对即错的二元论去进行判定。

又如,现在倡导民主、平等的师生关系。于是,在一些教学观摩活动中我们经常会看到这样的现象,教师为了拉近与学生的关系,故意放低姿态,甚至是贬低自己,有时候惹得学生哈哈一乐,似乎这样师生就平等了。这样做好不好呢?恐怕也要辩证地看待,师生之间固然要民主、平等,但同时教师与学生更多地体现为一种教学关系,是一种不同于朋友、亲人的专业关系。在教学关系中,教师是主导,学生是主体,教师既要尊重学生又要体现教育的引领性。如果认识不到这一点,教师一味地讨好、迎合学生,这样的师生关系肯定是不健康的。

在教学观摩课上,诸如此类的开场方式还有很多,为了使学生加深印象,和自己尽快亲近,有的教师俨然变成了一个导游,向学生介绍自己的家乡、生活的城市;有的教师和学生玩猜谜游戏,让学生猜自己的姓名等。这种开场方式看起来很新鲜,也似乎很好,可是这种开场方式和教师接下来要上的课有什么联系?是否和教师的教学有机衔接、自然过渡?对于这些问题,其实教师自己没想清楚。

这些事情,也许看似无关紧要,很多时候也就是一闪而过,容易被忽视,但如果用审视的目光去看待,就会对我们的教学大有裨益。

再举一个常被忽视的例子——课堂上的提问。什么样的提问方式是最科学、最有效的?如果是在日常的课堂教学中,教师对班级的学生是最了解的,谁是成绩较差的学生,谁是中等生,谁是优秀的学生,教师心里都清楚。所以,教师在课堂上的提问就会很有针对性,哪个问题适合让成绩差的学生回答,哪个问题适合让优秀的学生回答。可是,如果是面对一班完全不熟悉的学生,教师又该如何提问呢?

最流行也是最常用的办法,当然就是让学生举手了。教师提出问题,举手就说明学生会回答,不举手就说明学生不会回答。教师就只需向举手的学生中提问就可以了。这样做看似合情合理、顺理成章,可是,我们有没有再深入思考,在举手这种提问机制的背后学生有什么样的心理活动,举手的学生就一定会回答吗?不举手的学生就一定不会回答吗?其实如果做一番调查我们就会发现,学生举手或不举手的背后都会有极其复杂的原因。如果是这样,教师在课堂上就不能只关注举手的学生,要想办法关注到每个学生。教师不是以学生回答的对错为目标,而是要分析学生回答对错的原因,怎样去进一步帮助学生,使其在课堂上得到真正的提高。

有的教师认为不就是提问吗,哪有这么复杂?教师要想公平地对待学生很简单,随机提问就可以了。还有的教师认为自己就像幼儿园小朋友"开火车"那样,一个一个提问学生不就公平了。

但仔细想想,这样所谓的"机会均等"其实不是公平,只不过是简单的平均主义而已,也是不合理的。

所以,即便是这样一个课堂上的细节行为,如果我们深刻反思,就会找到平时在教学中不够科学、有所欠缺之处。

这样的反思,看似有点吹毛求疵、小题大做。实际上,很多时候,课堂教学的品质恰恰就取决于这些不经意的细枝末节。

三、美是语文教学的自觉追求

身在北大,常常想起蔡元培,感念且感恩。

这位北大文化传统的奠定者,新文化运动的先驱,在中国首倡美育,主张以美育代替宗教,并在学校五育并举。

多么伟大的远见卓识,令人为之惊叹。他启示我们,要以审美的态度去认识教育、理解教育、从事教育,尽可能让教育远离功利,遵从儿童成长的规律,遵从教育的规律。

教育本应是美的,语文教学更应如此。作为一门充满浓郁人文性的学科,如果在教学中缺少了对美的观照,如果不能激发学生对美的向往,那将是多么索然无味。作为语文教师,如果没有健康的审美能力,不能对语文教学的审美价值有足够的认知,不能在教学中发现美、感受美、传递美、创造美,那无疑也是不合格的。

如何把语文教学作为审美的载体,将培养学生的审美能力当成语文教

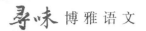

学的自觉价值追求,成为一个亟待解决的教育命题。

(一)好的语文教学是有画面感的

苏东坡曾高度评价唐代诗人王维,形容他的诗是"诗中有画,画中有诗"。

在北大附小,我们一直主张语文学科要与其他的学科实现融合,比如与美术学科。我认为,好的语文教学一定是有画面感的。

有人说,这是一个"读图时代"。你愿意也好,你不愿意也罢,你喜欢也好,你不喜欢也罢,一个图画铺天盖地的时代到来了。你走向大街、走进商场,即使足不出户,只要打开电视或电脑,都会感觉图画正像潜伏在草丛中的动物一样跳入眼帘,朝你奔涌而来,以各种日新月异的方式侵占着文字的空间,包括我们的语文课堂。

近年来,多媒体教学已经成为语文教师驾驭自如的教学手段。如今在一节教师精心准备的语文课堂上,如果没有图文并茂的多媒体课件的辅助,几乎是不可想象的,也是相当少见的。同时,我们也看到,传统的教学手段(比如漂亮的粉笔字、优美的板书等)正逐渐被冷落,现代化的电子白板成为课堂的新贵。作为教师,我们应该怎样看待教学手段的变化?怎样看待新技术支持下的语文课堂?我想,传统的教学手段也自有价值,仍有生命力,但面对新技术的冲击,拒绝或排斥无疑是不可能的。新的教学手段的加入,图片、音乐以及其他媒体形式的恰当运用,在给教学带来便利的同时,也使语文课堂增色不少,对语文教学有很多意想不到的好处。

可是,我们必须思考的一个问题是:语文教学这样一门语言的学科,一定要有图片等其他媒体形式的辅助吗?

我曾经听一名语文教师讲授朱自清的《匆匆》,在课堂上,这名教师用了一张动态图片:在富有意境的背景下,水一滴一滴地滴下,以此向学生传递出时间流逝的感觉。

这样的图画效果自然是一般文字难以传达的,让学生直观地体验到课文所描写的时间在"滴答滴答"中不停流逝的感觉。

这个细节的设计说明这名教师很用心,但我也在反思:这样做到底好不好呢?我一边反思,一边有一种淡淡的忧虑。

我们都知道,中国的文字是从图画演进而来,它最初是一种传递信息、记载信息的工具，但随着文学的产生，文字便不再仅仅是一种工具，而具有了审美的价值。由文字构成的文学作品，创造出独特的审美形象，丰富着我们的想象力和心灵。

应该说，时至今日，无论是美术、音乐、文字作品、雕塑、电影等，各种艺术形式都在丰富我们的精神世界，也都有各自不可替代的魅力与价值。

回到语文教学的话题，语文教学有独特的学科价值，它是一门语言学科，除了具有"工具性"以外，还具有"人文性"，是通过文字培养学生的想象能力、审美能力。它和美术、音乐等学科有相通之处，但同时又有各自不可替代的价值。

我的担心是，语文教学过多地通过图片展示予以辅助，固然让学生对文字描述的事物有了清晰的认知，但同时会不会弱化学生的想象能力？

这种担心并不是没有来由的，许多的语文教学名家都指出，语文教学是一门讲究留白的艺术。文字无法清晰呈现的地方，恰恰是引人遐想、用想象力去补充和丰富之处，在人们的脑海中留下了无限遐想的审美空间。

有了图片固然更直观，但是不是也破坏了进行想象的可能性，更妨碍了语文学科功能的达成？

这个问题必须引起重视，需要教师在教学实践中予以辩证地认识。

正所谓："过犹不及。"有时候，在语文教学中适时地引入图画，可以帮助学生更好地理解语言文字，弥补语言的不足。但是，有时候不适当地使用图画，就可能破坏语言独有的美感，影响学生语言文字能力的发展，也不利于学生想象力的培养。

也就像我在开篇所说的，好的语文教学是应该有画面感的。这里的画面感，不一定是要通过直观的画面来体现，而更多是靠文字来达成的。

因此，我总在想，对于语文教师来说，多媒体技术的使用固然丰富了我们的教学手段，但语文教学的一些基本功还不能丢。比如，即便不借助多媒体技术，仅靠一本书、一支粉笔，我们是否一样能够为学生创造优美的文学意境，让学生获得丰富的审美感受，在学生的头脑里描摹出一幅幅优美的画面呢？

教无定法，学无定法，我们不反对使用新的教学手段，但也不能一味推崇它们，否定了传统教学手段的价值，至少，对于语文学科而言，两者没有孰优孰劣之分。

（二）语文课堂是什么味

课程标准是教学的总纲，近十多年来，语文课程标准作为新课改的产物被制定出来，又几经修订完善。每一次课程标准的修订都会对语文教学实践产生深刻影响。那么，我们应该如何正确地理解语文课程标准的要求，让语文教学有一个清晰的定位呢？

正确理解语文课程标准涉及这样一些问题，包括：如何认识我们的语文教材，即如何认识文本？如何科学地认识教与学的关系？如何在语文教学中处理好教学和教育的关系等。

课程标准，过去叫教学大纲，它的基本出发点就是语文学科的定位问题。课程标准的每次修订都意味着对其学科定位的重新审视。但这并不意味着每次修订都是对语文学科的定位有了更清楚的认识。不是这样的，实际上，中华人民共和国成立以来，关于语文学科的定位及功能，我们一直在摇摆不定或左右徘徊。语文教学究竟是应立足于"工具性"，还是"人文性"？在语文教育界曾有过几次大的论证，甚至有过激烈的论争，最终也没有达成一致的结论。

近年来，随着新课改的推进，随着三维目标的强调，许多的教师都会有这样的感觉，一些学科的定位变得更加模糊，甚至学科的界限也模糊了。

例如，我们进入课堂听课，如果不是事先被告知，我们在课上了一半的时候才走进教室，有时候可能不知道教师讲的是什么课。这绝不是夸张，特别是在小学的课堂上，很多课的教学形式都差不多，大量地使用多媒体声像资料，课堂上有很多的小活动、小游戏，非常丰富多彩，特别是近年来学科融合的概念颇为流行以后，仅凭课堂教学的形式，一眼看上去，你还真不敢说是什么课。

这个问题值得深思：面对学科融合的趋势，我们是否还要坚守每个学科（比如语文学科）的功能定位？

我的观点是应该坚守。从教学发展的历史来看，不同学科的出现就在于它们各自具有不同的价值与功能。每个学科都有自身独特的功能，有自身不一样的味道。越是走向学科融合，就越要先弄清楚各学科的功能定位，这样才不会盲目地融合，使各学科相得益彰。

从语文学科来说，在这次新课改中，随着课程标准的修订和调整，似乎是更强调语文学科的"工具性"了。对于"工具性"的强调，大家最明显的感觉有这样两点：一是新的课程标准对于识字、写字的教学尤为注重；二是十分注重语言的运用，以读促写。

也正因如此，在小学阶段，尤其是小学低年段的语文课堂上，识字、写字成了重要的教学内容，除了专门的集中识字课以外，几乎每节课教师都会拿出10分钟左右的时间用于识字教学。另外，为了加强语言的运用，教师就会在课堂上采取以读促写的方式，一读课文就让学生更多地练笔，从练习写话、写句子到写作文，这也在课堂上占了很大的比重。

但是，我在思考这样的处理方式是否合适？学生对这样的教学方式是否感兴趣？这样又是否真正会让学生的语文素养得到提高？这些都是值得商榷的。落实语文课程标准的要求、实现语文的"工具性"固然是很重要，但不能机械地去理解和执行。

语文教学的"工具性"不容忽视，但"工具性"的目标达成还可以更"语文"一些。

近年来，从学者到普通语文教师都目睹了语文教学的一个尴尬现状，我们称之为"母语的失落"，其主要表现可以概括为母语学科缺失话语权、传统文化缺失认同感、语文课堂缺失本原色。

究其原因，不能不说与我们的语文学科教学有很大关系，与在应试教育的影响下，过于注重语文的"工具性"功能有很大的关系。

矫枉不可过正，语文教学的"工具性"与"人文性"都不可偏废，两者缺一不可。而"工具性"的达成更多应在实现"人文性"功能的同时不着痕迹地达成。

语文是我们的母语教育，语文的背后是我们民族几千年深厚积淀的文化传统，它是中华文化的承载。

面对如此丰富的教学资源，我们的语文教学怎能只落脚于字词句篇的训练，而忽视了其本应有的人文性和人性关怀？

语文课程标准是一个基本要求，要落实其中的要求可以有多重路径。最优的路径选择，无疑是让学生在涵咏母语的魅力中，在培养学生的人文底蕴中，在多姿多彩的语文教学活动中，潜移默化地予以贯彻落实。

正是在这样的视野下，我们提出了博雅语文，这是我们在基于语文课程标准的同时，对语文教学的校本化建构，其目的就是让语文教学在关注母语、发现儿童、回归生活、以文化之的生动实践中，打通"文"与"人"之间的隔膜，让语文教学多一些"语文味"，也让学生找回学语文的快乐。

（三）还原"美"而"雅"的本色课堂

让学生能够有基本的理解和表达是语文教育的关键，也是语文教育对现代生活的意义所在。对于小学生关于"文"的理解与表达的培养首先是通过为学生还原一个"美"而"雅"的本色课堂来实现的，而这样的本色课堂由平凡的爱与感动支撑，并构成一个以学生为主体，学生、教师、文本之间不断对话的发现、学习、传递、延伸的循环往复的过程。

教育的目标林林总总，但语文课堂作为一种人文教育，其最核心的落脚点固然在于一个"文"字，因而，语文教学最基本的要求即培养学生对"文"的敏感性，用带有语文本色的"文"来讲或许就是让我们的学生能够在面对一丛野菊花时便有怦然心动的情怀，这是对于文字、语言的敏感性，更是对于生活、爱与感动的敏感性，这即是一种共情。

学生在学习语文的过程中通过阅读文本、联系个人生活经历、调动所拥有的思维资源，从而达到与作者、文字、他人的生活体验、思想情感等形成共情。因此，小学语文的课堂教学设计中往往离不开以"理解""体会""感悟""领悟""情感体验"等为关键词的教学目标。实际上，在这样的教学目标的引领下，我们始终在做着一件看似平凡甚至有些空洞，却又极为重要的立"文"教育，那就是引导那些纯净、稚嫩的"小心灵"们发现感动、学习感动、传递感动、延伸感动。

现代社会母语的失落引起了整个学术界的忧虑和思索，母语学科缺失话语权、传统文化缺失认同感、语文课堂缺失本原色的母语失落现象需要在立"文"教育的小学语文课堂中获得拯救和弥补。而具有审美情趣的教材课文的选择、蔓延爱与感动的课堂教学设计、传统文化艺术整合的教学理念正在尝试着带领母语走出失落。

《义务教育语文课程标准（2011年版）》中指出，"阅读是学生的个性化行为。阅读教学应引导学生钻研文本，在主动积极的思维和情感活动中，加深理解和体验，有所感悟和思考，受到情感熏陶，获得思想启迪，享受审美乐趣。要珍视学生独特的感受、体验和理解"。

由此可见，培养学生的审美情趣也是语文课的基本任务之一。"美"的文字带给学生的不仅只是一时的体验与享受、粗浅的乐趣与酣畅，更是与构成优美文字背后的种种文学性要素构成共情。"美"的文字构成一种作者的无意识示范，让学生在潜移默化中循着视角去学会如何发现身边的美，如何呈现身边的美，如何表达因美而生发的情感，如何传递延伸而使之永恒。

"美"的文字为语文课堂提供了一个纯净、本原的母语环境，使语文课堂的教学能够在一个舒适、自在的氛围下实现爱与感动的传递目标与任务。学生通过阅读"美"文，学会发现美并模仿作者去观察身边的美与爱，随后在分析文本表达特点、体悟表达情感的环节中学习怎样感动、怎样呈现感动、怎样表达感动，进而以书写的形式进行感动体验后的传递与延伸，最终使得学生利用语文课堂所习得的"美"与"感动"的体验发现、学习呈现、传递延伸进行感动的个性化再创造从而使之永恒，像他们最初所欣赏的那些"美"文那样永恒。

除了美"文"的体验与享受、爱与感动的发现与传递以外，语文课程还应通过优秀文化的熏陶感染，以还原传统文化本色，还原语文的多元艺术形态。学生要想学好语文，笔墨纸砚、琴棋书画等中华传统文化要素是真正的底蕴积淀。

以《墨梅图题诗》一课为例，作者用淡淡的色彩、新颖的构图勾勒了梅花清丽脱俗的身姿。诗与画虽形式不同，但同样表达了作者的心声且意境统一，可谓"诗中有画，画中有诗"，再佐以苍劲有力的书法以及红色印章，整幅作品具有很高的美学价值。然而，题图诗这一艺术形式的陌生性为赏画、读诗、借用诗画欣赏、读懂题画诗的内涵等内容的讲授带来了全新的挑战。

在这样的诗歌教学中，教师引导学生通过赏画品诗，结合诗画欣赏从画的色彩、构图，诗句内涵及表现手法等多方面体会作者卓尔不群、不同流合污的品格。让学生通过诗与画之间的关联，体会题图诗"诗中有画，画中有诗"的特点，从而激发学生对于古典传统文化形式的审美情趣和追溯意识。

或是配以古琴酝酿的《伯牙绝弦》，或是诗歌新作的《落花生》，或是书法春联的《北京的春节》等，在语文课堂上对于传统文化艺术的本色回溯与还原，正是印证了语文教育传递美与感动的教育理念。

（四）在阅读中品味语文之美

叶圣陶先生几十年前的一句"口头为语，书面为文"，道尽了"语文"

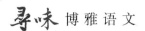

二字的含义，这同样也一直是语文教育的本义。语文始终关注于语言本身，既要教口头语言，又要教书面语言。在现今的小学语文课堂上，阅读课占了大部分，教师需要重视学生语言意识品质的养成。

语文课的内容不可谓不丰富，从声韵优美的诗词歌赋到灵活多变的小说散文，从风起云涌的先秦战国到震撼人心的现代战场，从神奇玄妙的生物进化到感人肺腑的动物真情，瞬间那一个个不曾涉足过的绚烂世界就这样向着年少的学生们敞开了大门，邀请青春洋溢的他们畅游其中。一篇篇内涵丰富的经典文章，一节节设计精彩的语文课堂，一句句精心考究的教学语言，组成了蕴含丰富的语文教学，学生理应在课堂阅读中受益良多。

但不得不遗憾地说，从小学语文教育的现状来看，学生在低年段，由于受年龄和阅读数量的限制，对语文学习还能够保持一定的积极性。但是，随着年级的逐步升高，有些学生在各种辅导班的锻炼下知识面也越来越宽，语文课堂上所教授的文章俨然不能引起他们的学习兴趣。久而久之，语文课堂变成了教师一个人的"独角戏"，间或有语文能力强的学生的完美配合，本该趣味十足的阅读课无奈地走上了生硬枯燥的道路，而语文也逐渐陷入了一场困局。

问题何在？原因之一就是忽略了语言学习本身的美感，特别是在阅读教学中，教师面对学生知识面的拓宽和识字量的提升等没有及时调整教学目标，让学生失去了语文学习的乐趣。

美与情感是紧密相连的。语文的阅读就是要让学生能够从文本中的语言表达形式读懂其思想感情，为语言文字所蕴含的丰富意味而震撼，在课文的品读赏析中体验不同的情感表达，以审美的方式进入语言的世界。

每篇课文的语言文字都成为表现作者思想情感的存在，都是作者用语言构建的独特意义世界，可谓是一花一世界、一语一情思。同样，作者精心书写的语言文字也展现了其如何看待世界的思维眼光。由此可见，课文的思想情感原本就是融合在语言文字当中，在学生进入阅读状态，一开始接触课文的语言时，作者的情思就这样毫不保留地娓娓道来。

反观现在的大部分语文阅读课堂，教师始终带着学生阅读，尽管学生对于种种提问常常能够对答如流，但学生还是缺乏充分的自己阅读的时间，进而导致他们难以入情入景地体会课文的优美语言和深厚的思想情感。

语文教授的是我们的母语，丰富的文化意义都在语文教学的听、说、读、写中——道来。在一篇课文中，作者的思想情感始终充盈在语言文字之间，而语言文字在展现别样情致的过程中为学生创设了一幅多彩的画面。因此，语文教师如何从一开始就让学生在阅读中触碰到作者的情思，使其情动于心而发乎于形，主动跟随着教师走入课文情境，顺着作者的心路历程感受语言的魅力成为阅读教学的关键一步。

以《西门豹治邺》一课的教学为例，在课堂教学中，教师以课文的语言为切入点，一步一步地引导着学生去探求西门豹如何破除迷信，进而理解勇于破除迷信根源于科学。这篇课文在写法上大量地运用人物语言，展开故事情节，深化人物形象，以语言反映故事内容、以语言表现人物机智、以语言揭示矛盾斗争。因而，教师根据文本的这个特点，做到了有步骤地逐层深入地通过课文语言解读人物的言行，并适度地引发学生想象，最终从更高层面审视课文如何用笔以及运用何种手法塑造人物。

对于有些课文由于篇幅过长和详略安排不均，导致学生全面理解人物形象出现困难，相应的也造成了对课文中的思想情感把握不清。《白衣天使》这篇课文就是这样。这是一篇短篇人物传记，按时间顺序选取了南丁格尔一生的典型事例，向人们展现了一位传奇女性的人生。课文记叙了南丁格尔一生的主要经历，但对于每段经历的记述皆不够详尽，对学生全面深入地理解人物有一定的难度。因此，在教学中就需要教师精心设问，引导学生积极主动地进行自主探究，使学生在读中理解，读出心灵碰撞的内容，读出作品表达的情感。这种有重点的精读使得整篇课文的思想情感一一呈现，学生不禁沉浸于课文构建的意义世界。

每篇课文的丰富意蕴都蕴藏在语言文字当中，开启语言之美的钥匙掌握在教师的手中，教师在阅读教学中要引导学生满怀期待地走进文本，在与作者的情感共鸣与思维碰撞中，情动于心，受到爱与美的陶冶。

（五）自然是最高的教学之美

追求自由开放的语文课堂是博雅语文的课程价值观之一。自由是人的一种本性，追求自由是人的一种权利。正如教育家卢梭所言，"人是生而自由的"。教育的目的就是让人得到自由的发展，使人成为具有独特个性的人。

自由首先是教师的自由。在北大附小，我们一直倡导放权给教师，让教师自由，既尊重教师对教学内容的选择，又鼓励教师形成自己的教学特色与教学风格。

只有自由，才能自然，自然是最高的教学之美。在课堂上，教师要有自然的教态，包括讲课的腔调、音量的控制、语言表达的精确、情感分寸的把握以及得体的着装、举手投足的动作幅度等，然后才是对文本内容的传达，包括恰如其分地分析文本，不着痕迹的教学环节过渡等。

但是，许多时候教师在课堂上不自觉地用力过猛，因此就会显得很不自然。

最简单的例子，在语文课堂上，教师在朗读课文和讲解课文时，语调应该是有所区别的。如果不能有所区别，讲课时还是朗诵的语调，或者像在台上演话剧一样，可想而知，听起来肯定不自然，甚至有些做作，其结果是更显得呆板而没有情感，也少了一些轻松幽默。最糟糕的是，因为教师这样，致使学生在课堂教学中也变得不会自然说话了。学生端着架子说话，说话都像是在朗诵课文，这不能不说是受了教师在课堂教学中的影响。

当然，有感情地朗读课文，是语文课程标准的一项要求。对于这句话，教师要正确地予以理解领会。所谓有感情，是要求教师用适合的语调、恰当的表情去通过绘声绘色的朗诵，将课文中的情形生动地再现出来。有感情是要求教师感情饱满，而不是过分夸张。但可能是对这个要求理解不当，有些教师在范读时表情过于夸张，显得过不及。这样既偏离或曲解了语文课程标准的要求，又是对教学内容的不正确理解。这样的"有感情"，我认为是语文教学的大忌。

在语文课堂教学中，教师要有情感的投入，以情动人，但感情的表达应当是自然而然的。

这让我想起德国美学家莱辛，他写过一本很有名的美学著作叫《拉奥孔》。拉奥孔是古希腊时期的雕塑名作，这组雕塑取材于希腊神话，说的是拉奥孔父子因警告洛伊人不要接受希腊人的木马，被海上游来的巨蟒所缠绕。莱辛面对这组雕塑提出了一个看似不是问题、实则是一个重要美学命题的问题，就是拉奥孔父子被巨蟒所缠绕，脸上呈现出的神情为什么不是痛苦的哀号，而是有节制的叹息。对此，莱辛自问自答说，如果拉奥孔父子的表情是哀号的话，反映在雕塑上势必要留下大张的嘴巴，嘴巴看上去是黑洞，显得很丑陋，这与古希腊的美学则是冲突的。为此，雕塑的作者将他们的面部表情塑造为有节制的叹息。由此，莱辛提出了一条美学原则就是真正的艺术会把感情控制在到达顶点前的一步，既饱满又有节制，这样的艺术才是美的。

语文课堂教学也是一门行为艺术，如何把握好教学中的情感表达是一项较高的要求。教师要充满感性，但又不能过于矫情。自然的情感表达，不妨是朴素、淡定的，懂得情感的收敛和节制。把情感控制在语言的"地表之下"，也如同中国审美艺术中所说的"乐而不淫，哀而不伤"，这样的教学才更有吸引力、感染力。

　　与此相关的一个问题就是，教师对文本的分析和阐释都要适度。一名好的语文教师，应该在带领学生涵咏课文的基础上，通过分析、阐释和引申，让学生理解文本背后的意蕴，为文本增值，使文本升华，使学生获得更大的收益。但前提是教师的分析讲解、意义阐释都要尊重文本本身，不能生硬拔高或升华，这样也是用力过猛的表现，显得很不自然。

　　总之，一名优秀的语文教师，其教学一定是自然的，如水赋形，因势利导。在语文课堂教学中，教师要用恰当的语言、亲切的教态、适合的情感表达与准确地阐释文本，给学生以智慧的启迪与审美的陶冶。

　　一名语文教师要在不断的学习和实践中，追求自然的教学境界。这一点从很多语文教学名家的讲课中我们都能体会到。自然的语文教学要懂得节制，懂得留白，懂得过犹不及的道理。

[第六篇]
教与学，生命的对话

一、"文""言"的对话：短文厚学——《杨氏之子》教学实录及其评析

当前，文言文教学可谓是小学语文教师的一大"痛"点。为什么"痛"，因为入情难、蕴理难、得法难，让学生饶有趣味、日益精进、学有所获更是难上加难。综观现在的文言文教学，大多延续固定的套路，字字翻译，句句精讲，教师一一对译，学生奋笔疾书，如此将文言文生吞活剥、死记硬背的，着实不在少数。

古文云："书读百遍，其义自现。"文言文教学要重视诵读的指导，培养学生的语感、直觉、积累、顿悟能力，然而，针对诵读这个环节，应该如何设计？如何进行引导？如何走进去，又走出来，达到文章、文学、文化的相融？这仍是亟待探索的难题。

2015年10月，适逢"京城杯"教学大赛在北大附小举行，黄老师的《杨氏之子》一课，融"言"于"文"，读思结合，平中见奇，给观摩者留下了深刻的印象。下面本书谨撷取这一课的教学片段，以期抛砖引玉。

（一）古文新读，品味"文"的内涵

《杨氏之子》选自南朝刘义庆的《世说新语》，它讲述了梁国杨氏家族中一个9岁男孩礼貌、智慧接待客人的故事。这篇课文情节简单、语言幽默，读来颇有一番趣味。

《杨氏之子》是人教版小学《语文》第九册课文，对于9岁的学生来说，系第一次接触文言文。如何让学生饶有趣味地品读、赏析课文，体会文字的精妙、思想的蕴含以及中国文化的博学与厚礼，这是本课的难点。

师：（出示PPT 1）同学们请看大屏幕，你发现了什么？

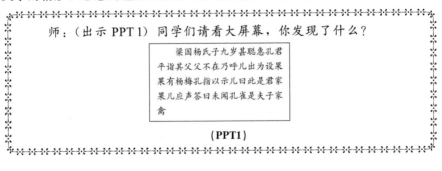

(PPT1)

生：老师，我发现这篇课文没有标点符号。

师：没错，在古代文言文当中都是没有标点符号的，那你们能读吗？

生：能。（朗读课文，略）

师：读得特别好，声音很动听，让我想到了一句成语叫作"余音绕梁"。同学们再来看看又有什么变化呀？（出示PPT 2）你来说。

生：成竖着写了。

师：对，竖排版。

生：而且从右开始。

师：你会读是吗？你把方法给同学们说说应该怎么读？

生：应该从右到左。（学生朗读，非常美）

师：你叫什么名字呀？

生：温胜坚（音）。

师：特别好听的名字。来，你们再看大屏幕，又发生了什么变化？（出示PPT 3）

(PPT2)   **(PPT3)**

生：繁体字。（有人惊呼出来）

师：能读吗？

生：能。（学生齐答，很有力）

师：自己读自己的，试一试。（学生齐读，略）

师：（出示PPT 4）同学们请看大屏幕，你们又发现了什么？

生：缺少人物对话。

师：我相信这样的对话都印在了同学们的头脑中，留在了同学们的心里。谁能读？

生：（站起来朗读，略）

师：同学们再看，大屏幕又发生了什么变化？（出示PPT 5）

梁国杨氏子九岁，甚聪惠。孔君平诣其父，父不在，乃呼儿出。为设果，果有杨梅。孔指以示儿曰："＿＿＿＿＿＿。"儿应声答曰："＿＿＿＿＿＿。"

(PPT4)

梁国杨氏子九岁，甚聪惠。＿＿＿＿＿，＿＿＿，＿＿＿＿＿。孔指以示儿曰："此是君家果。"儿应声答曰："未闻孔雀是夫子家禽。"

(PPT5)

生：少了一件事。

师：谁记到了心里？好，那个男同学读给同学们听。

生：（朗读，略）

师：好，同学们再看，现在又少了什么？（出示PPT 6）

生：好像前面少了一句。

师：少了什么？

生："梁国杨氏子九岁，甚聪惠。"

师：少了一句话，这句话告诉我们什么？他是一个怎样的人，对吗？

生：告诉我们杨氏之子是个怎样的人。

师：很好，大家能不能再来一遍？

生：能。（朗读）

师：我想说你们也是"甚聪惠"，来，我们给自己一点掌声。最后，看，大屏幕又发生什么变化了呢？（出示PPT 7）

＿＿＿＿＿，＿＿＿＿。孔君平诣其父，父不在，乃呼儿出。为设果，果有杨梅。孔指以示儿曰："此是君家果。"儿应声答曰："未闻孔雀是夫子家禽。"

(PPT6)

＿＿＿＿＿＿＿＿＿＿

(PPT7)

生：内容全没有了。

师：能记住吗？来，全班同学站起来，齐读。

生：（全体学生大声朗读，略）

师：请坐。同学们我们回忆一下，虽然这篇文章是文言文，字数不多，仅55个字。但是它的结构是很清晰的，两个人，一件事，一段精彩的对话。那我们还可以这样读，我来读人，你们来读事情，然后说出精彩的对话，行吗？（师生合作读，略）

关于文言文的诵读，相关的研究不少，专家学者们的指导也屡见不鲜。然而，如何从文言文的"言"出发，跳出狭隘的语言，融合文的内涵，让学生想读、乐读，读出其中的思想、其中的韵味、其中的境界，这十分难能可贵。黄老师的诵读指导可谓平中见奇、匠心独具：去标点—竖排版—繁体字—少人物对话—少原因—少孩子的行为—师生合作读—白话文。八次诵读，任务不同，目标不一，抽丝剥茧，层层递进，让学生读懂、读顺、读通，直到融情会意、成竹在胸。在这里，"去标点—竖排版—繁体字"的诵读抓住了文言文的形式，从文言文的进化娓娓而来，蔚为大观；"少人物对话—少原因—少孩子的行为—师生合作读"的诵读抓住了文言文的实质——人物的性格与形象。《杨氏之子》美在9岁孩子的对话，美在9岁孩子的行为，他不卑不亢、聪慧机智、彬彬有礼、落落大方。如此从大处着手、小处着眼，从文化引入，从文章见收，可谓纵横捭阖、浑然一体。学生不仅熟读成诵，而且更对课文的大意、情感、思想有了深深的领悟。

（二）短文厚学，把握"言"的精妙

通过"言"把握"文"的内涵之后，黄老师话锋一转，又准备从"文"入手，让学生体悟"言"的精妙。

> 师：我来到你们家，结果你父亲不在，你们给我端上一盘水果，我指着里面的杨梅说"此是君家果"。
> 生："未闻孔雀是夫子家禽"。
> 师：好，此之为"应声答曰"。不过孔君平还有话说，你看，我不仅聪明，而且还懂礼貌。你们的年龄比我小，但是我仍然称呼你们为"君"，你看我多懂礼貌啊，你来说说。
> 生：我们还把您称为"夫子"呢。
> 师：什么是夫子？一提到夫子你们想到的是什么？
> 生：先生。
> 师：想到了先生，想到了中国古代有一个人？
> 生：孔夫子。
> 师：孔子，被后人尊称为至圣先师、万世师表，你看你称呼我

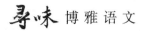

为"夫子",我很高兴,这就让我想到了古代人常说的一句话"不知礼,无以立"。你看,我仍然觉得我很聪明。我给你们开了一个玩笑你们听出来了吗?

生:听出来了。

师:你们姓杨,杨梅也有"杨"字,我把两个看似没有关联的联系在了一起,你看我多聪明。

生:我想说的是我们也很聪明。您还是在看到杨梅之后才说出来的,而我们是在没有看见孔雀的情况下说出来的。

师:哎哟,你们比我厉害,还有吗?

生:我们跟您开玩笑,前头加一个"未闻",而您跟我们开玩笑,前面没有加一个"未闻"。

师:那有这样一个"未闻"带给我们的感觉是什么呢?

生:语气委婉。

生:很有礼貌。

师:这样一看,同学们说话一定是经过了谨慎的思考,然后做了回答,因此,什么是聪明?聪明还有"慎于言"。

《世说新语》是记录南朝名士轶闻轶事的小说,主要包含人物评论、清谈玄言和机智应对的故事。作为魏晋风流的极好史料,《世说新语》对魏晋名士的思想群像有着传神的勾勒,如《杨氏之子》一文就对杨氏之子的语言论辩、聪明才智、儿童礼仪有着生动的刻画。

其实,不仅在南朝历史中,甚至在整个中华文明轨迹中,关于论辩与演说艺术,历来是中国语言文化的一大瑰宝。如何在对话中晓之以情、动之以理,既从礼节,又为心声,这实在是需要好好修炼的。历史曾为我们留下了脍炙人口的名篇,比如乐毅的《报燕王书》、司马迁的《报任安书》,字字都是精警的书信,句句都是智慧的语言。然而,时过境迁,如何让学生走进情境,从简单的文言文中体会"聪慧"背后蕴含的思想和文化,在这里,黄老师借助情境再现,通过自然对话再现了杨氏之子的语言与智慧。这不啻为一种慢镜头的艺术,在这样的艺术中,文言文的语言、神采、语气都被一一放大,反问、反诘、追问等策略的运用让杨氏之子的形象立刻丰满起来。本课的灵魂——聪慧背后的内涵"敏于行,慎于言""不知礼,无以立"等也立刻得到彰显。

（三）"文""言"结合，体验文化的魅力

师：像《杨氏之子》这样的小故事还有很多很多，我再向同学们推荐一篇，可以读一读。邓艾口吃，语称"艾艾"。晋文王戏之曰："卿云'艾艾'，定是几艾？"对曰："'凤兮凤兮'，故是一凤。"

话说有一个人叫邓艾，他有些口吃，每次在说自己的时候，尤其是要向晋文王汇报一些事情的时候，总是要先自称一下，这一自称不要紧，一口吃说了好几个"艾艾"。于是这晋文王就开始逗他了，说你一说话就说"艾艾"，到底有几个邓艾啊？这个邓艾就回答："'凤兮凤兮'，故是一凤。"这是怎么来的呢？传说有一次孔子在周游列国的时候，有一个楚狂接舆把着他的车，在唱一首歌，这首歌就是凤兮凤兮，何得之衰？"凤兮凤兮"是几个凤凰？

生：一个。

师：没错，他的聪明巧妙之处在哪儿你们看出来了吗？有没有回答晋文王的话？

生：回答了。

生：不仅回答了，而且他还把自己比作了凤凰。

师：中国历史上把自己比作成凤凰的人可不多，你们所知道的都有谁？

生：皇后。

生：还有《三国演义》里面的庞统。

师：没错，所以他的评价是什么？

生："得卧龙凤雏一人者，可安天下"。

师：没错。把自己比作凤凰，怎么样？了不起！像这样的小故事都是来自《世说新语》。另外还有我们熟知的成语"望梅止渴""管中窥豹""七步成诗"等都是从《世说新语》里面来的。"期期艾艾"你们知道从哪儿来的吗？

生：就是刚才那个。

师：没错，都是出自这本书。现在有很多人为这本书写了一些注释，还有的编成了漫画，你喜欢哪一种？同学们可以在课下找一找、读一读。

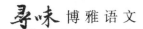

人们常说语文课应该有语文味。语文味究竟是什么？我认为语文味就是文化味，它包含情感、理智、趣味，以及一切格物致知、润泽心灵的要素。而文言文又是语文中的极品，文言文教学要体现本身的规律，就是说无论诵读也好、析理也好，应该从它的特质出发，把握"文"的内涵与"言"的实质，让学生从课文进入，由此感悟文学的润养，体验文化的真味，而绝不是生搬硬套、生吞活剥。

黄老师的《杨氏之子》用独到的诵读指导，通过"聪慧"内涵的挖掘，融"文"于"言"，借"言"探"文"，体现了"文"与"言"的交融。说到底，"文""言"结合就是要回到语文课的本质，让学生学会运用母语来表情达意。因为母语根植于文化的沃土中，所以语文教师理所当然地要成为"文化人"，浸泡在文化的海洋中，"语文式地栖居"着，唯此才能跳出狭隘的"言"，文言文教学也才能小中见大、平中见奇，展现语文的高境界、高品格。

二、诗意的对话：高山流水妙机缘——《伯牙绝弦》教学实录及其评析

《伯牙绝弦》是一篇文言文，这篇课文在向学生讲述时采取了传统的析字释义、深化主旨的教学法，同时注重相关文学典故、古典诗词的渗入，通过重重设问以激发学生形象化层面上的深切感受和逻辑性层面上的合理思考，让学生在掌握课堂可量化的语言知识以外，增强其对人类美好的感情——觅得知音，这种使精神世界纵深化的体验。

在教学内容的开展上，主要分为六大步骤，即典故导入—难字难句—训练朗读—疏通大意—点明主旨—深化主旨，接下来将结合课堂对话加以阐释。

《伯牙绝弦》一课在教学设计上有五大闪光点，包括列举古文样式、补充一词多义语言知识、活用古文句式、表述观点练习、诗词拓展积累等，这部分也将结合教学实录摘选加以说明。

（一）教学步骤梗概

第一步：主题相关故事导入，漫谈友谊典故，提到了桃园三结义、忘

年之交、管鲍之交等。

第二步：难字难句释疑，字顺义通而后可读。以"善哉，峨峨兮若泰山！善哉，洋洋兮若江河！"为例，先分别讲述"善哉""峨峨兮"的意思，然后在理解文意的基础上再次朗读，朗读效果很是激昂。

第三步：有感情地朗读，断句要准语速要缓。通过请学生单独朗诵，重点纠正断句和语速。起先，男声抑扬顿挫，不疾不徐；后女声轻快，语速稍快；最后齐声朗读，疾缓得当。

第四步：疏通大意，提字析句文意现。请学生讲讲课文讲了怎样的故事，并做部分纠正。

第五步：点明主旨，厘清故事释情境。通过"伯牙鼓琴志在高山，钟子期曰：'善哉，峨峨兮若泰山！'你看到了怎样的画面""你从伯牙的琴声中听出了什么""巍峨的泰山谁能读"等一系列问题，引导学生思考课文的意境。

第六步：深化主旨，知音情怀为哪般？通过组织伯牙的琴声与其中蕴含的志向的分析，让学生对主人公的品格有了更深的认识，让学生进一步感悟到知音间的美好。所谓"高山流水琴三弄，明月清风酒一樽"，人生得此一知音足矣。

（二）教学设计亮点

1. 闪光点1：古文样式试举

在课堂上，教师可以充分利用多媒体教学工具来拓展学生的课外知识，不仅可以让学生了解课文的读法和含义，而且还要拓展其对原汁原味古文的了解。了解古今文章在形式上的差异是一大亮点。鉴于阅读繁体竖版颇有难度，教师只选取了简体字无标点版，比较符合教学实际。请看以下这段教学实录：

师：好呀，越来越有味道。来，看一看，你们发现了什么变化？（出示 PPT 1）

> 伯牙善鼓琴钟子期善听
> 伯牙鼓琴志在高山钟子期曰
> 善哉峨峨兮若泰山志在流水
> 钟子期曰善哉洋洋兮若江河
> 伯牙所念钟子期必得之子期
> 死伯牙谓世再无知音乃破琴
> 绝弦终身不复鼓

(PPT1)

好，再看，又发生了什么变化？（出示 PPT 2）

> 伯牙善鼓琴，钟子期善听。
> 伯牙鼓琴，志在高山，钟子期曰：
> "善哉，峨峨兮若泰山！"
> 志在流水，钟子期曰：
> "善哉，洋洋兮若江河！"
> 伯牙所念，钟子期必得之。
> 子期死，伯牙谓世再无知音，乃破
> 琴绝弦，终身不复鼓。

(PPT2)

（师生分句合作朗读两次）

2. 闪光点2：补充语言知识——一词多义

在文言文的学习过程中，语言知识占了很大一部分。一词多义作为一种语言现象，就像现代汉语中的近义词、反义词一样。在教学过程中遇到这种情况，教师可以着重点明，让学生对这类语言知识有初步接触也未尝不可。请看以下这段教学实录，了解教师是如何引入的：

师：在这篇小古文里，"善"字不止出现了一次吧？

生：对。

师：谁能说说？

生："善"有几个意思，一个是擅长，还有一个是好。这里主要体现的是擅长于某事物，还有"善哉"的"善"是好的意思。

> 师：两个"善哉"是好的意思。同一个字表示不同的意思在古文中很常见，这叫作一字多义。来，拿起笔圈在文中，做好批注。

3. 闪光点3：写作迁移，灵活运用古文句式

在写作中，若有以不变应万变的功夫，岂不妙哉。孔子有言："举一隅不以三隅反，则不复也。"对于一般学生来说，这种迁移能力是完全可以练成的，可以说是有技巧的。举一反三的能力也是通向熟练写作的不二法门。请看以下这段教学实录通过偏正结构的变换塑造了怎样丰富的画面：

> 师：伯牙的琴声可不只有这高山流水，一定还有这样的景象。伯牙鼓琴，志在明月，钟子期曰——
> 生：善哉，皎皎兮若明月！
> 师：志在清风——
> 生：善哉，徐徐兮若清风！
> 师：志在白雪——
> 生：善哉，皑皑兮若白雪！
> 师：还可能志在哪里？钟子期又是如何赞美的？
> （学生思考）
> 生：云彩。
> 师：志在白云。
> 生：善哉，绵绵兮若白云！
> 师：好啊，无论伯牙弹什么，钟子期都能知道，用文中的那句话就是——
> 生：伯牙所念，钟子期必得之。
> 师：真是千里之音一琴牵，他们不愧为音乐上的——
> 生：知音。

4. 闪光点4：思维训练，统一逻辑亮观点

在语文课堂上，首先，语言知识的积累是第一步，但接下来更重要的一步是价值观的引领和情感的表达。通过伯牙与钟子期的故事，学生能从

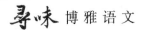

这样美好的友情中学到什么?"润物细无声"的语文教育应该将情感熏陶这样的隐性教育放在首位。其次,语言是一门科学,不能任感情泛滥,制造无效表达,而应该将语言的科学性和思维的严谨性相结合,对学生加以训练,这种研讨式学习尤为可贵。请看以下这段教学实录中的研讨式学习是如何组织的:

> 师:知音相遇,喜;痛失知音,悲。那么,如果伯牙从未见过钟子期,你们觉得他的人生是喜还是悲呢?
> 学生:(主张表面喜,其实悲)
> 学生:(主张悲)
> 学生:(主张悲或喜看伯牙自己的人生态度,不能谈悲或喜)
> 师:真好,你们说得特别棒。其实这个问题没有答案。仁者见仁,智者见智。

5. 闪光点5:诗词拓展,友情诗句知几何

在文言文的学习中,诗词是最好的标杆。唐诗宋词是中国文学的两座高峰,不时地回顾诗词对语文学习有百利而无一害。《伯牙绝弦》中讲到的主题是友情,这可是中国文人千百年来不断歌颂的主题。对诗词的学习,应该有热情,所谓"情不知所起,一往而深"。频繁的接触,方能形成这样的效果。请看以下这段教学实录是如何在诗词拓展中收尾的:

> 师:还有吗?那么,这段山水情缘留给后人的又是什么呢?
> 生:我觉得是对知音的一个定义吧,什么是真正的知音。
> 师:特别好。其实"伯牙绝弦"就此成为知音的代名词,其实也开启了我国特有的知音文化。比如我们熟知的很多关于友情的诗句指引传承。大家都知道哪些关于友情的诗句?
> 师:我们经常背诵的海内——
> 生:海内存知己。
> 师:莫愁前路——莫愁前路无知己,天下谁人不识君,读出来,劝君更进一杯酒,西出阳关无故人。桃花潭水——

> 生：桃花潭水深千尺，不及汪伦送我情。
> 师：这都是知音文化的一部分，绵延不绝。

（三）小结

这是一堂充满生气的语文课，教师通过克服生字、僻义、断句等困难，疏通了文意，并让学生在一遍遍的朗读中对古文的行云流水之文气有了直观的体会，对中国传统重情重义的知音文化有了初步认识。德国存在主义哲学家海德格尔曾说："人诗意地栖居大地之上"。在价值观念失衡的当下，《伯牙绝弦》这篇课文及教师的阐述方式便能为年轻一代诗意的生活助力吧。

三、文本的对话：字里行间 "绘" 闰土——《少年闰土》教学实录及其评析

《少年闰土》节选自鲁迅的小说《故乡》，虽是节选，在行文上却是完全独立的，而且运用了丰富的表达方式，文章语言真切婉转。作者的笔墨多着眼于闰土的外貌和动作的描写，说起闰土，我们的脑海里便浮现出在金黄圆月下，项带银圈、手捏钢叉的生气勃勃少年。王老师在课堂上采用引导式的教学法，让学生在课堂上通过对课文的字斟句酌来体会作者极富色彩和声音的用词。

（一）对话文本，触摸语言

叶圣陶先生在《文章例话》中提到："人物的容貌、态度、服装等等是写述不尽的，在写述不尽之中提出一部分来写，当然非挑选那些跟他的思想行动发生关系的不可。"在课堂开头，王老师并没有让学生去读文章开头的那段描写少年闰土整体形象的文字，而是首先引导学生关注闰土留给作者深刻印象的几件事。

寻味 博雅语文

> 师：请大家回顾一下，这篇文章围绕着我和闰土重点描写了哪几件事？
>
> 生：描写了四件事，分别是雪地捕鸟、海边拾贝、看瓜刺猹、潮汛跳鱼。
>
> 师：嗯，看跳鱼是吗？就这四件，那么好。下面请大家默读这四件事，看看闰土给你留下了怎样的印象？可以在相关的语句旁边做批注，开始。

哲学有语云："人的本质是社会关系的总和。"所以，一个人物的形象也是他和这个世界发生的种种事情的总和。作者在描绘闰土的人物形象时并没有用华丽的语言去精工刻画，而是以轮廓勾画的笔法概括闰土的性格特征。

在总结出作者重点描写的几件事后，王老师引导学生细读课文，通过对文本的理解发现人物的性格特征。

> 生：我想说雪地捕鸟。
>
> 师：请。
>
> 生：请大家跟我一起看第六自然段，我抓了几个关键词，就是"什么"，还有"都有"，还有省略号。因为闰土见多识广，所以他才知道哪些鸟类的名称，还有省略号说明不止有这些，我们没有听说过的名称还有其他很多很多。
>
> 师：嗯，你不仅言之有理，而且言之有据，能够抓住文中的具体词句来谈感受，你对闰土的感受是什么？见多识广，把这个词写到黑板上行吗？方便吗？那我帮你写好吗？还有吗？不同的感受。这个男生，请。
>
> 生：就是说他比较机灵。
>
> 师：嗯，从哪里看出来的？
>
> 生：他设计的机关那么复杂，这样能体现出他比较机灵。

我们看到，王老师在对学生的问题做点评的时候，都在给学生强调"从文中找到证据"，这意味着告诉学生，我们对课文的理解必须是来源于课文本身，这样对课文的理解才不会有偏颇。而从课文中找到证据就需要回到课文中找出关键词来支撑自己的论点,这样可以培养学生快速提取文段关键信息的能力。

> 师:有没有从这些动词当中看出来的同学?请。
> 生:我还看出来扫、支、撒、拉,就是说我看出来这些,还是觉得他经验丰富,就像我们城里的孩子,这种方法就不知道。我还知道下了雪再来抓那些小鸟去。
> 师:那你能给我们读一读这段话吗?
> 生:我们沙地上,下了雪,我扫出一块空地来,用短棒支起一个大竹匾,撒下秕谷,看鸟雀来吃时,我远远地将缚在棒上的绳子只一拉,那鸟雀就罩在竹匾下了,什么都有。稻鸡、角鸡、鹁鸪、蓝背。
> 师:是,你看就是这些动词,刻画得特别细致,所以让我们才能具体地体会到一个经验丰富的闰土的形象。好,我们继续来交流,你还想谈哪件事?不同的,这个男生。

在王老师的引导下,学生开始运用抓关键词的方法去提炼中心思想。那么,关键词有什么作用呢?王老师告诉大家:用这些动词可以将形象刻画得非常细致,"一个立体的人"便跃然纸上。

通过以上的学习训练,学生已经明白了通过外貌、动作、语言、细节等描写展现人物形象的方法,体会传神的外貌描写和以事写人的写作方式。

(二)声情并茂,以声"度"人

朗读是语文教学非常重要的一个手段,有充沛感情的代入式阅读可以让学生更贴切地体会到作者的喜怒哀乐。

> 师:读得怎么样?比上次怎么样?更好了吧?我觉得应该鼓鼓掌。你看,经过我们的讨论和大家的评价,我们朗读的水平就会有提升。像这样理解文章的内容,揣摩人物的心理就能读出你自己的

感受。就像这样，同桌两个人读一读。出声读，把声音放出来。好了，如果用两个词语来形容这一讲、一听，你觉得会用哪两个词来形容？你第一个举手，请说。

　　生：我觉得可以用闰土耐心地讲，我认真地听。

　　师：好，不错。你的词汇还挺丰富，非常机敏，能不能用两个四字词语来形容，更丰富一点，想一想，请。

　　学生：闰土十分投入地讲，我津津有味地听。

　　老师：津津有味地听，好，那你就别坐下了，你一会儿就津津有味地听，谁想给她讲？男生，别着急，你想怎么讲？

　　学生：老师，我想耐心地讲。

　　老师：能不能换个四字词语。

　　学生：专心致志。

　　老师：专心致志，是吗？好，那你就专心致志地讲，你就津津有味地听，读。

　　王老师在课堂上有意识地培养学生的朗读习惯，并把朗读与课文的理解结合起来，启发学生有感情有侧重地朗读，这样不但能够有效地培养学生的语言能力，而且同时还能提高学生的文章鉴赏能力和写作水平。

　　师：好，这位同学别坐下，你刚才读"你便捏了胡权轻轻地走去"时读得非常得轻？你能告诉我你为什么这么读吗？

　　生：一点小动作怕吓着了，你当当当地走过去，那猹肯定都被吓跑了，你就刺不着猹了。

　　师：噢，你就刺不着猹了。所以你要轻轻地走，好，你读出了自己的感受，因为你理解了课文的内容。那好，大家再来看看这几段话，还有哪句你觉得感受更深？能读得更好。没想好呢？同桌两个人讨论讨论。好了吗？还有哪句你觉得感受更深，能读得更好，一句半句都行。

　　在阅读时，学生并不是简单地用声音将文字表达出来，而是在其中融入丰富的情感活动和思维活动。学生在朗读闰土瓜地刺猹的时候都很注意轻读"轻轻地"，说明学生在朗读的过程中根据课文想象出了文字描绘出的景象。

我们常见到写人的文章往往将外貌和事件的描写割裂开,以致缺少整体观照,人物形象也不生动鲜活。鲁迅笔下的闰土个性鲜明,王老师在整堂课中一直引导学生"瞻前顾后",把握人物的外貌描写和事件之间的内在联系,让学生既全面把握了闰土的性格特点,又领悟到作者以事写人的精妙之处。带着作者的情感声情并茂地朗读,不但可以培养学生的语言能力、审美能力以及思维能力,而且还能让学生真切地体会到作者的情感,正确理解课文的内容,唤起学生对美的追求,培养学生正确的审美观念。

四、 心灵的对话:生成四溢的语文味——《姥姥的剪纸》 教学实录及其评析

(一) 以词入境, 叩问心灵

师:同学们,姥姥的剪纸不仅"神"在剪纸技艺上,更"神"的是它还有一种神奇的力量。(师出示句子:"密云多雨的盛夏……使用剪纸把我拴在屋檐下。")

师:这句话中哪个字传神地表现出了姥姥剪纸的另一种"神奇"?

生:"拴"字。(师板书:拴)

师:"拴"的意思是什么?

生:捆住、绑住。

师:这里的"拴"字应该怎样理解?

生:吸引。

师:牢牢拴住"我"的是什么样的剪纸呢?请浏览第七至第十二自然段,快速地找一找。

生:拴住"我"的剪纸有:一只顽皮的小兔子骑在一头温顺的老牛背上;一头老牛和一只兔子在草地上啃食青草;蹦跳的兔子,奔跑的兔子,睡觉的兔子;拉车的老牛,耕地的老牛。

师:这些剪纸其实反映的都是什么?

生:"我"和姥姥在一起的生活画面。

师:还会有哪些生活画面会被定格在姥姥的剪纸中呢?

生:姥姥用温暖的背驮着"我",一边干农活,一边给"我"讲故事。

师:是呀,小小的剪纸里有"我"多彩的生活、幸福的童年和姥姥对"我"的疼爱。

师:后来呀,"我"上学了,越走越远了,姥姥的剪纸仍一直牢牢地拴着"我"。这幅剪纸就是最好的见证。(师出示句子和"兔牛"背景图,配乐)

师:谁来读一读对这幅剪纸的描写?(生读句子)

师:姥姥对"我"有怎样的期待呢?想对"我"说什么呢?"我"读懂姥姥的剪纸了吗?"我"又会对姥姥说些什么呢?请任选一个角色写一写。(生写话)

师:谁来读一读姥姥的心声?谁来读一读"我"的话?(生读对话)

师:多么深情的对话,相信此时大家对课文最后两句话的感悟会更深。(生自由读,师指名读)

师:多么动情的朗读。如果说童年时姥姥的剪纸拴住的是"我"的身体,那么如今拴住"我"的是什么?

生:是"我"的心和梦。(师板书:心梦)

师:时刻萦绕在"我"心中,出现在"我"梦中的会有些什么呢?(生说,略)

师:是啊,有剪纸、姥姥,还有故乡的一山一水、一草一木。一想到这些,"我"的心境与梦境就会温暖甜蜜。(师出示句子,配乐)

师:虽然"我"越走越远了,可是——

生(齐):"事实上,我不管走多远……村路两侧的四季田野。"

师:也许有一天,姥姥去世了,但她的剪纸、她的爱必将拴"我"一生,拴"我"一世。

生(齐):"事实上,我不管走多远、走多久……就立刻变得有声有色。"(师出示课文插图,学生静心观赏、体会)

（二）动情的朗读，深情的对话

语文怎么教？语文味又指什么？这些问题是不容易说清楚的。然而，刘老师的《姥姥的剪纸》一课为这些问题提供了一种解决路径和启发。语文不仅是教人知识，更重要的是使人获得生命的体验，进行自我存在的质问与探寻。语文味是在文本、教师、学生、教学手段的有机结合下动态生成的一种和谐的优美，而刘老师的这节语文课便是语文味十足，课堂里跳动着许多优美的音符。

1. 设计精妙，彰显语文之丰满

艺术性是教学设计的特征之一。一节精美的语文课离不开新颖别致的教学设计。因此，教师要想收获精彩、高效的课堂就需要设计出富有个性、精巧的教学过程。在刘老师的课堂教学上，精妙的设计无处不在，具体体现在以下两个方面。

一是营造情境，渲染氛围。

新课改理论基础之一的建构主义认为，学习不是简单地由教师向学生传授知识的过程，而是学生主动建构的过程。然而，知识又是具有情境性的。因此，在语文教学中，特别需要营造情境，渲染氛围，以便学生更好地体悟文本。

刘老师深谙此理，在教学实践中特别重视教学情境的营造，在品读语言文字的基础上充分运用多媒体技术来营造教学情境。刘老师选择与教学内容相符的音乐，在基调、情节发展上保持两者的和谐；同时，刘老师设置情境，让学生置身于自己所营造的教学情境中去体验语言文字所承载的情感、情意、情味和情怀，让语言层面下的情感溢出纸面。此外，刘老师还用自己富有诗意的语言描绘教学情境，学生在刘老师语言的引导下慢慢进入教学情境，感受其声音、形象或者画面，从而使学生获得鲜明的形象和深刻的情感体悟。

二是精妙提问，激发兴趣。

提问是推动课堂教学顺利进行的方式之一，而提问的艺术就在于教师能够在恰当的时机以恰当的方式提出恰当的问题。教师所提出的问题不仅要协调教学目标、符合学生的年龄特点，而且还要具有一定的启发性与探索性。

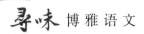

在课堂教学中,刘老师多次选取一个具有深厚意蕴和符合教学内容的点进行提问,并精心设计问法。比如,刘老师在和学生一起品悟了姥姥的剪纸承载了"我"多彩的生活、幸福的童年和姥姥对"我"的疼爱之后,相机提出问题:姥姥对"我"有怎样的期待呢?想对"我"说什么呢?"我"读懂姥姥的剪纸了吗?"我"又会对姥姥说些什么呢?学生在刘老师的指引下,不断思索,渐渐深入文本。刘老师就是这样步步为营、层层深入地为学生营造一个情境,使课堂高潮迭起。

2. 师生对话,生成唯美语文味

《义务教育语文课程标准(2011年版)》认为阅读教学是文本、教师、学生之间进行对话的过程。而教师与学生能否展开真正的对话,直接关系教师与文本、学生与文本甚至学生与学生之间对话的进行。因此,师生间的对话便变得尤为重要。

刘老师充分尊重学生的个性体验,鼓励学生说出自己的感受、理解与体验,保护学生的个性化解读。在课堂上,学生可以按照自己的理解进行自由的言说,不管学生的理解是到位或欠缺,刘老师都静静地倾听,理解学生的言说,然后做出恰当的反应,直至学生理解透彻。不仅如此,刘老师还懂得站在学生的立场上言说,从学生的角度做点拨,这样的"移情性理解"使得师生之间的对话更加有效,从而使得学生更好地理解文本、体悟文章的内涵。

这样的师生间的对话,达到了师生间的视域融合,这更是生命的对话,是生命启悟与情感体验的交织。在刘老师的课堂上,渗透着教师与学生的生命体验;在这里,有人的温情,有灵魂的洗礼,更有对自我、对存在的思索与叩问。这些便是语文味吧。

3. 听说读写,绽放诗意性语文

培养学生的听、说、读、写能力是语文教学的根本任务。听、说、读、写之间具有相互制约、相互促进和相互迁移的关系,这就要求教师在教学中不可任意偏颇。刘老师在教学中,通过播放音乐,设置情境:"小兔子越走越远,老牛定定地站着,出神地望着,姥姥通过这幅剪纸想跟孙儿说些什么呢?"并以诗意性的语言来让学生进行情感的深刻体悟。通过听、说、读、写的巧妙融合使得语文的那份诗意的芬芳沁人心脾。

刘老师课堂上的听、说、读、写不是简单地呈现,而是根据教学内容和谐地设置。动情之处音乐响起,品读之后便是互动探索,听、说、读之后才安排写。学生在如此的情境中品味、推敲语言文字和品悟人物情感之后,语言文字的运用便变得有声有色了。刘老师将听、说、读、写巧妙结合,调动学生的各种感官来触摸文本的灵魂,这更能让语文课绽放出诗意性。

语文味是语文实现自身真实存在的体现,没有语文味的课堂,不能算是真正意义上的语文课。充满着语文味的课堂,其教学设计必然是精致巧妙的。洋溢着语文味的课堂,其师生必是达到视域融合的生命的对话;饱含着语文味的课堂,其听、说、读、写必是和谐相生的。总之,语文味是培养学生语文核心素养的目标。

五、 历史的对话:听讲者灵魂的震撼——《圆明园的毁灭》 教学实录及其评析

《圆明园的毁灭》是一篇事理说明文,它虽然不像文言文和哲理散文这两大语文学习"拦路虎"般困难,但教师若想能够不落俗套,既不能偏离语文课堂的轨道,又要能推陈出新,最终"以己之昭昭使学生之昭昭"也还需下一番功夫。但是,到底怎样的课才算得上是一节好的语文课呢?

曹文轩教授说:好的课堂就是能够照亮听讲者的灵魂。

特级教师黄厚江说:语文课堂教学最基本的要求是什么?是像语文课。语文课最基本的特征是什么?是以语言为核心,以语文活动为主体,以提高学生的语言素养为目的。北大附小贾老师的这节课可以说是一次完美的呈现。

(一) 文学性导入, 体会语言文字的魅力

别样的导入设计,暗示了本节课必定是内涵丰富的。贾老师以猜字谜的方式将"旅""行""山""水"四个字的甲骨文写法与现代文字相比较,让学生体会到了语言文字的魅力,给学生以深深的文化滋养,同时也拉近了师生之间的距离。而一节有设计、意蕴丰富的语文课不仅要有文学性、

趣味性，而且更是对每个环节的考验。而贾老师从开始的导入部分就显示出了独具匠心的用心设计，他由旅行继而引出敦煌莫高窟中宝贵文化遗产的毁灭，奠定了这篇课文的感情基调，激发起学生对外国侵略者破坏中华文明的强烈谴责。

（二）阅读式教学，碰撞出情感的火花

语文教学要培养学生的语感，提高学生对语言文字的敏感性，让学生真正做到"读有深切的理解，写有衷心的愿望"，而这些则都是建立在阅读上的。阅读式教学是教师、学生、文本、作者相互沟通的过程，学生一次次阅读文本，逐步加深对文本的理解，形成自己对文本独特的见解，再通过与教师、同学之间一次次的感情碰撞，最终擦出自己的感悟"火花"。

> 师：那么，下面就请同学们自己默读第二、第三、第四自然段，看看从昔日的圆明园中你们能感受到什么？画画相关的句子，做一做简单的批注，开始。好了，孩子们，咱们来交流交流，从昔日的圆明园中你们感受到了什么？好，先请你来说。
>
> 生：我在第二自然段里看到了"众星拱月"这个词，我能体会到圆明园昔日的园林是非常多的。
>
> 师：是啊，那可是上百个园林，而其中的一个圆明园就占地5200余亩，相当于640多个足球场，同学们听了有什么感受？
>
> 生：我感受到圆明园规模宏大，真不愧是一座举世闻名的皇家园林。
>
> 师：从其他的段落中你还感受到了什么？
>
> 生：从第三自然段整个段中我感受到在那个年代还没有汽车，而他们还这么用心地去收集各地的这些名胜，他们花了很多心血来建这个圆明园。
>
> 生：我从第三自然段中体会到了，我好像沉浸在这个圆明园的境界里面去了。
>
> 师：陶醉其中了？

> 师：那你能给我们大家美美地读一读你所画的句子吗？
>
> 生：圆明园中有金碧辉煌的殿堂，也有玲珑剔透的亭台楼阁，有象征着热闹街市的买卖街，也有象征着田园风光的山乡村野。
>
> 生：我也从第三自然段得到体会，圆明园有很多壮观的景象，我还觉得虽然以前没有汽车，但这些建筑一样还是值得回味。

初读文本阶段，贾老师并不是简单地让学生自由朗读，他对学生的要求也不是单纯地读准字音、理解文意，而是层层深入、逐步逼近，通过"从昔日的圆明园中你们能感受到什么""那你能给我们大家美美地读一读你所画的句子吗"这样几个循循启悟的问题，让学生交流自己的阅读感受，打开学生的视域，进行思想上的首次碰撞。这也正是学生与文本进行对话的初级阶段。

细读文本阶段，贾老师采用画横线、做批注的方法，引导学生自主探究，提取出课文第三自然段主要写了圆明园的"众星拱月的布局"的信息，通过"占地5200余亩，相当于640多个足球场"这些直观的数字让学生真切地感受到圆明园的规模如此宏大，真不愧是一座举世闻名的皇家园林。

课外资料的引进以及多元信息的整合极大丰富了文本内涵，"咱们中国古代的宫廷园林建筑常常会挂上一块匾，有一册书叫作《圆明园匾额节略》，当中所记载的匾额就数以千计，还不是全部"。

语文课堂具有延展性，这种延展性不仅体现在文本理解的广度和深度上，而且还体现在对语文素材的时间和地域的跨度上。圆明园毁灭于1860年10月，距今已有100多年的历史，其中被破坏的文物、珍宝，数目之多，价值之高，学生或许通过这些简单的文字描述"上自先秦时代的青铜礼器，下至唐、宋、元、明、清历代的名人书画和各种奇珍异宝"还无法直观感受。此时，相关视频资料的补充加之贾教师有感情的诵读便会收到独特效果。学生随着时间轴的不断滚动，穿过先秦，来到明清，书本上那"青铜礼器、名人书画、奇珍异宝"竟都鲜活的以实物的方式映入眼帘。视频资料的补充给学生带来强烈的视觉冲突。原来在英法联军的铁蹄下，竟有如此多的文化宝藏毁于一旦。但是，贾老师的高明之处还远不止此，如果说此前学生有的更多的是震撼与敬畏，那么直观再现英法联军闯进圆

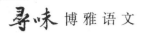

明园，对园内的瑰宝打砸抢烧、破坏殆尽，便将学生对侵略者犯下残酷罪行的愤恨推向了极致。

贾老师将极高的文学修养与巧妙的教学技巧相结合，在学生与文本之间搭起一座沟通的桥梁，扩充了学生的素材积累，扩大了学生的视野，实现了学生与教师之间的视域融合。在贾老师的带领下师生一起品味语言，交流阅读感受，从而产生情感的碰撞，学生不禁被中华文化的博大精深所折服。

可是，这篇课文仅仅是为了激起学生的愤怒吗？任何一节语文课都具有指向性，在上课时任何一名教师都对自己到底想向学生传达什么进行过预设。

贾老师在课上说：既然同学们已经知道《圆明园的毁灭》写的是什么，那我们还学什么呢？我们还要学习圆明园为什么会毁灭？圆明园毁灭了什么？圆明园永远毁灭不掉的又是什么？贾老师将对这三个问题的诠释巧妙地融进了自己的教学环节中。

（三）深究题目，挖掘深度的文本内涵

在课堂的升华部分，贾老师从课文的题目着手，抓住矛盾点，深度解读文本内涵。

> 师：课文的题目明明是《圆明园的毁灭》，作者却用了很多笔墨写昔日的辉煌，为什么呀？
> 生：作者就是想给后面做铺垫，说后面是怎么样很辉煌的宫殿被毁灭的。
> 生：作者这样写是因为要先写出圆明园的辉煌，后面又写出圆明园的毁灭是世界文化史上不可估量的损失，这样才能突出。
> 生：其实作者是用了一个很鲜明的对比，用昔日圆明园的辉煌和圆明园后来被毁掉进行了一个对比。

通过师生间的合作探究，最终贾老师总结：这正是作者的独具匠心之处，用大量的笔墨来写昔日的辉煌，从而更加衬托出圆明园的毁灭是不可估量的损失。由此可见，经过先前的交流式阅读，学生已经随着教师的步伐层层推进，逐渐探寻课文的深层。当然，任何教师都不可能做

到"以己之昏昏，而欲使人昭昭"。教师对文本理解的深度决定了他的学生所能到达的高度。

这样一篇原本枯燥乏味的事理说明文却被教师赋予了浓浓的文化气息，这不仅是一节具有文化滋养的语文课。同时，这又是一节能够震撼学生心灵的语文课。我们不禁感叹悠悠中华几千年的文化果然博大精深。面对以英法联军为代表的侵略者如此嚣张，清政府如此腐败无能，中华儿女定要勿忘国耻！

六、文化的对话：感受语文的自由——《此时幸遇先生蔡》教学实录及其评析

提到小学语文，就让很多学生谈虎色变，浮现在脑海中的是紧随精读课文之后的全文背诵，变幻莫测的相近、多音、多形的字一年胜似一年，让一些懵懂的学生久伏于案却终不得果。而语文本是开放自由、包罗万象、畅所欲言的学科，立于小学语文的课堂就是置身生活的课堂，通过自由感受语文的魅力，体悟生活的精彩与妙趣。

针对这种相悖的现象，北大附小秉承北大自由之风，放飞学生沉坠的翅膀，虽做不到力挽狂澜，但求做到立榜于前。一节"北大文化传承——此时幸遇先生蔡"的语文讲解课让学生在轻松自由的知识学习与灵动的思维碰撞中不断丰满羽翼，让语文课不再是满堂灌，学生两眼"冒金星"、两手忙不迭地记满笔记。取而代之的是妙趣横生的知识闯关游戏与做小参谋选聘等环节，且环环相扣，把北大文化传承的自由之风演绎得淋漓。由此可见，语文课堂不再局限于照本宣科，更是自由的享受。

（一）形式自由："一站到底"

课堂伊始，声情并茂的《北大附小校园文化三字经》朗诵让学生沉浸在历史的长河里。北大附小传承的到底是什么样的精神，为了弄清这个问题，王老师带着可爱的学生走进北大的历史，感受蔡元培先生塑造的北大之风。

学生对北大有着多多少少的了解，王老师就着学生对当时北大腐朽刻

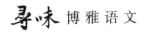

板的历史阶段的了解顺利引出了蔡元培先生的出场。不同于其他教师以往一股脑地说出人物简介的惯常做法,王老师别出心裁地选用了"一站到底"的知识闯关游戏,简化电视益智答题类节目的形式,取其精髓以求达到检验知识与掌握知识的目的。如此有趣的游戏,学生自是乐在其中,并自觉遵守游戏规则,每次答错的学生都自觉坐下,闯过一道道关的学生更是跃跃欲试,力求"一站到底"。在激烈的知识角逐中,8个学生顺利闯关。"小小年纪就对蔡先生有如此多的了解,非常了不起"王老师与学生给予了热烈的掌声。此时的鼓掌不仅给竞赛游戏画上了圆满的句号,而且也点燃了课堂气氛,鼓励学生积极参与课堂教学。虽然只是短短5分钟的竞赛游戏,却让学生学到了遵守规则、尊重对手的精神,这样既活跃了课堂氛围,又让学生掌握了知识。教师借助形式多样的教学方法,无须囿于机械的知识重复,学生则可以在游戏创造中享受语文课堂的妙趣横生。

(二)思想自由:"每个人都是蔡先生的小参谋"

蔡元培先生继任校长之时的北大急需改革,但是蔡元培先生认为当务之急是聘任教授。王老师提前给每个学生发了聘用单,并在大屏幕上呈现了当年北大教授聘用备选名单,让学生做蔡元培先生的小参谋,提出宝贵意见,鼓励学生自由选择,并说明理由。此时,王老师巧妙地启动了下一个学习环节,把学生从上个竞赛游戏的余热中拉了回来,重新回到课堂本身,且知识也由表及里、逐渐深入。

该环节形式活泼,颇有智趣,最为可圈可点的是活动的效果展现出来的是学生争先恐后的发表言论、畅所欲言、相互辩论、互驳观点,使各"小家"思想兼容并包,真正应承了北大传承的自由之风。

> 生:我选陈独秀当教授,因为当时的清政府非常得腐败,并且那时候中国的科学技术也不是那么好。他倡导科学和民主的结合,并且反对清政府支持新的人来统治中国,我觉得他可以当教授。
>
> 生:我不同意陈独秀,是因为他不是说批判传统的中国文化,这是不可取的行为。
>
> ……

生：老师我反对他的意见，就是辜鸿铭我对他稍微有一点了解……

生：我想聘用陈汉章。因为他的年龄我觉得虽然比较大，但是他倡导国学，我觉得这一点比较重要。

生：老师我觉得不应该选陈汉章，因为他支持儒家思想……

生：老师我不同意，他的确有信心，但是他的能力可能不够……（他指的是梁漱溟）

生：胡适肯定比梁漱溟强，因为胡适至少是哥伦比亚大学的博士毕业生……

从学生稚嫩却颇有见地的观点中我们可以看出学生融入了角色本身，把自己真正当成蔡元培先生的小参谋，设身处地地思考问题，尊重对方的观点，也会旗帜鲜明、直截了当、据理力争地说明自己的选聘理由。无论是在措辞上还是在辩论技巧上他们都可以独当一面，从字里行间里我们可以感受到学生辩论的激烈。王老师很尊重各位小参谋的"高见"，给学生自由发动大脑、放飞思想的空间，斡旋于整场辩论中，保证在聘选环节中每个学生都能各抒己见。

（三）师生关系自由：师生关系转化为日常生活关系

要想实现语文课堂形式与思想的自由，首先应该保证教师与学生的地位平等，使语文课堂生活化，将师生关系转化为日常生活关系。由于语文学科的特质，更需要学生走出心里的藩篱勇敢发言、自由表达，所以师生关系的和谐是一节精彩语文课的润滑剂。

在上课的始末，学生会恭敬地说"老师您好""老师再见"，在学生向教师鞠躬的同时，教师也会回以深深一躬。教师这一躬无疑拉近了老师与学生的距离，在形式上传达给学生平等的信息。另外，教师在整堂课的提问环节中都会不厌其烦地说"请""请你说"等，伴有自然的邀请手势，面露微笑。学生通过教师的语言、表情、动作、手势可以判断出这是一名

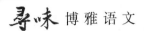

怎样的老师，不会因回答错误而害怕紧张，从而撤下心里的防护栏，把教师画入自己情感的安全区。

以下选取的是选聘教授问答环节的一部分，可以看出学生把教师当成谈话的对象，双方在进行自由的沟通、愉快的对话。教师在该环节充分尊重学生的参谋身份，自己仅仅发挥穿针引线的作用。

> 生：我认为这个梁漱溟，他虽然曾报考北大落榜，但是既然他能报考北大，就说明他对自己非常有信心，让大家一定对自己所做的事情很有信心，而且他发表过关于佛家理论的文章，说明他可能会比胡适发表得更多一些，说明他可能更有经验。
>
> 老师：噢，这是你的设想。你不同意，你说。
>
> 生：老师，我不同意，他的确有信心，但是他的能力可能不够，他曾经报考北大还落榜了的话，怎么能聘请当北大的教授呢？
>
> 师：你认为资历太浅了。你说。
>
> 生：胡适肯定比梁漱溟强，因为胡适至少是哥伦比亚大学的博士毕业生，那肯定至少是个硕士；梁漱溟北大落榜，那他肯定只有高中的学历。梁漱溟在25岁根本服不了众，万一来了一个30岁的学生那怎么办啊？
>
> 师：那怎么办？这课堂镇不住学生，但是如果让他俩选一个的话，听你的意思你是倾向于胡适。
>
> 生：胡适。

当然，王老师给学生分享了蔡元培先生的选择是全部聘用，"兼容并包，各种学派，使其自由发展"，使学生真正理解"思想自由，兼容并包"的真谛，也解答了最初抛出的"北大附小到底传承了什么"的问题。伴着悠扬的歌声、涌动的情怀，学生再次诵读《北大附小校园文化三字经》，感受这份传承。

教育不是手段，而是生活本身。虽在语文课堂里不能总尽如人意地达到诗意的栖居，但可以让学生由厌学到愿学再到乐学；在语文课堂里让形式自由、思想自由、师生关系自由，让学生感受语文的自由、生活的气息，使语文课堂妙趣横生。

七、价值的对话：启悟生命之美——《生命 生命》教学实录及其评析

（一）析理

师：同学们都用过听诊器吗？玩过吗？

生：玩过，我家有。

师：有的同学没玩过，没玩过也没关系，我们可以把你的手搭在另一只手的手腕上，不要说话，静静地感受，你是否能够感受到有规律的跳动，沉稳而有规律的跳动？

生：我的心跳得特别快。

师：感受到了吗？

生：老师，我没有啊？（学生笑）

生：感受到了。我感觉到自己的两根手指放在这里的时候，就感觉血开始涌上来，自己感觉很震惊。

生：可是我根本没有感觉到我的脉搏啊！（众人大笑）

生：我也是啊，就是没有感觉。

师：看来，我们受震撼的不多，那为什么我们没有被震撼，而杏林子被震撼了呢？

生：因为他听的是心跳，当然比我们这个脉搏跳的声音大得多。（众人大笑）

生：我觉得杏林子可能比我们想得更深远，她觉得我们的生命就体现在这个小小的脉搏，心脏的跳动。如果我们的心脏没有跳动就死了，所以杏林子对心脏的跳动感到很震惊。

生：我认为这有可能跟杏林子的背景有关，她有可能就是那种病人什么之类的。

生：关于杏林子我好像知道一些，就是说她的胳膊、手都不能动了，以前被评为台湾地区十大杰出女性，因为据说她的手有点残疾却坚持写书，然后写了40多本书。

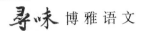

师：我们来看看。（出示资料）这就是杏林子。自12岁起她患类风湿性关节炎，全身的关节大部分遭到损坏。她的腿不能行，肩不能举，手不能抬，头不能转。在最痛苦的时候，她告诉自己，如果3年还不康复的话，就不要活了。结果，好不容易熬了3年，还是没好。她想：好吧，再延长3年好了，如果再不好，就绝对不要活了。此时，我再想问同学们，为什么杏林子被震撼？你有自己的观点和看法吗？

生：我觉得，因为她大部分的关节都受伤了，所以她觉得这个小小的心跳弥足珍贵，如果没有了，那她自己的生命就完结了。

师：没错。身体不能动了没有问题，但是她的心脏是一颗健康的心脏，就意味着她的生命——

生：还是活着的，只是这些关节不能动了。关节不能动没关系，她还能说话，她还能看见，她还能听见，能跟她的家人在一起。

（二）升华

师：我想请问同学们三件事弄清楚了吗？作者就是要给我们讲这三件事吗？

生：不是。我觉得她想总结我们要好好地珍惜生命，因为如果你一不珍惜它，万一怎么样就没了，所以你得好好地使用它，你不要总浪费时间，因为生命太短暂了。

生：我觉得，即使你可能受伤了或者你有一个地方是不能动了，但因为你有生命、你有心跳，你还是应该珍惜生命的。

生：我觉得生命都特别宝贵，真的不能浪费。这里面杏林子说了，绝不让它白白流失，我觉得作者不仅针对她自己的生命，而且还有飞蛾的生命、香瓜子的生命，都不想让它们的生命白白流失。

师：不仅是关爱自己，同时也要推己及人，是吗？

生：我觉得本文想让我们悟出的道理就是，虽然我们的生命短暂，但是我们也不能让它白白流失，即使我们的身体有缺陷，我们也要好好地珍惜它，让有限的生命活出无限的价值。

师：那怎么样才叫让有限的生命活出无限的价值？

生：就是即使你行动不便，你也要时刻记着还有比我更不及的人，我要尽我最大的努力去帮助他们。

师：心里面要充满阳光，同时心里面要有一颗爱心，是吗？好，请坐。刚才你们说的这些都是不健康的、身体有残疾的人。那比如说像我这样健康的人，我，一名老师，我怎么做才叫体现出无限的价值，怎么样做才叫活得光彩有力呢？

生：就是教我们很多的知识，让我们懂得很多的道理，这也叫无限的价值。

师：以后我一定好好教书（众人笑），还有吗？

生：我觉得现在您就是在尽最大的能力来教我们这些学生，其实我觉得您当老师就是为了实现自己最大的价值，用自己的文化来培养更多的人才。您选择自己想做的事，有意义的事。

师：要有意义，是吗？话又说回来了，你们作为学生，作为你，怎么做才叫体现出无限的价值，怎么做才叫活得光彩有力呢？

生：应该就是好好学习，如果学习的已经不错了，就可以帮助帮助别人，比如说扶老奶奶过马路，然后在学校主动捡垃圾。

师：你看你作为一个学生，想到了多重身份，不光有一个学生的身份，当回到家里面的时候还是一个子女，走在马路的时候是一个行人。那我们从早晨一起床来到学校，到晚上放学回到家里面我们经历了很多人、很多事，那都怎么做才能体现我们的无限价值呢？

生：我这个人是一个动物爱好者，我们家养了很多的动物，所以我觉得我每次回家都饲养我的那些小动物，所以我感觉我也付出了一些价值。

师：好，那我就在黑板留下一个词语吧，一个字，那就是——

生：爱。

（三）教学点评

著名思想家卢梭曾说："教育的发生，在灵魂深处。"语文是最接近人心灵的学科，真正的语文，也在灵魂深处。

为什么这样说呢？

众人皆知，凡小学语文教学，有两类题材是"拦路虎"，一类是

文言文,另一类是哲理散文。文言文难教,不仅因为激趣难、读顺难,而且理解难、积累难;而哲理散文难教,则比文言文更甚:景中情,情中理,不教也知,教也知,总归很难有新知;不仅如此,寻常生命,千种体验,它与个体独特的成长经历、生活历练息息相关,此种"理"多半是作者的"内心妙悟",是很私人化的,很难推己及人,通过师生相授的渠道得以解决。因此,以情载理变成情理淡薄,情理交融变成情理分殊,语文课上经常出现牵强附会无端隔膜的情形也就不奇怪了。

然而,黄老师《生命 生命》这一课的教学却打通了哲理散文的"任督二脉"。无论是教学的结构、设计的精妙,还是内涵的挖掘、语言的雕琢,都可圈可点。最难能可贵的是,黄老师始终与学生在自然的对话之间游走,大道至简,从容不迫,对宏大的生命主题小步子切入,语句中寻味,问题中探究,"循循然以善诱""博人以文""约人以礼",以致"欲罢不能"。这样的语文,是真正贴近学生生活,走向灵魂深处的语文。

(一) 结构之独特, 敞开了文本的崭新视界

从某种意义上来说,一切的语文教学都是美学鉴赏活动。文学文本一旦"独立",就表现出相对独特的文本意义,这样的意义是通过读者视界的建构不断丰富和完善出来的。语文教学的魅力,即在于对这种视角进行抽丝剥茧的结构化设计,从而超越文本的意义、读者的意义,甚至作者的本意,达到对文学文本意义探究的美妙同游。

黄老师执教的《生命 生命》从教学结构上来说,沿着"默词—叙事—析理—升华—释题"这样的板块进行。

默词部分,是瞬间抓住3个故事的特征,让学生清晰地把词还原于句、篇、文的语境,认识到个别词在文中的归属与联系,让3组词瞬间变成3个故事的切入口与线索。

叙事部分,即由几组词的归属散发开去,通过几个主导型问题的设计,比如"哪里的描写让你感觉到震惊""这是一只怎样的飞蛾",让师生

紧扣文本语言进行对话。值得指出的是，这里的对话不是简单的查找信息、齐声朗读，而是在比较、甄别、探究、发现基础上的对话。

析理部分，是在整体感知 3 个故事的基础上，通过循循启悟来把握文本的内在价值。"你对自己生命的脉搏有没有感觉""为什么杏林子有那样强烈的感觉""人的生命与飞蛾、香瓜子的生命有什么不同"，通过这些问题学生逐渐明白"我的生命单单是属于我的""我的生命只有我才能主宰"。

升华部分，是对文本价值的再度挖掘。这种挖掘是在师生的对话中自然生成的。提起生命，学生容易感觉高远虚空，但的确有很多嬉皮顽劣的现象充斥在学生日常的生活周围。而通过残缺的生命、健康的生命、多重身份的生命对照，适时引发每个"我"都应该爱己爱人、卓尔不群，光彩有力的思考，可谓恰到好处地对儿童生命价值进行了光辉的引领。

释题部分，通过对《生命　生命》两个词语之间增加标点，拓展学生对生命的理解。此举有峰回路转之妙，是破题，也是点睛，言有尽而意无穷。

综上来说，"默词—叙事—析理—升华—释题"这个结构实际上是总—分—总、层层叠加、逐层深入的结构。这也暗合了语文教学字、词、句、段、篇的潜在逻辑，通过结构化的发现、追问和思索来敞开文本理解的另一种视界。

（二）设计之精巧，昭示了课堂的丰富情趣

如果说层层叠加的教学结构延展了文本理解的长度与深度，那么，黄老师执教片段中的几处"精彩火花"则无不彰显了语文的丰厚情趣。

第一，默词的变式处理。利用儿童喜新的心理，黄老师在默词中变换了花样，让学生斟酌"震惊"一词应该归属哪一组。这里，关于"震惊"的咬文嚼字，实质上是让学生斟酌 3 个故事的共同主旨，把握作者情感的真味。

第二，原文的相机援引。《生命　生命》是经过编者删减之后再收入教材的。在原文的第三自然段也能发现有关"震惊"的描述。对此，黄老师拿出原文让学生仔细咀嚼，能迅速地厘清表述的来龙去脉、作者心迹的真实变化。

第三，把脉的生命体悟。让学生自己摸脉，同时表达对生命的观感，

这个环节既大胆又火花频现。黄老师是预设到了学生会嬉笑顽劣，"感受不到脉搏的跳动""但杏林子为什么能感觉到呢"？如此话锋一转，学生立刻严肃起来，这便是语文的精妙。

第四，释题的点睛之笔。加标点是跳出文本，对生命的直接言说。标点一加，学生的生命感悟由远及近，既不宏大又不虚空，一点一滴、层层铺就之后立刻立体而真实起来。

（三）内涵之挖掘，彰显了语文的深度价值

"你对文本理解得有多深，就能带学生走多远。"对于生命，黄老师是否有独特的理解？对于学生的日常生活经验，黄老师是否也有独特的领悟？这是关乎本文宏旨的大问题。

在本课的教学中，黄老师对生命的阐释是按照这样的思路递进的："我"的生命只有我能主宰—不健康的生命怎样才能光彩有力—健康的生命怎样才能光彩有力—教师如何教，学生如何学—多重身份的每一个"我"如何生活才更有价值——"爱"。

关于生命的解读可以有无限多种，因人而异，因时而异，因境而异。在这里，我们可以看出，黄老师对生命的解读是有深度的，不仅对学生，而且在座的每一名听课的老师也能感受出追问的深邃。关于生命的言说，可以无限浅，也可以无限深，大千世界，芸芸众生，每一个"我"，每一个多重身份的"我"，怎么做才能让生命光彩有力，不得不说黄老师基于生活，抛出了一个很凌厉的现实问题。

当然，黄老师执教的《生命 生命》一课，其精彩之处还不止这些。回归到本文的原初问题，哲理散文之所以难教，就是因为需要有本色的对话、自然的发掘，所谓"道而弗牵，强而弗抑，开而弗达。"然"道而弗牵则和，强而弗抑则易，开而弗达则思。"和易以思，可谓善喻矣。

黄老师执教的《生命 生命》就是这样善喻的一课。

后　记

博雅语文，再出发

时至今日，每当走进语文课堂，每次提及语文的话题，我总是充满了深深的感情。

我是教语文出身的，语文是我的根，是我出发的地方。很多年前，我怀揣语文教学的梦想，带着对儿童朴素的喜爱，开始了一名普通语文教师的生涯。再后来，我参加区里的赛课、市级赛课，直至全国赛课，是语文让当时尚年轻的我"崭露头角"，也是语文让我一步一步认识了教学、认识了教育、认识了儿童。

我对语文的感情太深了。是她，馈赠了我与孩子们在课堂上度过的快乐时光；是她，馈赠了我心血与汗水交融的日子。可以说，是语文成就了我。通过语文这个媒介，我建立起了对儿童教育的全部理解，奠定了我的教育价值观，并一直影响着我今天的教育行为。

所以，在潜意识中，我始终把自己看作一名语文教师，我的牵挂还在语文课堂，即便是当了校长以后，只要有时间，我都愿意沉浸在语文课堂里，听课、评课、磨课，和语文教师一起思考、研讨。

我任校长的这15年，差不多经历了新课程改革的全过程。审视语文教学，我总感觉有很多话想说。新一轮基础教育课程改革以来，特别是全面深化课程改革落实"立德树人"的意见下达以来，全社会对语文教学的要求更高了。而与社会的期待相比，关于语文教学的走向、语文课堂的实践、语文教师的培养，这三个问题一直是教学发展的软肋，许多困惑与争议始终在实践中悬而未决。原因何在？我总觉得是因为语文教学的改革力

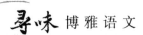

度不够,与我们的期待还太远。对于这些问题,我们亟待转变方式,在更开阔的视野下,以更有效的机制予以破解。

当了校长,跳出语文看语文,对语文和语文教师有了更深的理解。语文是人文色彩最浓的一门学科,语文教师天然地承担了更多的育人重任,需要直面人文素养的培育、立德树人的落实。语文又是一个最基础的学科,语文教师的成熟是在万卷诗书中浸泡出来的。同时,做好一名语文教师,要心怀对母语教学的亲情,要有对传统文化的敬畏,痴迷于其中,年复一年,乐此不疲。

身在博雅塔下,沐浴着北大的光华,北大附小语文教学团队一直把"博雅"当作自己的修身之本,也作为语文教学的理想寄寓。北大附小的博雅语文,依托北大自由主义传统而生,其特质在于"博览、善思、雅言、恭行"。在博雅语文课堂里,除了教授汉语知识和语言应用以外,还希望把孩子们熏陶成为博览群书、胸怀宽博、善于思考、独立善辩、慎言敏行的"博雅学子"。

博雅语文,知易行难,须从课堂、从生活中一点一滴地持续关注、落到实处。要让孩子们成为"博雅学子",教师就要引导孩子们"读万卷书,行万里路,听万次讲座",让孩子们从读中领略博雅,从行中实践博雅,从名家大师的风范中传承博雅。

而我渐渐也悟出,"博雅"不仅是对语文学科、语文教师的要求,而且应成为所有学科、所有教师共同的价值标准之一。从博雅语文出发,我们整合学校课程,基于爱、包容、自由、尊重四大核心理念,构建了涵盖人文素养、科学素养、健康艺术、社会交往、国际理解等五大领域的生命发展课程体系。以"博雅"为精神标尺,我们引领教师相互欣赏、取长补短,建设了一支多元、开放、包容、大气的教师团队。

而我心目中的北大附小,本应如此。它秉承北大"思想自由,兼容并包"的理念,耳濡目染北大的传统,北大的一塔一湖、一草一木都无声地滋养着北大附小。我们的42号小楼,曾是著名诗人、现代散文家何其芳的故居。著名作家冰心在北大附小驻足,为孩子们送上十字箴言"专心地学习,痛快地游玩";著名作家袁鹰为北大附小题诗"乳燕初飞",现在变成了我们校歌的歌词;著名国学大师季羡林的题词"放飞理想",表达了对北大附小育人的美好憧憬。

在今天的北大附小,"博雅"又被赋予了新的内涵。随着国家教育均衡发展战略的推进,北大附小已变成由本校、北大附小丰台分校、北大附小石景山学校、北大附小肖家河分校、人大附中北大附小联合实验学校、北大附小海口分校等一校六址构建的教育发展集团，融合不同省市、不同区域，贯通不同办学机制，有百年老校，也有打工子弟学校。

这才是真正的"博雅"，以开放、包容、共生的胸怀，让优质教育飞入寻常百姓家。这是北大附小人的责任，也是我们应有的气度。

在本书付梓之际，我要深深地感谢北大附小的教师团队，特别是语文教学团队的教师们。是他们让博雅语文从理想变成现实，用他们的课程设计和教学实践充实或更新着我的思考，用他们精彩的成长圆了我做一名优秀语文教师的梦，也吸引我一次次地走进课堂，一次次地被他们的教学创造感动着、幸福着！

也要诚挚感谢市、区基教研中心的专家们，是他们给了我们研究的平台、成长的平台，让我和我的教师们能聚焦真问题，求索语文的真善美，朝着心中的梦想不断努力。

特别感谢北大的温儒敏教授、曹文轩教授、张颐武教授等，因为近水楼台，北大附小的教师团队有了聆听教诲的机会。如果说博雅语文能有些许亮色，那是与这些名家大师的思想润泽分不开的。

博雅语文是我们的一小段成长旅程，前方还有更远的路，更美的风景。

尹　超
2017 年 9 月

附 录 一

北大附小校园文化三字经

山之巅,惠风荡
水之源,恩泽长
北大附,小学堂
阅百年,历沧桑

溯渊源,丙午创
至癸亥,名始扬
五二年,入燕园
回首望,心激荡

承北大,秉人文
尚风骨,崇理想
倡自由,求民主
兼包容,主开放

顺其性,驰其想
言儒雅,行端庄
懂欣赏,善分享
体健康,心坦荡

教与学,人为本
师与生,乐为上
专心学,痛快玩
冰心语,记心上

习武术,展舞姿
诵经典,唱京腔
涂彩画,学科技
行天下,观万象

附 录 二

吟诵十六讲篇目

第 1 讲：一场和乐热烈的盛宴
　　　　——《诗经·小雅·鹿鸣》〔先秦〕

第 2 讲：君子对淑女的思慕
　　　　——《诗经·周南·关雎》〔先秦〕

第 3 讲：一日不见，如隔三秋
　　　　——《诗经·郑风·子衿》〔先秦〕

第 4 讲：投桃报李知感恩
　　　　——《诗经·卫风·木瓜》〔先秦〕

第 5 讲：爱自己就是孝敬父母
　　　　——《孝经·开宗明义第一章》孔子及弟子〔秦汉〕

第 6 讲：好一棵南国的嘉树
　　　　——《橘颂》屈原〔先秦〕

第 7 讲：东篱菊，隐士的田园生活
　　　　——《饮酒》陶渊明〔东晋〕

第 8 讲：周公吐哺，天下归心
　　　　——《短歌行》曹操〔三国〕

第 9 讲：旷古一长叹
　　　　——《登幽州台歌》陈子昂〔唐〕

第 10 讲：葡萄酒，夜光杯；沙场上，饮个醉
　　　　——《凉州词》王翰〔唐〕

第 11 讲：酒逢知己千杯少
　　　　——《将进酒》李白〔唐〕

第 12 讲：别意与之谁短长
　　　　——《金陵酒肆留别》李白〔唐〕

第 13 讲：太白的月亮
　　　　——《古朗月行》《静夜思》《月下独酌》李白〔唐〕

第 14 讲：你见，或者不见我，我就在这里
　　　　——《约客》赵师秀〔宋〕

第 15 讲：一种相思，两处闲愁
　　　　——《一剪梅》李清照〔宋〕

第 16 讲：天地有对韵
　　　　——《声律启蒙·一东》车万育〔清〕